幕末維新期
地域教育文化研究

鈴木秀幸

日本経済評論社

幕末維新期地域教育文化研究

目次

第Ⅱ部　村落生活と学問・社会教育

序

一　研究の目的・理由

日本の近世から近代における地域の知的・文化的な状況を見極めようとするのが、本研究の大きな目標である。

近世から近代とはいえ、実際には幕末維新期を扱うことになる。ところが、近代にしても、幕末維新にしても、その始終期の確定には、いたく苦慮する。例えば自治体史編纂時、時代・時期の区分の際にはその開始時期について、化政期、天保期、嘉永・安政期等々、さまざまな意見が出る。筆者は「天保の老人」（明治の世が進むと旧世代視されつつも新時代を切り開き導いてきた人々）という扱いをされる、その天保期頃を始期とするが、ペリー来航と開国による嘉永安政期とする主張も多い。もっとも二分法時代区分によれば、近代ははるか以前にさかのぼるし、また一方、近年、鳥取市博物館では展示の題名を「明治四十年の文明開化――近代化を求めて――」として、鳥取の文明開化を明治四〇年からとしている[1]。維新の終期となると明治ごく初め、前期あるいは中期とさまざまである。筆者はやはり地域の政治・経済・文化が次の段階に向けて、全体的・構造的に大変動する明治三〇年前後を維新の終期としている。

ただし、このことについてはあまり厳密な数字を求めない方がよい。それは例えば中央と地方を扱う場合、あるいは政治、経済あるいは文化の分野で時期的誤差が生じるのはやむをえないからである。いずれにしても本研究は近代の始動の様子を取り扱うことには間違いない。

すでに記したように、本研究では地域を取り上げる。このことも難しい問題である。とくに地域と地方の相違については多くの研究者が論じているが、明確な答えは見出せていない。筆者は生活上の範囲、あるいは対象のものの周辺を論ずる時には地域、中央との関係を追う時には地方とすることが多いが、必ずしも徹底はしていない。また郷土という用語は出身地という意味で使ったり、戦前的な用語として扱うようにしているが、地方・地域、あるいは郷里と明確に区別できているわけではない。それでも一応、本研究では極力、これらを地域という用語で統一する（場合によっては、地方を多用することもある）。そして地域といった場合、おもに村落を指すこととした。それは幕末維新期の構造的基盤は村落によって成り立っていたといって過言ではないからである。

幕末維新期の村落において、何を解明するのかということは、既述したように知的・文化的状況である。ただし、知的・文化的状況といってもやや漠然としているので、まずはじめは教育、とくに学校教育を対象として、狭義に扱い、さらに学校外教育・学問といったように拡大して扱うことにより、最終的には知的状況や文化活動として総合的に把握していくようにつとめたい。

次に、以上のことを研究する理由を簡単に述べる。まず、なぜ幕末維新期を対象としたのか、ということであるが、それはこの時期が変革にせよ、革命にせよ、いずれにしても日本史上における一大画期であるからといえる。さらに日本における近代化の出発時であるとともに、今日の日本の性格や課題の原点ともいえるからである。

ではなぜ、知的・文化的状況を扱うのか。このことについては、すでに断ったようにまずは学校教育、次に学問・社会教育の分野を扱ったのであるが、その理由は、以下の通りである。

それは何としても学問をし、教育をすることは、人間社会にあって必要不可欠な行為だからである。人間であるがゆえの自然的・本能的な行為だからといってもよい。

また学問教育は、人々が生活を向上させる有力にして、かつ強力な手段である。文字を知ることによって世間・社会のことを知る、計算を修得することにより商業・経済に役立てる、さらには就きたい職業に就くこともできる。このように人々に夢をかなえさせるのが学問教育だとすれば、それは研究に値しよう。

またその人の成育およびその環境は、その後の人生・社会活動に大きな影響を与えることは確かである。どのような育ち方をしたのか、どのようなことを学んだのか、そして学んだことをどのように生かしたのか（あるいは生かせなかったのか）等々、興味はつきない。

こうしてみると、研究において政治的、経済的あるいは社会的な考察をしたとしても文化的なそれがなされていなければ十分なものとはいえないし、その文化の中の重要な存在が学問教育である。この学問教育は幅は広く、必ずしも学校・教場に限られるものではなく、また文字に表わされる場合だけではない。さらに必ずしもエリート層に独占されていたとは言いがたいこともある。そのため本研究では、しまりのない学際的研究に陥ることに留意しつつも、民俗知識、無文字社会等々も視野に入れ、最終的には知的・文化的な範囲にまで拡大して論じたい。

しかし、注意しなければならないのは文化・学問教育至上主義であってはならないことである。例えば学問教育と国家・政府・体制との関わりも、無視できない。時折、指摘されるように学問教育は政治の影響を受けやすいという。良い意味・悪い意味でも、利用されやすい存在とも評される。だが一方、学問教育が抵抗・反逆の具となるケースもある。こうした文化・学問教育と政治あるいは経済等との関わりを研究することも意義あることと思われる。

次に、こうした学問教育について、なぜ地域を対象とするのか、ということを述べたい。本研究の場合、地域はおもに村落とか農村と置き替えてもよいが、その理由としては、すでに述べたように、やはり日本全体の多くは村落、そのなかの農村、そしてそれを構成する農家で占められていたからである。そして今日、その原基を探ろうとするならば、やはり地域、とくに村落・農村が最もしやすいからでもある。確かに日本には徳川家康も豊臣秀吉も存在した。ところがその頃、地域（村落）もあった。この村の「太郎・花子たち」は、家康のこと、秀吉のことを思って生きていたのだろうか。思ったとしても少ないはずであり、多くは自分、そして自分たち、その家族、さらには村および村社会のことを思って日々、営々と励んでいたのである。つまり彼ら彼女らの村が日本社会の強力な基盤と原動力であったのであり、そのことの研究意義はきわめて大きい。ただし、中央において文化（学問教育も含む）を創成することもあり、その結果、例えば文明開化政策などのように地域（村落）に入り込んでくることもある。しかも、その度合いは年々、増していったが、その場合に、村や村人はどのように受容したのか、という観点で考察しなければならない。

なお、こうした地域（村落）の歴史研究の重要性については、戦前からの共同体研究以来の、多くの地方史研究者による研究や自治体史編纂あるいは博物館建設運動によることが大きく、筆者もまたその成果に基づいて活動している。本書ではとくに村落共同体研究の成果を念頭に置きつつ、地域（村落）を考察していくつもりである。

二　研究の特色・方法

以上の研究理由をもとに、本書の方法を列記しておきたい。その第一は「足」を使った研究である。筆者は研究上（研究以外にも当てはまるかもしれない）、「頭」と「足」を使うことをモットーとしている。つまり、若干の仮説を立てる（頭）、現地で歩きまわる（足）、得たものをまとめる（頭）という仕方であるが、その比率は七・八割が「足」、つまり調査であろう。人によっては「頭」の方の比率が「足」よりはるかに多い研究者もいる。人にはさまざまな手法やタイプがあってもよい。しかし、現地、それは地域、筆者の場合は村落を歩く仕方には、多くの利点がある。原典に当たる（孫引きをしない。間違いを再生産しない）、臨場感がある、新たな発見をする等々である。

例えば茨城県西のある集落に訪ねた時、河川に挟まれたその地域では水との戦いにあけくれたことを示す資料が多量に土蔵にあった。中には水害に苦悩し、対策を講じるとともに、後進に伝えるための青年会の資料もあった。そういえばこのお宅は微高地（自然堤防）上にある。まわりに柳の木が多いのは土止めとたき木（山林がほとんどない）のためであると聞いた。一方、水害が多い代わりに舟運もなされていたこと、それにより文人が来歴していることも分かった。

このように「足」を使うことはきわめて重要であり、多くの研究者も賛同する。しかし賛同しても、実行に移している人が多いとは必ずしもいえない。「原稿を書かなければならないけど、何か、いい資料ないですかねえ」と聞かれたことも少なくない。他人が加工した活字をひねくりまわしたり、文書館で手垢の付いた文書をめくったりしている光景に出会うこともある。最も強調したいのは、実は「足」を使っている時が、徐々に「頭」を使いはじめていることでもあるのだ。その逆に「頭」を使っていることが「足」をも使っているとはいえないのである。

次に本研究の方法の二点目であるが、そのほとんどは、共同研究によって成ったものである。共同研究の利点は資料調査上、効率がよいことである。多量の文書を目の前にした時、人手が多いのにこしたことはない。また研究面では研究会を組織することが多いが、人に聞かせられるような研究発表をしたいという、良い意味で自己にプレッシャーをかけられる。だが、何といっても共同研究の良い点は他の研究分野の人たちから知識を得ることである。筆者が政治史・法制史・社会経済史・民俗学等の成果や手法を援用できたのは全くもって共同研究のおかげである（とくに本研究の場合、第Ⅰ部では社会経済史、第Ⅱ部では生活史、第Ⅲ部では民俗学・大学史のそれ）。彼ら彼女らとの共同研究がなかったなら、全くの狭い視野と偏見にとどまっていたであろう。よく「資料に即せ」ということを聞く。あるいは「実態を把握する」という文章に出会う。しかし、元来、私達人間は主観が強いし、それはやむをえないことである。「資料に即する」といっても読み方次第でさまざまに解釈できる。また、その資料自体が必ずしも真実を伝えているとは限らない場合もある。それは基本的には、遺されている多くの資料群は、私達研究者のために遺されたわけではないからである。当時の自分たちの考えで、自分たちのために書いたものである。このような時にも共同研究は実に有効であり、筆者はたくさんの冷静かつ客観的なアドバイスを受けた。

　本書の方法の第三の特色は、人物を取り上げることが多い点である。人物史研究は問題点が少なくないとされる。その理由の第一は主観的分析に陥りやすいことである。また関係者への配慮が執筆にブレーキをかけるケースもある。さらに資料のもつ難解さもある。こうしたことは一面やむを得ないことでもあるが、やはり研究であるからには、資料をもとにしなければならない。資料の探し方としては、その出来事に関してより多くものを求めることが大事である。とくに他人から見た資料を博捜するとよいし、さらに日記・備忘録等の私文書等は強力である。あとはいかに深く読み込むかということであるが、この際も複数により、共同して調査研究をするとより有効である。ただし、とくに人物史研究の場合、関係者、例えば原蔵者（遺族など）へ十分な配慮を要する。いうまでもなく人権・差別が伴うからである。またある人物の研究にとっては他の人物と比較しつつ、当たることも必要である。つまり分析の際に同世代人・類似の人物等々を脳裏に置きつつ進めるとベターである。いずれにしても、取り上げる人物も、研究する者も自らの主観・個性によって社会や時代を生きているから、いかに客観化・相対化できるのかということである。

　第四の特色は、中央（国家・政府）と地域（地方・村落）との関わりの解明に挑戦しようとしたことである。既述したように、そのことはとくに明治期になると、地域民にとってそれまで以上に中央・制度を意識する機会が多くなり、村の「太郎・花子」の話だけでは描き切れないと思ったからである。中央と地方（地域）との相関関係をどのように解いたらよいのか苦悩していた時、二つの出来事に出会った。

　ひとつは茨城県のある農家。この家には幕末から昭和初年にかけて、膨大な資料が土蔵に収納されていた。その中には種類豊富で多量な日記が含まれていたのであるが、そこには人の出入り、つき合い、冠婚葬祭などの記事が多いことに気づいた。どのような人が、何のために来るのか、家の人は何のために出かけていくのか。このことから地域（村落）と地域外（他の村落）との関わりを知りたいと思うようになった。

もうひとつは、大学創立者の出身地である山形県の、とある家を調査した時である。当主に創立者以外の資料をも求めると、「こんなものは」とつぶやきながら、多量の資料を奥の部屋より座敷に持参された。当主の祖父に当たる方が明治初年に上京遊学、帰郷後は家業や行政に尽力するのであるが、その遊学中の日記・教材・小遣帳等々が含まれていた。まだ交通網未整備の当時、なぜ東北の、この地から上京して勉強しようという気持ちをおこしたのか、そして逆に東京で学んだことを地域（村落）にどのように生かしたのかを想った。しかも彼は在学中には東京の書籍を地元学習団体に送り、帰省の際は東京の現状を報告するなどといったことまでしている。

このようにして、学問教育を通して地域（村落）と中央の相関関係をかいまみようと思うようになったのであるが、そのことはまた地域における文化の形態や成立・発展といった構造的な実態を知ることにもなった。

三　研究史の概観

幕末維新期における地域（村落）の文化、とくに学問教育の様相を捉えようとする先行研究はどのような人々によって、どのようになされてきたのであろうか。

このことに関する研究は多くの人々により、さまざまになされてきたといってよい。例えば今日、全国で刊行される雑誌には地域文人の掘り起こしの成果が発表されている。あるいは著名な学者が富農の家に逗留した資料が紹介されている。扱うテーマや項目も教育・国学・儒学・文学・美術・音楽・医学・工芸等々、多岐にわたっている。また小さな資料紹介に近いようなものから、本格的な大きな論文まで枚挙にいとまがない。それをひとつずつ紹介していくときりがないので、ここでは研究史上大きな影響を与えた著述を紹介することとする。教育分野では、利根啓三郎の『寺子屋と庶民教育の実証的研究』(2)をあげなければならない。その理由は、政府刊行物の『文部省年報』や活字化された古典、あるいは全国故老へのアンケートにより地域の教育を分析し、データを集約することにより、庶民教育の一定の傾向を見てきた石川謙や乙竹岩造らの先駆的研究に対し、一定のフィールドや家を定め、社会構成史の手法により寺子屋教育を追い求めることにより、畑作地域における寺子屋の担い手・就学層をつきとめたのである。

こうした社会構成史を教育史にとり入れる方法論をさらに発展させたのが、高橋敏である。とくに『日本民衆教育史研究』はそれまでの庶民教育ではなく、「民衆教育」を対象とし、社会構成史だけではなく、民衆思想史の方法論をも取り入れ、主体的に変革期を生きぬいていく地域民（駿河国駿東郡）の教育実践を考察した。とくに「余力学文」による自我の形成、それにより近代教育の萌芽を指摘したことは教育史研究の底上げに大きく貢献したといえよう。むろん、ここに至るには安丸良夫、色川大吉、布川清司、鹿野政直、網野善彦、黒田俊雄らの一連の民衆史や民権運動の研究に影響を受けたであろう(3)。その後、高橋は『近世村落生活文化史序説』(4)を発表し、上野国原之郷村を中心として村民の生活と教育の関わりについて、下層民、あるいはアウトローの世界に注目した。そのことからやがて村の博徒や法治・刑罰・治安へと対象を拡大し、教育史の裾野を広げることにより、生活文化史論を提起した(5)。

高橋とはやや異なり、百姓一揆等の民衆運動論を援用しつつ、地域教育史を研究の域に押し上げようとしたのは、八鍬友広である。彼は寺子屋の教材を追い求めることにより、一揆訴状などを発見。寺子屋教育が秩序体制を批判することにより、政治主体となりえたとしている。こうした問題意識の強い研究には一面、啓発されることもある。同じように伊勢地域を中心に幕藩体制下、支配政策に抗しつつ、得たところの読み書き算による「民衆知」により抗していく農民・商人・職人のようすを描いたのは、梅村佳代『日本近世民衆教育史研究』(6)である。一方、近年、木村政伸は『近世地域教育史研究』(7)により九州の唐津・久留米地域の寺子屋・私塾を調査し、研究しているが、本研究で特異な点は寺子屋の成立時期によって師匠の出身や教育目的に変化があることを指摘している。そのうち最も言わんとするところは、「分限教育」の考え方に基づいた村落共同体の身分秩序維持が目的であったという点である。なお、この研究において多様な学習として和歌・俳諧・とりわけ謠に注目していることも特筆すべき点である。こうして近世地域教育研究は方法上、レベル・アップがはかられてきたのである。

問題はこうした近世における地域の庶民教育が近代へどのように連続したり、改変したり、断絶していくのかということである。このことについて、高橋は『民衆と豪農』(8)や前記の『日本民衆教育史研究』では近世来の民衆教育が小学校と対峙するさまを描いたり、地域民を小学校に誘なう地域有力者の学区取締の存在を強調している。しかし、高橋らの研究があったとしても、またまだ近世から近代への連続・非連続の解明はいまだ十分ではない。一時は、仲新らによって学制について、地方定着をめぐる議論もあったが(9)、実際には、いかに浸透させたか、させられなかったかという限定的な枠の中でなされて終わってしまった。ところで、ここで思い起こすのは、かつて津田秀夫が大阪の平野郷をフィールドとして『近世民衆教育運動の展開』(10)で論じた郷学論、すなわち近世地域民らによる郷学がやがて公立の小学校へ結接する役割を果したという考え方である。しかし、残念ながらこの研究も継続されていない。

次に近世から近代へという過渡期の地域教育研究史から近代地域教育の研究史に移る。近代の地域教育史についでは事例報告の類が実に多い。このことには、学制百年時の文部省（現文部科学省）・都道府県・国立教育研究所（現国立教育政策研究所）による全国一律的な教育史編纂の影響が大きい。しかも、この場合、いわゆる国政として、都道府県政の立場から捉える観点や手法であることは否めない。それに対し反体制的立場から地域教育史を把握しようとするものも少なくないが、この場合はさきの明治百年・学制百年史観の裏返しで、ほとんどが階級史観・唯物史観がまずありきといった類のものが多いといってよい。

こうした中で、自由民権運動下の教育について、片桐芳雄は『自由民権期教育史研究』[11]で、地域の民権系学舎を対象に公教育との対抗関係を描くことにつとめた。だが、この時点では自由民権運動を一元的（民主主義の旗手）に解釈しており、構造的・内実的な分析の上に立つことは後の課題として残された。

近年、土方苑子は『近代日本の学校と地域社会』[12]により、長野県五加村の小学校を事例として、天皇制国家主義の教場と化していく過程を描写している。共同研究の一員として、村の公教育の分野を扱ったこの研究は示唆されることが多い。さらに公文書のみならず周辺資料をも援用すれば、さらにこの地域の教育史研究は深まるのではないかと思われる。

やはり近代地域教育史はまだまだ研究の余地が大である。目下のところ多くの研究は、近代の地域教育が中央集権体制に早くから飲み込まれたとする考え方にかなり影響されているのではないのか[13]。そうであったとしてもプロセスはどうであったのか（土方研究のように）。あるいは逆に一貫してそうではない考え方が底流にあるとするのか、一層検証していかねばならない。

次に教育だけではなく学問、さらにはそれらの上位概念である文化について、体系化された成果としては、やはり柴田一の『近世豪農の学問と思想』[14]を取りあげねばならない。村役人が中央の文化を取り入れる際の受容形態を分析し、さらにそれを再生産していく過程を精査研究したものである。とくに受容分類論は大いに参考になる。その後、柴田の研究は拡大発展されることはなかったが、約一〇年後、塚本学は『地方文人』[15]を著している。同書は、「地方」・「文人」などの用語の定義をしたり、参考文献を整理した基礎的研究書として意義深い。その後、村内の漢学者に注目し、「仁」に基づいて生活や行政に当たった上層農民の掘り起こしにつとめたのが、川村肇『在村知識人の儒学』[16]である。こうした類の研究は他の分野でも、例えば田崎哲郎は『在村の蘭学』[17]において村々の蘭方医を追い求め、地域における漢方との関係を突き止めたり、蘭方の普及を証明している。

こうした村の学問について、より強く意識して「面」で捉えようとする研究もある。長年、多摩地方を対象としてきた杉仁は、近年『近世の地域と在村文化』[18]をまとめた。同書の特色は何といっても書名にある「在村文化」（地方文化ではない）論の提起である。同文化は化政期に成立するとし、その担い手は村役人・豪農中心であり、従来の支配層による仁政思想を下から突き破っていくとした。その学問は漢学から俳諧まで網羅したものであるが、とくに俳人としての横の繋がりが注目できるとした。こうした在村文化論は、村役人・豪農の役割と行動について、川村らの解釈とは異なるとともに、扱う地域（村落）も、より広範囲に渡ったものである。だが教育史と同様に、近代における地域の学問研究となると体系的なものはあまり多くを見出せない。というよりもまだ試行錯誤、事例研究の段階といった方がよい。

そのことは学問教育をも含めた近代における地域文化論の場合も同様である。管見のかぎり注目に値するのは色川大吉の『明治精神史』[19]と、ひろたまさきの『文明開化と民衆思想』[20]であろう。ともに同じ世代であり、同類のテーマをもつが、前者は多摩の自由民権運動家の活動、そしてその背景となった学問・教育・文学などを調査研究することにより、日本人が水脈のように持ち、噴出させることがある思想・精神を掘り起こそうとした。後者は、政府による文明開化政策に対し、民衆にとって受け入れがたい対応、時には学制一揆のように怒りを爆発させる行動を見極め、このことは世界史的な傾向であるとした。このように二者とも自由民権運動や反文明開化運動を調査研究することにより、民衆のエネルギーと行動をかなり高く評価した。ただし、当時でも、そうした考察に対し、民衆を楽観的にあるいは過度に「明るく」捉えすぎではないのかという共同体研究者らの批判もあった[21]。また近年では鶴巻幸雄の『近代化と伝統的民衆世界』[22]による上層農民と底辺農民の区別解釈論、あるいは牧原憲夫の『客分と国民のあいだ』による政府・民権派・民衆の三極論[23]等、新たな自由民権研究が登場しているので、こうした成果に留意して明治期の地域文化論を構築していく必要がある。また、その自由民権運動とも大いに関わることであるが、近代の村落指導者をめぐる、鈴木良一や大石慎三郎らによる村方地主（豪農、近代へも継続）と寄生地主（豪農の上昇転化）をめぐる論争等々をも踏まえていかねばならない(24)。

このように見てくると、近代、とくに幕末維新期の地域における学問教育を調査研究した場合、ひとつの傾向がうかがえる。次下、簡潔にまとめておきたい。

(1)資料紹介・研究ノート的なものは少なくない。しかし、幕末における地域の教育にしろ、学問にしろ、あるいは維新期のそれにしても、まだまだ十分な資料の調査と精細な分析が必要とされている。

(2)社会史、政治史、民俗学など周辺分野では新たな研究成果が出されており、参考とすべきことが多々ある。また学問教育関係の分野でも対象とする項目（和歌・俳諧・民俗知識等々）が増大している。

(3)そうした調査研究の拡充の結果は教育史や学問史だけにとどまらず、「幕末維新期の文化」といった地域文化論として昇華されていく方向にあるし、そうであるべきといえよう。

四　本書の構成

以下、本書の構成を説明するが、その前に調査研究上の対象地域について、紹介しておきたい。対象とするのは、主として東総、常総、羽陽である。東総とは東下総、つまり房総半島北東部であり、旧郡名では千葉県の海上・香取・匝瑳、現市町では銚子市・旭市・香取市・匝瑳市、東庄町・横芝光町（旧光町分）に当たる。このうち、本書で主に取り上げるのは、ほぼ中央部に位置する干潟地域、つまり旧香取郡干潟町（昭和三〇年四月発足）である。同地域は平成一七年七月、一市三町の新設合併により旭市となった。町の北半分は下総台地、南半分は椿海の干拓地よりなる農村地帯である。

次に常総とは本来は常陸と下総の双方を総称する名称であるが、今日では、筑波山の南側の茨城県分、つまり利根川の北側をいうことが多い。具体的には鹿島・行方・北相馬・新治・筑波・結城・猿島といった旧郡が相当する。現市では常総・土浦・取手・つくば・古河等々に当たる。このうち、本書で主に取り上げるのは、北西部に位置する千代川地域、つまり旧結城郡千代川村（昭和三〇年一月発足）である。同地域は平成一八年一月、下妻市に編入合併となった。村の西部は台地であり、東部は低地である。ほぼ中央を南北に鬼怒川が縦貫、その自然堤防上にはかつて舟運で栄えた形跡が残されているが、地域全体としては農業が中心である。また東端、つくば市との間を小貝川が流れている。

羽陽とは羽前南部を指す。山形県旧東・西・南・北の各村山郡、東・西・南の置賜郡あたりである。現市では山形・天童・米沢・長井等が当たる。とくに本書で取り上げたのは天童地域、すなわち現在の天童市（昭和三三年一〇月発足）である。同市は山形盆地にあり、県都山形市の北隣に位置する。大別すると天童藩の往時を想わせる町場と周辺の農村部からなっている。

すでに述べたように、本書の目的は「幕末維新期の地域における学問教育」を解明することにある。そのことは、また近代初期における地域の文化を究明するためでもある。そのために本書は三部構成とし、第Ⅰ部（村落社会と学校教育）は村落内の学校教育を対象とした。

第Ⅰ部では東総地方、とくに干潟地域を中心に近世の寺子屋師匠、そして明治期の教員を追うことにより、地域（村落）における学校教育の動向を追究しようとした。その調査と研究は、昭和四二（一九六七）年以後の筆者の個人調査、同四六（一九七一）年からの木村礎明治大学文学部教授（当時、故人）を中心とした大原幽学共同研究、さらに平成八（一九九六）年からの高橋敏国立歴史民俗博物館教授を中心とした基層文化共同研究の一環によるものである。

第1章「寺子屋と村落社会」（初出、木村礎編『大原幽学とその周辺』八木書店、昭和五六年、原題「寺子屋と村社会」）

では、近世にあって支配関係の複雑な同地域において、領主層による教育が無系統あるいは未発達ながらも、農民など庶民による庶民教育が盛んとなることを確認した[25]。とくに近世後期、地域の「荒廃」に危機を意識した宮負定雄ら寺子屋私塾師匠が、貧民層の子弟をも視野に入れ、経世済民観に基づく実用実践的庶民教育を主張し、実行したことを明らかにした。

第2章「『学制』前・地域からの教育構想」（初出、『歴史論』第四号、昭和四六年六月、原題「『学制』前における教育者の精神構造――下総の鈴木雅之を中心として」）は、第1章で扱った天保活動世代よりやや若く、最幕末から明治初年（学制頒布直前）に活動した同地域の寺子屋師匠鈴木雅之を取り上げた。彼は前代以来の実利実践的経世済民的な庶民教育を引き継ぎ、教育内容を一層具体化しつつ、さらに学校制度の体系化も提起するのであった。学制前、地域からの学校体系化を論じたものであり、これこそ近代教育の胎動であるといえよう。

第3章「公教育の成立と展開」（初出、前掲『大原幽学とその周辺』原題「小学校と学習結社」）は、狂歌に夢中になって家産を失った同地域の農家に生まれた林彦兵衛を中心に扱った。彼は家業の傍ら、わずか一三歳から寺子屋教育に尽力した。そして管轄することとなった新治県からは村落学校に指定された。さらに千葉県となったあとも自ら育てた学校を公立学校としていった。この間、彼は幾度か校舎・教具教材等を官に献納、また新聞雑誌で教育論を主張したり、さらには教材の作成をしたり、郡教育会の役員として活動する。しかし進みゆく教育の統制は、彼がいくら自ら育てた学校とはいえ、官へ官へと離れていった。ここではとくに日本の近代公教育は前代からの庶民教育者の献身的な努力によって誕生し、出発したことと、そうした学校が早くから、強く官の統制下に編制されていくようすを証明した。

第4章「近代日本の初等中等教育と地域青年」（初出、『国立歴史民俗博物館研究報告』第一一五集、平成一六年二月、原題サブタイトルに「干潟地域の井上勇治郎を中心に」）は、寄場名主の傍ら代々の寺子屋師匠を務めてきた同地域の井上勇治郎を扱った。彼はあまりにも変動の著しい地域の秩序回復のため、自ら設立に尽力した小学校の教員となる。村長就任後は小学校の教育行政に尽力、その傍ら、調査研究の末、明治中期には変則私立中学を邸内に設立、和洋兼備の教育に努める。その教師の一人に近隣の若き慶應義塾出身の青年をスカウトした。このように小学校のみならず中学校を開設することにより新時代の教育に邁進したのであるが、それはまた結果として国家的教育要請に即応することでもあった。

続いて、第Ⅱ部（村落生活と学問・社会教育）について説明したい。

村をくま無く歩くと、村人の知的関心は寺子屋・私塾・小学校・変則中学といった学校だけでは、村人の知的関心は満たされていないのではないか、と思うようになった。村人は、国学・神道・和歌・俳諧・和算・性理学等、さまざまなことを学んでいることが分かった。例えば寺子屋・私塾は普及していなくとも、和歌および和歌の教育が発達していることもある。では、なぜ彼らはそうしたことに興味と関心を持つようになったのか、どのようにして学んだのか、学んだことをいかに生かしたのだろうか、さらにそうしたことはどのように伝えられているのだろうかということに目が向くようになった。なお、こうした学問教育に関わったのは成人になった者が多いが、幼少年が含まれることもある。

第1章「和歌の展開と村落社会」（初出、前掲『大原幽学とその周辺』原題「和歌の展開と村社会」）は、第Ⅰ部と同じく干潟地域を対象とし、前出の寺子屋師匠鈴木雅之とその門人を扱った。国学こそが新時代の学問と見定めた鈴木雅之は国学とともに和歌を修得。そして彼のもとに地域の門人が集結し、研鑽に努めた。新しい息吹に燃える彼らは時代・社会を詠むとともに村内指導者としてコミュニケーションもとり合った。さらに同地域では俳諧も盛んに行われていた。一般的にいうなら和歌が村内上層部とすると、俳諧は中から上層部に普及したのであるが、さらに下層の欲求を満たしたのが大原幽学による性理学（神仏儒）といえよう。このように村の中の学問教育は重層構造になっていたのである。

第2章「地域歌人の近代」（初出、『駿台史学』第九〇号、駿台史学会、平成六年一月、原題「村の中の歌人――朝日商豆について」）は、干潟地域もその文化圏に含まれる常総地域の朝日商豆を取り上げた。常陸国宮淵村（現龍ヶ崎市）の農家に生まれた彼は近隣の寺に入れられた。しかし新しい分野の国学に興味を持ったために僧籍を離脱し神官となり、やがて地域神官のリーダーとして活躍する。その傍ら歌学を修得、毎日酒を飲み家族を引きつれ、常総の各地を詠みながら、また設立した和歌・国学の会で指導をして歩く。有力門人らが小学校・中学校の教員職を斡旋するのであるが、和歌・国学の会のほうは熱心ながらも公的職務はいずれも長くは続かない。しかし、徐々に明治期が進むにつれ、それまでの地域性や、生活色が消え、神官としても、歌人としても国家主義的色彩が濃くなり、さらには日本弘道館からの講師招聘に対し感涙にむせぶようになっていった。近世来の村の歌人から国の歌人への変貌が、彼の人生から如実に読み取ることができる。

第3章「村落生活と和算」（初出、『歴史論』第八号、明治大学近世近代史研究会、昭和六二年九月）は、やはり干潟地域の和算家（花香安精ら）と遊歴算家（剣持章行）を中心に論じた。ここでは従来定説とされてきた数学研究者による和算論が、少なくとも地域では当てはまらないことを知った。江戸時代以後、生業の傍ら力を注いできた彼らの和算は、机上論ではなく生活・社会に密着したものであること、閉鎖的・個人的なものではなく開かれたものであったこと、精神主義ではなく教育方法論に基づくものであったことが分かった。以上のことによりとくに村の中では、教育とは子供達だけのものではないこと、近世来の地域の学問は日常の生活・社会に密着していたこと、学問と教育は切り離せない存在であることを知り得た。

第4章「明治前期の地域学習運動」（初出、前掲『大原幽学とその周辺』原題「小学校と学習結社」）では、前出の寺子屋師匠・小学校教師林彦兵衛の子・健治らを取り上げた。それは明治一〇年、地域に起こった書籍会の運動のことである。すなわちこれは当時の自由民権運動の風潮の中でわき起こった一種の学習結社であり、新時代の新しい学習のあり方を提起し、地域ぐるみで行ったものである。しかし、同運動の衰滅とともに官製の青年団活動の一部に組み込まれていく。なお、こうした類のものは同地域の近隣でも見受けられる。

第Ⅲ部（中央と地方の知的相関）の執筆目的は、ひとことで言えば地域（村落）と中央（都市）との学問教育における相関を知ることである。このことは近代、および近代文化を解明するためには大きな手がかりとなる。筆者はこうした調査や考察を「地域史と大学史」研究とする。明治期以降の研究の場合、村落の「太郎・花子論」だけでは不十分なのである。その意味では第Ⅲ部は第Ⅰ・Ⅱ部で扱ってきた明治期の分析の不足を補うとともに深化発展させようとするものである。

なお、第Ⅲ部は主に前出木村礎氏の茨城県西村落生活研究と明治大学史資料センターによる創立者・校友調査研究によるものである。

第1章「近代日本法制・教育の開拓と精神」（初出、『大学史紀要』第六号、明治大学、平成一三年、別題「一二〇年の学譜」）は、羽前天童藩々士家に生まれた宮城浩蔵は貧窮する藩内にあって、改革をめざす父親や藩校教師、あるいは発展する地域文教の影響を受ける。貢進生として上京、司法省法学校、あるいはパリにおいて実用・実践主義に基づくフランス法、とくに「権利自由」論を学び、その理論により法制、政治、教育等々の面で活動する。その間、常に地域との交流・連携・育成を欠かすことがなかった。このように、近代「第一次遊学世代」によって開拓された近代は、やがて「第二次遊学世代」へと受け継がれるのであるが、具体的には第3章において、佐々木忠蔵を中心に論じる。なお、ここでは、とくに人物研究のあり方を念頭にして行論した。

第2章「明治期地方青年の遊学事情」（初出、『地方史研究』第二九七号、地方史研究協議会、平成一四年六月、原題「地方史と大学史――茨城県千代川村における明治青年の夢を追って」）は、明治期を迎えると地方青年は東京への遊学にあこがれ、どっと上京する。彼らはなぜ上京しようとしたのか。このことについて、茨城県千代川地域（現下妻市）において、一軒ずつくまなく資料調査を行い地域青年の動向を追った。このことにより、幕末維新期遊学熱の高揚は前代の地域教育文化に基づいていること、さらにこの一層の熱気は居住地や親・家の事情によって異なりながらも一気に盛り上がったことが分かった。さらに卒業後は帰郷した者、在京した者、あるいは東京と郷里を往復した者とあり、また地域との関わりには関与しつつも中央指向の者、在地で活動する者など差異がみとめられた。

第3章「初期法律専門学校の学生生活」（初出、『明治大学史紀要』第一二号、明治大学、平成六年一二月、原題「地方・学生からみた初期明治法律学校――佐々木忠蔵を中心に」）は山形の一青年に焦点を当てた。明治中期、エリート教師の職をなげうち上京した佐々木忠蔵は郷里出身者であり、実父の教え子の設立した法律学校に入学し、学業・校誌編集・師の衆議院選挙活動、さらには県人会幹事として奔走した。卒業後は海外に渡り、行政（とくに民政）に携わり、帰郷後は教育界で活躍したり、郷土史研究に尽力する生涯を追った。とくにここでは成育環境、後年活動する地域を念頭に置きつつも、学んだ法律学校を軸に近代教育を究明しようとした。

第4章「明治期地方法律学校の消長」（新稿）は、前記「地方史と大学史」研究のうち、とくに明治前中期、東京の法律学校で学んだ卒業生（校友）たちが郷里に帰り法律学校を設立し、教育に当たるようすを、一校ずつ、掘り起こし、時期・立地条件・教育内容の側面からを分析したものである。こうした学校の中には現在まで順調に存続しているもの、あるいは一定期間、母校の援助を受けつつ地域の法学普及に貢献したものもあるが、多くは地域民の受入れの気運や体制の未熟、官立大学の地方設立、高等教育の制度的体系化による学校教育の中央集権化などにより廃校せざるをえなかったり、経営や教育の見直しが求められた。いずれにしても、ここでは卒業生による近代の地方法学教育の行方を追うことに努めた。

このように、第Ⅲ部では、明治前中期の高等教育を通して、「地方史と大学史」という観点から、その相関関係を追うことにより、その関係は浅くはないこと、しかしやがて国家主導となっていくことにより、地方（地域）は衰退したり、従属したり、あるいは何らかの変更が迫られることを追った。

本書はとくに幕末維新期の学問教育、さらに文化について村を歩きながら考えてきたことをまとめるとともに、今後の研究の糸口をつかもうとしたものである。すでに各章について、小括をしてきたので、ここではごく大まかな総括をしてみる。

(1)江戸時代、領主による教育が皆無に近い場合でも、寺子屋・私塾師匠らは近世後期になると地域社会の変貌に対応して村人のために、経世済民観に基づく実用実践的な教育を施すようになった。

(2)さらに慶応から明治初年（学制前）になると、新時代の到来を強く意識した寺子屋・私塾師匠は学校教育の具体内容や制度体系を地域から提言した。

(3)また子供を対象とした学校教育以外でも、下層も含む多くの幕末維新期の村人は、学問に、教育に積極的に関わる。その学問と教育は生活主義・実用実践主義により強く結びついているとともに、地域の中で共同・グループ・組織になされることが多かった。

(4)明治期になると、彼らは自ら育ててきた寺子屋・私塾の校舎や教具を官に献納するなど、地域の小学校教育のために献身的努力をする。地域の近代公教育はこのようにして出発するのである。そして彼らが求めた公教育とはハード面は政府、ソフト面は現場が主体となることであった。

(5)以上に取り上げた幕末維新期の地域（村落）の中には「下から」と「上から」に加え、「横から」の三つの文化

（学問教育など）が存在した。これら文化は自然・政治に影響されて、成立し、存続し、あるいは消滅をしていく。(6)それまで村内の各家や社寺・堂宇等で営まれてきた地域（村落）の文化は、近代化政策による「上から」の要請は受入れや活動の場を学校・役場へと変えられる。しかもそれは年々、強く推進された。一方村人による「下から」の学問教育は私立の中等学校や自主学習会等に求めたが、明治三〇年前後には急速に学問教育の内面まで官製化・集権化が進められるのである。

(7)一方、近代を迎えた時、地方と中央には文化的に深い関係もみとめられる。とくにそのことは、それまでの地域の教育・文化の高揚を背景に夢を抱いて上京・遊学する青年について、卒業後（とくに私学出身者）、在京にありながらも郷里と交流・連携しつつ日本の近代化を切り拓き、普及させようとした者と学んできたことや東京生活により得たことを郷里に持ち帰って啓発普及に尽力した卒業生の活動に見出せる。ただし、そこには立身出世、自我の形成、競争原理、体制的秩序化等々、いわゆる「正・負」さまざまな「近代」が待っていた。

なお、各章の引用文中における（　）は引用者による補注である。

注

（1）仁風閣一〇〇周年記念として、平成一九年四月二一日から五月二七日まで開催された。
（2）雄山閣出版、昭和五六年。
（3）安丸良夫の通俗道徳論、それに対する布川清司の反論（時代・地域・階層による差異考慮）、色川大吉の「底辺の視座と未発の契機」論、網野善彦の社会史論、黒田俊雄の民衆総合研究論等々。
（4）未来社、平成二年。
（5）『国定忠治の時代』岩波書店、平成三年等。
（6）梓出版社、平成三年。

(7) 思文閣出版、平成一八年。
(8) 未来社、昭和六〇年。
(9) 『明治初期の教育政策と地方への定着』講談社、昭和三七年。
(10) 御茶の水書房、昭和五三年。
(11) 東京大学出版会、平成二年。
(12) 東京大学出版会、平成六年。
(13) 山住正己の場合、日本の小学校は出発当初から、子どものすべての生活を管理することにより、政府の教育目的を実現しやすいようにしたという。『日本近代思想大系六　教育の体系』解題等。
(14) 新生社、昭和四一年。
(15) 教育社、昭和五二年。
(16) 思文閣出版、平成八年。
(17) 名著出版、昭和六〇年。
(18) 吉川弘文館、平成一三年。
(19) 黄河書房、昭和四三年。『明治の文化』（岩波書店、昭和四五年）も参照。
(20) 青木書店、昭和五五年。
(21) 木村礎の「村落＝耕地＋集落＋α論」、色川大吉の「躍動期の部落共同体論」等。筆者としては、共同体が明るくとも暗くともよいが、共同体内部の経緯（変化・動き）と分野（政治・経済・文化）の関係について、研究を深化させねばならないと思う。
(22) 東京大学出版会、平成四年。
(23) 吉川弘文館、平成一〇年。
(24) 『地域史の視点』（吉川弘文館、平成一八年）において、奥村弘が「近代日本形成期の地方名望家の特質について」で整理している。
(25) こうしたことについて、房総の藩校と私塾の関係を菅井鳳展は「千葉県の中等教育」（本山幸彦編『明治前期学校成立史

——近代日本の中等教育史』未来社、昭和四〇年一一月、所収）において、いささか触れている。当時の研究としてはやむをえないが、証明する資料がきわめて限定的であり、行論上にもかなりの無理や飛躍がある。しかし問題提起的ではある。

第Ⅰ部　村落社会と学校教育

第1章　寺子屋と村落社会

はじめに

本章は近世の庶民教育について、ひとつの農村を対象として、士族教育（藩校）との関連・社会経済史的動向との関係・教育者と被教育者の実態とその意識を時系列的に考証していく。なお以下の行論では近世庶民教育機関のうち、「寺子屋」について、「手習塾」と称すべきとする主張もあるが、本書では従来通りの「寺子屋」を用いる。

ところで江戸時代における全国の総藩数は二七六といわれ、うち藩校建営が明確な藩は二一五である。[1] 房総の藩学の設立は佐倉藩の「学問所」（寛政四年）がその嚆矢とされている。[2]

だが、こうした士族の教育には、いくつかの限界と問題が横たわっていた。

(1)幕府自体、士族の学問教育に年々規制を加えていくため不振になる。その典型的な例が昌平坂学問所である。

(2)士族の教学の根本には治者の論理が貫徹していた。それが、就学の資格を制限し、教育の内容をもせばめてしまう。

(3)藩体制の再編制のために、藩校の充実化が叫ばれてくるのであるが、幕末維新期の政治優先の世相により機能は低下する。

(4)一方、庶民教育機関への指導は弱かった。

次に庶民教育機関、とりわけ全国的に普及した寺子屋について、今日にあっても示唆的な石川謙および石川松太郎の業績(3)に依拠しつつ、その要点を列記してみる。

(1)寺子屋の開業は幕末につれ、増加する。そのうち第一期は元禄～正徳・享保期（年平均一・〇校）、第二期は天明・寛政期（同二・六～一三・八校）、第三期は天保期（同一四一・七校）である。

(2)寺子屋経営者は平民が四〇・四六％で最も多い。次いで武士（二四・九〇％）、僧侶（一六・三一％）、神官（六・八二％）、医者（六・五九％）、その他（一・九二％）の順である。

(3)教科目をその種類別、開業時別にみると、第一類（読・習）が宝暦～享和、文化～天保、弘化～慶応、明治の四期とも第一位であり、一貫して増加の傾向がみうけられる。しかし第二類（読・書・算）、第三類（読・習・算・礼・画）、第四類（漢・算・和）、第五類（読・算・医・仏）も第二期から急増する。

(4)寺子屋における一校平均の通学寺子数は六〇・〇一人である。

以上の成果に基づいて、次のような新たな問題点が指摘できる。

(1)三つの画期（開業）は何を意味するのか。単に商工業化、すなわち産業経済の発達というだけで説明できるのだろうか。

(2)石川の作成したグラフ(4)によれば、多少の変動はあるにせよ、全体的には天保期、さらに嘉永・安政期、慶応期と開業数が飛躍していく。これらの時期は大変重要であり、その内訳も詳細に検討すべきである。

(3)寺子屋経営者になぜ平民が多いのか、またその内訳と内実はどのようであったのか。

(4)年を経るにしたがい、多種多様な教科目があらわれてくるのは何を意味しているのか。

(5)一校平均の寺子屋数の多寡の持つ指標としての意味。

次節ではこの五点に即して、幕末の地域の庶民教育の内実とその変遷を追っていくこととする。

一　村落の寺子屋

本章が対象とする干潟地域とは、前記のとおり、現在千葉県旭市に属する旧干潟町域を中心とした地域であり、典型的な農村地帯である。この地域は、近世には領地が錯綜するなど、士族による教育の条件が乏しかった。しかし一方、多くの庶民教育者を輩出している。表1でも明確なように、江戸中期以降六〇名を数えることができる。表2は師匠の生年に基づく、その教育の内訳である。

(1)これら教育者の数は幕末が近づくにつれ増加し、しかも着実に継続されていく。[5] ちなみに、開業時の明確な者のみを抽出してみると、天保期三名・嘉永期二名・万延期一名・明治期三名であり、やはりこの地域でも寺子屋の出現にこの時期が画期であることをうかがわせている。

(2)教育者の身分・職業は平民（六六・六七%）、僧侶（一三・三三%）、神官（六・六七%）、医者（一・六七%）、その他（一一・六六%）の順である。さきに示した全国平均と比べ、平民の占める割合がかなり高いことが明白である。この平民とは農民のことである。

(3)教科目とその変遷について石川の区分にならい追ってみると、次のようになる。ただし、この数字は師匠の生年別であり、[6] 後にずらして読みとる必要が

表1　干潟の庶民教育者の地域別一覧

西地区		中地区		東地区	
旧村名	人数	旧村名	人数	旧村名	人数
鏑木	19	松沢	5	溝原	3
万力	14	長部	2	関戸	2
		諸徳寺	4	万歳	7
				桜井	4
	33		11		16
60					

注）『古城村誌』、『千葉県教育史』や筆者調査による。

表2　寺子屋師匠の生年に基づく身分（職業）別・規模別・教科目別一覧

年号	身分（職業）							規模（通学者数）					教科目				
	農	僧	神	医	遊歴	不明	計	30名以上	29～20名	19～10名	9名以下	不明	読·書	読·書·算	読·書·他	他	不明
宝暦		1	1				2					2	1		1		
安永	1						1					1	1				
天明	1						1				1					1	
寛政	3	1			2		6	1		1	2	2	2	2		2	
享和	2						2			1	1			1			1
文化	11						11		1	5	4	1	2	1	1	1	6
文政	5	1	2	1			9	1		1	4	3	2	2	1		4
天保	12				1		13			7	5	1	4	1		1	7
弘化	1						1				1					1	
嘉永	1						1					1					1
安政	1						1				1					1	
慶応	1						1					1					1
不明	4	5	1			1	11	1		1	2	7					12
総計	43	8	4	1	3	1	80	3	1	16	21	19	12	7	3	6	32

注1）年数はすべて省略。
　2）なお、開業期の確実なものは、天保年間２、嘉永年間２、万延年間１、明治年間３。
　3）表１に集計した60名を分析し、作成した。

あることと、石川の類別はそのまま適用できないので、若干、変更したことを断っておく。読・書（第一類）は宝暦〜享和期四→文化〜天保期八〜弘化〜慶応期〇→明治期〇、読・書・算（第二類）は右にならうと三→四→〇→〇、読・書・他（第三類に近い）は一→二→〇→〇、その他は三→一→一→〇となっている。このことから、地方・農村にあっても教科目が年々多様化、つまり質的な深化をしていることが分かる。

(4)一校平均の筆子数は三〇名以上が三校、二九〜二〇名が一校、一九〜一〇名が一六校、九名以下が二一校であり[7]、全国平均六〇・〇一名より少ない。このように一校当たりの生徒数が平均より少なく、しかも学舎が多いということを相関させて考えれば、より就学機会が多かったと解釈できる。

以上の点から幕末の地方、とりわけ農村部の寺子屋教育は次のようにまとめることができる。

(1)量的にはいくつかの画期（とくに天保・嘉永）をもちつつ飛躍していく。それにより地域の就学機会が広められた。

(2)質的にも年々教育内容が深化し、多様化していく。したがって教育的レベルは低いとはいいがたい。
(3)これらのことは平民、とくに農民層により支えられていた。

二　寺子屋師匠と教育

ここでは前記の三点の要約をうけて、さらに教育者を中心に、その実態と意識について、いくつかの事例を追うこととする。

松沢村の国学者であり、庶民教育者でもあった宮負定雄は天保二（一八三一）年、その著『国益本論』(8)で、この地域としてははじめて、従来からの庶民教育に対する批判を公表している。

然れど世に其真の道を教ふる師匠たる者なく、故、世の人大抵道に闇く、空世を過ぐる者多かり。是全不教訓の費なり。幼稚の時より、先、此道を立る事を、男にも女にも必教ふべき事なるに、然にはあらで、唯、手習師匠を頼みて、文字書く事と読む事而巳を習はせ、大切の道をば学ばせず、其手習師匠を見るに田舎にては、大抵、神主・名主・僧・山伏・医者などの為す事なれども、文字の読書を教ゆる事をば知れども、真の道を教ふる術を知る者稀なり。夫故に、人々成長に及びても、道を知らず、国益の術なく、不経済なる者のみ多し。たまたま、論語・孝経などの講釈を為しても、周人の数ばかりにては、真の道には至りがたく、或は偽学に陥り……

そこで、こうしたマンネリ化した教育状況を打開し、「真の道」を教える策を、定雄は同書にて次のように提案している。

領主より令して、道徳の人を択び、教導師とか、経済師とか号て、領内の名主及び手習師匠たる者に、教道の術を示し、老若男女に至るまで、普く教を施させなば、天下の人民悉教に従はずとも、多くは真朴に化り、人倫の道立ち、天地鬼神の感応に因て、国家治まり、災害起らず、人民殖え、財宝増し、国土開け、武備堅固して、四海万国の祖国、富貴万福、天下無敵の皇国となりて……

その具体的な指導内容については同年の『民家要術』(9)(上)の一節で、次のように述べている。

小児の芸は手習をして物書く事が始なれど、先五十音の仮字を習はせ、次に人名村名国名消息はいふも更なり、皇国流の御家上田大橋篠田などの律義なる書流を習はせ……素読は是まで定りの四書五経両点の千字文其外何りと多く読み習はせ文字を覚えさせ、行儀作法は勿論の事算術は関流の点竄術を習はすべし、算術を学ぶ者は位算を能く明むべき也、また五十音の文字の切反やうをも習はせ……詩歌連俳をも少しは心得さすべし……之を習へば博奕を除く助には少しはよし之に耽るは害なり、……農商不用の芸は香道茶の湯生花蹴鞠浄瑠理三絃の類にして皆の種なれば、習はすに及ばず……

以上の宮負定雄の所論ならびにそこから導き出されるものを整理すると、次のようになろう。

(1)天保期に旧来からの教育を惰性的なものとして批判する動きが出てきた。

(2)政策としては領主が教育者を任命し、全村民に教育を施すべきであると主張した。

(3)指導内容・方法面ではカリキュラムを示し、そこでは不用なものを排し、実用的なものをとりあげた。また教科以外に道徳教育をもりこんだ。

(4)ことに、「詩歌・連俳を習はすことにより、博奕を除く」云々の主張は、幕末の社会状況を如実に反映させている。

天保期からの寺子屋の増加の背景には、右のような状況があった。天保一四年に開業した松沢村の宇井包高の寺子屋については、次のような記述がある。

訓練の方法は、朝生徒は、個人々々にて本宅の下座より入つて一々挨拶をなす慣例であつた。先ず「御新造様

（塾主の夫人）御早やう」「御祖母さん御早やう」、「大先生（塾主）御早やう」と挨拶をなさしめた。また帰宅の際も夫れ々々その時の挨拶をして帰るのであつた。……行状の悪しき者のあつた際には、塾主の前に呼び出し、その行為を能く々々取調べて訓戒したが……尚必要のある時は、帰宅する時に留め置く事があつた。か丶る場合には、隣家の主人が来て斡旋をなし、塾主に詫び入つて帰宅を許さる丶のが例であつた[10]。

単なる「読み書き」の指導から出発した寺子屋教育が「礼」を重視し、さまざまの方策をとり入れてくる様子がよく分かる[11]。

その後、松沢村にほど近い鏑木村に居住する大地主の平山家へ、鈴木雅之が来歴し逗留する。この雅之については別稿で紹介したことがある[12]が、近隣の南羽鳥村の農民から身をおこした国学者であり、教育者であった。彼は宮負定雄よりは一世代あとの人物であるが、彼も旧来からの教育を批判している。それも宮負定雄よりリアルに、かつ具体的に幼童の実態をとらえて、慶応年間の著『民政要論』[13]の一節に、次のように記している。

農家は大抵富有のものも子を教ふるは少なり、況や貧民をや、八九或は十一頃より、手習とて、寺、或は医家、或は農民の中に書芸を好むもの丶許へ通出て習はすれど、実に文芸を習はんとにはあらずして、いたつらはさせぬやうに、師を己が子の守として遣すことなれば子心にも又是を知て物おぼえんとはせす、師の前にてこそ筆はとれど、手かくことは習ず、ことに田舎の師は右云如く別に業体ある故に目を離れす付添居て教ふること能はず、是故に慧黠なる穴市、宝引なとよからぬわさをし、或は小博奕打なとするなり……又幼童輩にたまたま異才を長育することを知ず、親また教ることを好まず、故に成立凡庸にて止あり、又親教る志あり、師導くといへども、旧来の蔽風にて学者大抵儒仏の空理に惑はぬもの丶なければ、只無用のことを習ひて歳月を過す、此故に学成こと至て晩く、偶成就しても実益あることなし、其中には学問して反りて美質を変じ、心立あしくなるあり、甚偏固不通になるあり、驕慢発狂して廃人となるあり、奸才あるものますます姦才をますものあり、放逸乱行になるあり、是等皆師と親とによりて善悪不才其趣を異にするものなり……

その政策的な措置については『治安策』・『治安策巻之一別記』・「大学校開設に関する草稿」・『民政要論』・『民政要論略篇』および『捕盗安民策』に示されている。[14]そこには、中央に「大学総督」（文書や学事の管理）を、その下に京・大坂・江戸の「大学校」（神典学からトまで）を設け、そこへは諸国の「学館」（学士養成と学事管掌）から選抜された者が入学する。その「学館」へは、その下の組（村）・町（都会）に設けられた全入制の「脩学所」（小学校）から選抜された者が入学する、といったような制度が構想されている。しかもこの「脩学所」教育について、理念・教師資格と給料・就学年齢・設置場所・学区・学校維持・学科と教科書・学習方法・賞罰さらには貧児対策まで、こと細かに配慮されている。その他にこの「脩学所」なる小学校入学以前の幼児教育についても具体的に記している。

これらの事例から、次のことが分かる。

(1)旧来からの教育を、より具体的に批判した。
(2)対策として、体系的な制度を構想した。
(3)各学校や幼児教育などについて、あらゆる角度から子細に検討した。
(4)これらはある程度体験に基づく教育論であった。
(5)これは元治ころから慶応の末年ごろに書かれたものであり、いわば「学制」以前の地方から湧きでた教育論である。

なお、寺子屋師匠・和歌宗匠としての鈴木雅之は、この干潟地方にかなりの影響力をもっていた。代表的な門人に林彦兵衛がいるが、後にとりあげるのでここでは省略する。

以上、諸資料を通して、幕末の庶民教育が質的にも変化してくることがわかった。旧来からの教育に対し空理・空談的であるとの批判が始まるのは天保期である。それは実学論を中心に据えていたが、道徳的指導の問題も重視されていた。なぜその傾向が顕著になってきたかといえば、当時の農村荒廃の状況とその立直しの要求があらわれたからである。旧来の教育をより具体化するとともに自分達の教育論により論理性を加え、体系化・公有化・詳細化をするのは元治前後（嘉永～学制前）であった。こうして農村民から、自己の経験に基づく教育論が提起されてくるのである。

三　筆子の実態

次に被教育者の側に立って、幕末の庶民教育をみつめてみたい。

干潟地域の北部の溝原村に嫁した鈴木はつには「鈴木はつ女一代之記」[15]が遺されており、その前半部に次のことが記されている。

> はつ女六才の時、実父の里関戸村鈴木三左衛門是ハ溝原村利右衛門分家也へ参りし時、伯父三左衛門ハ多筆子（ママ）を仕立、手習師匠子供に教るを聞に、実語経（ママ）に有る父母に孝をつくせ云、聞て孝の一ツを胸におさめ、又子供ハよく事共親には薬をふるもふべしとの云ふ事ハ、親かよき教を正しく守り、善事行へバ子ハ孝子になると云、是等（に）よ□て孝の一ツを心の備へと定めしよし、良薬とはたとへていふなり

この年代記の成立時期は明白ではない。しかし文中にあらわれる鈴木三左衛門は天保一、二年ころに生まれ、手習師匠をし、明治八年一一月に村落校の新町学校の教員となり、同三九年一月四日に没している[16]。そして右の文面からは、この寺子屋が単なる手習いの場ではないこと、また学ぶ側もそのためだけに通ったのではないことが読みとれる。

この溝原村にほど近い府馬村（現香取市府馬）の宇井太兵衛宅では二代続いて筆子をとっている。先代太兵衛（名は寿、安永九年生～嘉永三年没）について、「宇井翁墓誌」[17]には以下のように刻まれている。

文化八年三月、邑主依田君挙為戸長、十一年正月擢里正……薄自奉而厚救恤、懇田闢地、亦不少、又好文芸、毎以読書習字、課村中児童……

碑文中の「救恤」と「読書習字」とが無関係とは思えがたく、この師匠の場合も、天保一四年五月寺子屋開業という事実も加えると、やはり天保期型教育者の一人といってよかろう。さらにいえば、「救恤」されて学習する者がいたとも想像できる。

次代太兵衛（名は正夫、天保一〇年生〜明治三八年没）については、父よりも資料が多く残っているので[18]、教育とのかかわりを前半生にかぎって以下にまとめてみる。

⑴正夫は歌道・俳諧、その他さまざまの学問を吸収していく。このことは、すでに述べた当時（ごく幕末）の教科の多様性を如実に示すものである。

⑵彼に影響を与えた人には、父以外に宇井包高・木内清右衛門や本多元俊らがいる。宇井はすでに紹介した天保期の教育者である。木内は本朝御家流の筆道を指南した人であるが、彼の師はさきの宮負定雄である。本多は大原幽学の高弟である[19]。その他、正夫と交友のあった者にはさきの林彦兵衛（重義）がいた。いずれにしても、この宇井正夫にも天保期の教育が大きく影響を与えていることが、就学ルートからよく分かる。

⑶それをうけて正夫は、明治三年一二月より筆子をとり、同七年にはその寺子屋を家塾に改組し、準制度化していく。この意味では、教育者としての彼は、元治期（嘉永〜学制前）のタイプであった。

次に正夫の学舎を中心に筆子をみていくが、それは表3のとおりである。府馬という地域は、九十九里浜と利根川河岸（小見川）との中間点で、町場的な要素を若干もっている。表3から次のようなことが読みとれる。

⑴学制直前になると、必ずしも土地所有状況と就学が一致しなくなる。同様のことは同村の鈴木孝三の学舎の場合（付表）にもいえる。なおここで想い起こすのは鈴木雅之の全入論・貧児対策などである。

表3　宇井正夫（府馬村）の筆子

入門期	父名	続柄	筆子名	歳	土地所有		家族構成	
					田	畑	元治元	明治6
明治3年12月7日	菅谷治兵衛	3男	亀三郎	13	161畝27	61畝26		
〃	〃	4男	友三郎	10				
4．6．29	青柳勘兵衛	悴	定吉	14	195.00	80.11	3人	5人
〃	〃	2男	庄次郎	11				
〃	宇井治郎兵衛	〃	卯之助	12	316.27	110.03	7	4
4．9．2	菅谷才兵衛	悴	惣太郎	13	26.08	15.27		
〃	菅谷太郎兵衛	〃	瀧蔵	12	435.03	127.24		
〃	〃	〃	春吉	9				
〃	菅谷茂蔵	〃	茂重郎	7				
〃	酒井久兵衛	〃	徳太郎	13	0	0	5	
4．12．24	前田佐左衛門	〃	丑松	7	712.06	203.00	6	6
〃	秋葉縫左衛門	〃	縫之介	17	0	4.24		
〃	岩城伊右衛門	〃	彦三郎	15	0	0		
5．2．28	宇井作兵衛	〃	常吉	9	0	5.24	5	5
5．4．7	内田半兵衛	〃	種吉	12			5	
5．6．29	岡田惣兵衛	〃	惣十郎	9	48.14	29.01		
6．2．22	林仁兵衛	2男	寅吉	15	54.00	25.22		4
	14戸	17名						

注1）香取市府馬、宇井隆氏所蔵文書「臨池手控」などより作成。
　2）余業者は菅谷才兵衛（雑漁）・酒井久兵衛（雑漁）・岩城伊右衛門（雑飲食）。
　3）性学徒は菅谷治兵衛・菅谷才兵衛。

付表　鈴木考三の子弟（明治7年2月）

父名	子弟名	歳	土地所有	
			田	畑
	菅谷　延太郎	10年8	13畝09	30畝18
	菅谷　友三郎	11.7	0	0
前田　佐左衛門	丑松	8.6	712.06	203.00
菅谷　伝兵衛	種吉	8.5	164.28	89.24
	越川　春吉	12.1	68.00	35.11
絵鳩　佐兵衛	熊吉	10.2	0.27	
	宮内　徳太郎	6.8	0	0

注1）香取市府馬、宇井隆氏所蔵文書「区内家塾衆并生徒」より作成。
　2）府馬村の家塾のひとつ（同塾の生徒総数44名）。
　3）余業者は絵鳩佐兵衛（雑飲食）。

(2)ただ一般的には家族構成の多寡は就学への余裕に関連したと思われ、ここでは大体五名位の家である。

被教育者の実態について考察してみて、それは教育者の場合と表裏一体であることが明確になった。天保期ころから読み書き以上のことが要求されてきて、さらに次の段階ではシステム化されてくる。また下層の者も就学するようになってくる。こうした動きは社会的な要求に触発されたものであった。

むすび

『大原幽学とその周辺』所収「東総豪農の存在形態」（栗原四郎）では鏑木村平山家の経営分析を通して、次のことが指摘されている。天明～文政期の東総農村の「荒廃状況」は、天保以降に回復・復興・再拡大の方向を示し、さらに嘉永段階に質的変化を示していく[20]。

これは、かなり説得力をもつ分析であり、その指摘は奇しくも本章における庶民教育の発展段階論（天保期・元治期）と合致するものである。すなわち幕末の農村荒廃と立直りの論は、これまで述べてきた庶民教育の展開の要因や背景をときあかす有力な手だてとなるわけである。しかも、こうした回復は村内の上層民によって行われ、それは、庶民教育者のレベル・層と重複するからである。その具体的な経営と教育の相関性についての研究は、今後の課題としたい。

しかし本章では、おおよそ次のことが明らかになった。

(1)幕末における庶民教育は数的にも、質的にも拡大し、進展する。

(2)それは天保期、そして元治期（嘉永～学制前）と二段階を踏んでいく。

(3)地域の農民層（主に上層部）を中心に実状を踏まえつつ、構想・推進される。

(4)それだけに、常に教育は社会的変動と不可分の関係にあった。

注

(1) 石川謙『寺子屋』至文堂、昭和三四年。石川松太郎『藩校と寺子屋』教育社、昭和五三年。
(2) だが、房総の藩学の成立は遅いとされている（『千葉県教育百年史』第一巻）。
(3)『日本庶民教育史』（刀江書院、昭和四年）や『寺子屋』（至文堂、昭和三五年）など。
(4) 前掲『寺子屋』。
(5) この表を読む際に注意すべきことは、生まれた者が直ちに開業するわけではないので、少なくとも二〇～三〇年はずらして考える必要がある。また弘化年生まれの者以降、開業件数がまばらに、かつ減少していくのは学制頒布のためである。
(6) 石川の場合は開業時別である。
(7) この数字には、ごくわずかの私塾の場合も含めている。なお庶民教育機関の中には、寺子屋と私塾の併存塾もままあるが、ここでは寺子屋としてデータをとった。
(8) 旭市鏑木、平山忠義家所蔵文書。
(9) 旭市松沢、宮負克己家所蔵文書。
(10)『千葉県教育史』第一巻。
(11)「家塾　御願書」（明治六年五月一四日・宇井包高→新治県・松沢熊野神社文書）の塾則・禁令にも礼・行儀に関することが毅然として定められている。
(12)「『学制』前における教育者の精神構造」（『歴史論』四）。次章に掲載してある。
(13) 成田図書館所蔵。
(14) 以上の冊子もすべて成田図書館所蔵。
(15) 旭市溝原、鈴木勝人家所蔵文書。
(16)「匝瑳郡共和村誌」、「鈴木貞亮先生之碑」、「香奠受納帳」（旭市関戸、鈴木利夫家所蔵文書）などより。

(17)『香取郡誌』山田角次郎、香取郡、明治三三年。

(18) 香取市府馬、宇井隆家所蔵文書。

(19) 天保年間より、長部村を中心に干潟地方に現われる大原幽学は、いわゆる「性学仕法」を展開する。彼も従来からの学芸を批判し、また子供会などを組織し、幼児教育に努めた。

(20) 木村礎編、八木書店、昭和五六年。

第2章　「学制」前・地域からの教育構想

はじめに

一般に徳川期の庶民教育、なかんずく寺子屋・私塾のイメージについて、「偉い厳格なお師匠様が前に坐って子供達に教えている所」と思いうかべる者もあれば、それとは異なって「お師匠さんを囲んだ筆弟達、その家庭的平安なムードにひたっていた場」を思いめぐらす者もいる。その教場における雰囲気はともかく、この一端から近世の庶民教育の主体者は師匠、つまり教師であると断言できる。さらに、そのように断言できる前提的要素としては、近隣子弟が集まらなければ、お師匠様、すなわち教師にはなれないということがある。師匠になれないということは、寺子屋、私塾といった学舎は不成立あるいは廃止ということである。では近隣子弟が通ったところのお師匠様とは、いかなる人物だったのか、その人物像を検討する必要もあろう。

このような理由で大まかにいって、教師の精神、特に教育意識・思想および子弟・村人への影響といった問題に焦点をあて、分析してみたい。

いうまでもなく日本教育史研究において、明治学制期の実態解明は重要課題である。筆者もそのひとりであるが、本章では、その素地となった幕末維新期の教育史、厳密にいえば教師史の側面について素描してみる。

従来の教育の歩みに対する分析の成果、とくにR・P・ドーア（『江戸時代の教育』）によれば、維新期における日本の就学率は男子四〇〜五〇％、女子一五％という高率を示していたという。だがこのような数値的・静態的研究視点に対して、一面、疑問を持たざるをえない。また一人、教師をとりあげてみても、それはもちろん何らかの意識・信条をもった上でその職務を遂行する、ものごとをわきまえた村の知識人である。反面、教師も、人間そして村落共同体の一員として苦楽をしている存在であるという側面も並行させて考察する必要がある。

そのことを意識して、以下、人物（教師）を論じていく。ことに徳川期から明治期への移行・変動の中で、伝統に規制されつつも「近代」をめざしていく人間、その個人の生活を掘り下げていきたい。

一　鈴木雅之の紹介

とりあえず一人の人物をここに登場させる。その名は鈴木雅之という。日本史研究史上に登場した機会もわずかで、時代のスポット・ライトを浴びたこともないので、おそらく知る人は少ないと思われる。とはいえ、数回、活字化されている故、まずは鈴木雅之研究の足どりの大要を列記してみる。

(1)村岡典嗣……『思想』第一〇〇号、これは後に『日本思想史研究』に所収される。
(2)伊藤至郎……『伊能忠敬・鈴木雅之』、『文学』第一五巻第五号、『鈴木雅之研究』、『鈴木雅之小伝』
(3)伊東多三郎……『近世国体思想史論』、『草莽の国学』

村岡氏は宗教思想史の側面から、伊藤氏は国学史研究の立場から、さらに伊東氏はいわゆる国民生活史の観点から記述している。全体としては、資料紹介に近かったり、あるいは理論先行の気味もあるが、それでも世に出した意義は大きい。本章はこれらの先行研究をふまえ、とくに人間形成史・教育史という立場で新資料を加味しつつ、雅之の生涯を考察してみる。

このように記してみても、まだ鈴木雅之なる人物になじめないと思われるので、明治一七（一八八四）年に門人の木内宗卿らにより刊行された『穂積雅之君之略伝』（以下『略伝』）なるものを記さねばならないが、次節に譲り、ここでは「故宣教中講義生鈴木雅之墓」碑により、彼の歩んだ起伏の大略を回顧する。

鈴木雅之姓穂積下総国埴生郡南羽鳥村之人幼而好学従神山魚貫翁学詠歌年既壮委家産於妹婿清兵衛従居香取郡三倉村専勉学更転高萩村明治二年己巳十月徴為大学少助教三年庚午転宣教中講義生四年辛未四月二十一日病没於湯嶋之家年三十有五娶長谷川氏生児茂松於葬於浅草西福寺域内著書若干巻及歌集蔵於家

明治五年壬申四月

以上の碑文の内容から、雅之の人生を次の三期に区分できる。修学時代、旅寓の中での教育ならびに著述活動の時代、下総農村で培われた学問体験を基に上京した大学校と神祇官出仕の時代である。

二　雅之の生活環境と農村観

（一）就学時代と下総文化圏

雅之の没年から逆算した生年は天保八（一八三七）年である。この時期に幕府より一大改革が断行されたことは周知のところであるが、教育界にあっても、それまでは例外であったことが、そうではなくなる。そのことは後述するのでさておき、雅之は埴生郡南羽鳥村という一寒村の農家に生まれ、幼少の時分には「文字ヲ砂上ニ写シ以テ楽ミト」[1]したという。そして少年時代には「常ニ発燭又あきばノ葉等ヲ壊ニシ昼ハ其ノ見聞セシ所ヲ之ニ記シ夜ハ爐火ヲ

表1　南羽鳥村階層（石高・文政10年）

31石以上	1戸
29～30	1
21～25	4
16～20	5
11～15	10
6～10	17
1～5	33
1石以下	14
（総計） 664石9升9合	85戸

注）墨田区吾妻橋、木内家所蔵文書の「田畑屋敷名寄帳」より作成。

燈火ニ代ヘ或ハ歌ヲ書シ或ハ文ヲ綴[2]」ったり、やや長じても「身専ラ耕転ニ従事シ田畝ニ息フ時ハ則チ書ヲ畦畔ニ繙トキ其薪炭肥料ヲ駝スルノ日ハ右手ニ韁縄ヲ執リ左手ニ書冊ヲ携ヘ[3]」ていたと伝えられる。さらに若者組に加入しても「之ニ列スト雖寸毫モ光陰ヲ空スルヲ恐レ妄リニ接語スルナ」かった。こうして彼は「読書案文[4]」に興じていったのであるが、例えばその読書は「火ヲ線香ニ移シテ以テ寝所ニ入リ徹夜読書シ[5]」たという。確かに雅之はよく書に没念した。すなわち「私の祖母（まう）は天保の頃生まれて大正八年に死んだのですが、よく私に『雅之さんは毎日、奥の室でよく本を読んでいた』といいましたよ[6]」という伝承によっても推察しうる。とはいえ、『略伝』によれば、雅之は「本の虫という机上学問の徒ではなかった」とある。いずれにしてもここでとらえうることは、彼の家業を怠らず、それでいてかつ学問を志向していく姿である。

確かに才能のある人物であったことは否定できない。しかし、それのみの条件で彼の修学時代を語るには不十分である。まず雅之は一農家の男子として生まれたという。彼の父・清兵衛について、その詳細は不明ながら文政一〇（一八二七）年二月～同一三（一八三〇）年二月には名主役を勤めている。次に表1を参看してみる。名主清兵衛により記録されたこの『田畑屋敷名寄帳』（文政一〇年二月）の中で当家は田畑屋敷地高二二石三升一合五勺一才を所持し、当村にあっては第三位に位する。この数がいかに変容していくかは不明ながら、嘉永元（一八四八）年一二月の『田方名寄帳』によれば約四反、同二（一八四九）年二月の畑方のそれによれば約九反を硝治なる者より買い入れたとある。ところで鈴木豊蔵という人物の墓碑には「翁印旛郡芦田大木喜平之三男而以天保十二年生焉元治元年為同郡南羽鳥鈴木清平之養嗣子慶応三年別樹一戸営綿業家号綿屋楊家声矣……明治二十九年二月三日歿享年五十六」とある。すなわち雅之が後、二〇歳頃に家を出るに当たり、「働きものの」(7)といわれた豊蔵が実妹の婿として後継したのである。

現段階、以上のデータから推測し、名主を仰せ付けられたこともある、この鈴木家は村内にあって上層少なくとも中上層に位置づけられる。その点から推して「昔、旧幕明治の頃は小学校がなかったので、うちで塾の様なものをやっていたそうです。金のあるうちの子とか、地主の子でなければ来られなかったそうです(8)」とは同地域における寺子屋・私塾師匠の末裔のことばであるが、清兵衛家が子弟を寺子屋・私塾等に通学させられぬほどの地位・経済状態であったとはとても思えない。すなわち、雅之は豊住地区では一〇ヶ所あった庶民教育機関のいずれかに通学しなかったとは断定できず、まして、これら庶民教育者らと交流がなかったとはいいがたい。とくに次の一族とは関係する所はあったと思う。「醍醐天皇の広長元年癸未八月十五日、紀州本宮の祠官鈴木豊等神鐘（教ヵ）を奉じ来て創建(9)」した村の中央部にある村社の熊野社の存在である。雅之宅とこの鈴木神主宅は近隣で、姓も同じである。なお雅之在世の頃の当社司は七〇世鈴木常陸介藤原朝臣豊章である。

さらに当村の豊受神社や安食の駒形神社等の神官木内家の存在も気にかかる。ことに豊敷については、その門人中には次のように刻まれている。

翁…以文化七年庚午正月念三日…帰本国佐倉焉既而応北総矢口村成毛伝兵衛之聘転寓於其家所謂寺子屋為業居歳餘而為本村即南羽島村社司従五位下木内豊方朝臣所養豊方有三女配以季女名須磨時天保九年戊戌翁年二十九云木内氏従其先晴風以来為北総安食郷穀神駒形神社々司住于安食郷后雖乎本村然駒形神社々司如故而至于翁大為村民所帰依焉嘉永六年癸丑十一月翁年四十四襲養父之職称木内豊敷傍教導近村子翁為人温恭而閑雅子猶愛子以故子弟皆感翁之恩徳仰慕云々

この豊敷は安政三（一八五六）年一一月「夫わが国々神乃御玉へりが人は神の御裔なり神の御国に生れ神の御裔に

して神を敬ふ事を知らされバ是を本を忘るといふ、本を忘とは不幸」であると冒頭に記し、さらに「有がたき御国なれど近頃天災屢打続きしハ是いかなるゆえんぞや」とし、このことから「予神へ仕ふる身として深く是を憂ふる事久しことを以て日の本の御神の御名をしるし梓に上せて諸人にしめす」、そしてこれを受けたい人は「神の御前に於て御家内安全の御祈丹誠をこらし子孫長久の基をこひ奉らん」とした『日本国中大社御神名懸物受納連名帳』(10)を著している。これらのことは後、国学に傾倒する雅之に影響を与えたと思われる。

さらに雅之をとりまく学的客観条件は他にもあった。彼が家産を妹に譲る安政四（一八五七）年頃（二〇歳前後）に門を叩いた飯岡村の田園歌人である神山魚貫も見落すことはできない。そしてこの因縁からその高弟の伊能穎則を初め多くの文化人を知ることも彼の学問形成に大きな力となった。下総に簇生する国学・漢学・性学・心学あるいは算学の徒、かつ教育に価値を求める者、加えて利根川を下ってくる文人墨客との交遊が日を追うにつれ増していったことは想像に易い。

(二) 教育者時代と社会視圏

雅之は自己教育の一方、子弟に教育を進めていく。その地はまず隣郡の香取郡三倉村（現多古町本三倉）の平右衛門宅である。次いで数年後、同郡高萩村（現香取市高萩）の石橋伝右衛門永成に招聘されここに寓居し、やはり弟子をとり寺子屋教育をすること数年であった。傍ら彼はこの頃より著述活動も始めている。

次に彼が移居した地域は同郡鏑木村（現旭市鏑木）(11)である。招聘した家は、下総の豪農平山家一族の平山昌斎家である。この宅の一室で雅之は教育に著述に力を尽すこととなった。彼がここに身を寄せた時期についてはさだかではないが、文久三（一八六三）年八月二九日記の日記紀行文『藻屑』に同月二一日に鏑木の長泉寺で開かれた歌会の一件や万歳村・関戸村での行跡を書き綴っている。またこの頃の平山本家『萬覚日記』に彼に関することが記されている。このことから、この文久・元治頃、平山家に身を寄せたのか、あるいはいまだこの地に移住していなくとも、その縁は深くなりつつあったといえよう。

この青年が、この干潟地域で見聞したものは何であったのか。筆者は、地域の庶民教育者で経世済民を意識して教育改革に尽力した人々を「天保期の教育者」としているが、その典型といえるような教師がこの地にもいて活躍していた。すなわち『民家要術』（天保二年）において子供に「詩歌連俳をも少しは心得さすべし、之を習えば博奕を除く助には少しはよし。之に耽るは害なり」と題破し、さらにその教育観を『国益本論』（天保二年）によって「国益の術は教導にあり」とし、その具体策として、人民の教導→悪風の撤去→人口の増加→文化の繁栄・財宝の増大、そのために手習師匠・村民の中より選んで「教導師」とか「経済師」に任ずる旨を自論とした松沢村名主であり平田門人であり庶民教育者であった宮負定雄である。定雄の歿年は安政五年であり、もし雅之が昌斎宅に居住したのが文久・元治年間とすれば、数年のズレが生ずるが、しかし少なく見積もっても間接に定雄翁から影響を受けることも少なくなかったであろう。また宮負宅の隣家で「御師匠様」とあがめられた郷社熊野社の神宮宇井包高との関わりがなかったとはとても思えない。

それのみならず、この地域の長部村を中心に、「性学」と称し、農村再興のため、道徳・農業・衛生・建築等々、多面にわたり、教化に尽力した大原幽学を忘れることはない。定雄の場合同様、幽学の自刃と時期的に極く短期間の隙はあるにしても、幽学のもった門人とりわけ、この幽学招聘の中心であり最高弟である名主遠藤亮規、同じく高弟で援助者であった諸徳寺村の寺子屋師匠菅谷又左衛門などの門人らと接触したことも十分に考えられる。かつ、これら門人の手になる遺業拡大や手習所設置運動などの実践性も雅之に大きな刺激を与えたのではなかろうか。なお、平山本家の正義や宇井包高は幽学の門人、もしくは門人であった人達である。

加えて実はこのころ、雅之の寓した昌斎家の平山本家は混乱する幕末社会に対して苦悩していたのであった。そのことは、例えば子弟をとったこともあるという平山正義が『子孫繁昌手引草』（安政四年）を板刻し、流布せしめて地域の人口維持や子育の重視に努めていることからも分かる。またその子の季義の場合は捨子の養育・救恤に尽力したのであった。

むろんこの間、雅之は何度か帰郷したことは距離的にも察しがつくが『略伝』中にも「其仲夏季秋ノ農事多忙ノ際ニ至レバ時々必ズ帰省シテ農夫ニ伍シ」たことや「其子弟ヨリ納リタル束修ノ如キ皆是ヲ貯ヘ置キ年中三次或ハ再度ノ時ハ必ズ是ヲ父母ニ献ジ」たと記されている。彼が生家に帰り、埴生一帯を散策して見聞したこともやはり幕末維新の社会、ことに下総一帯に共通にみられる現象ではなかったのか。さらに一、二具証すれば、万延元年八月一七日、南羽鳥村の小前惣代俊蔵他二名が当村御役場に宛てた「今般当村内ニ而博奕相催シ、所々において酒食賄等いたし」たことについての『御請申一札之事』[12]の類である。それは子供達の世界にあっても同様であり、例えば同じく救恤に苦悶する佐倉藩領埴生郡高松村について、『問屋場御用日記』[13]（嘉永六年正月）では「近年正月之内村々において小児共寄合申合、往還之泥縄等引張、往還之者共迷惑為致、銭ねだり取、飴菓子買喰いたし候を能き事と心得、追々増長いたし、中には右銭を元手に致し、賄事に携候族」と記されていることからも知りうる。

結局、雅之は何によって人間形成をされていったのか。ここでいえることは、すなわち鈴木・木内両神官を最も身近な人物として、それ以外に多く存在する下総の教育者・文化人（その担い手は主に庶民層、とくに村落指導者）が中心となり、とりわけ天保期以降、急激に興隆した新しい教育観・学問的姿勢が彼を育み、影響を与えたのではないのか。そして彼はこの動向をみつめつつ、学問・教育や著述活動に刻苦研鑽していったのではなかったのか。

三「近代」教育への相剋と提言

（一）思想的前提

雅之は東総にあり、現実を直視しつつ、教育にたずさわっていた。彼は多様な体験と見聞を綴るだけではなく、それに対する思想的分析や治策を考察していった。

まず雅之の至った思想体系を簡略に紹介する。彼は自身のきわめた人生・世界観について主に『撞賢木』（慶応三年、五巻）に次のように綴っている。

学問の道ハ人間の真理を弁へて人たる道を尽し生徳を全くするを以て大要とす、然せんにハ先其大本をしらでハかなふへからず、さるハいかにといふに人間営生の務甚しげく公私何くれと事多き故に基本のいわれを熟知り熟弁へものするにあらざれバ、其しげに多に事の紛紜心えたがふるを必出くれバ、ともすれば、とりはづしてハ過もし其中にハ甚しき罪犯して生徳を損ふ類多けれバ、なりかかれバ、先本のいはれをよくあきらめおきてぞ末とある今の務ハなすべかりける。是大になる過シ出まじく人たる道を尽し、生徳を全くする真の学問なり、偖其大本とハ先営生の務しげく多しといへども其出くる本をたづぬれば身なり身の本をたずぬれば親なり親の本をたづぬれば神なり故先神ありて親あり親ありて吾身あり、吾身を戴てやしなうものハ地なり、吾身を治めて養ふものハ君なり、君と地とをなすものハまた神なり、是を以て神ハ天上天下の大本居と親と地とハまた吾生成をなす大本なり是百端万種人間の務の出くる本なる故に人たらんとするものハ志らでハかなふべからず

以下「総説」をはじめとし、全二八項にわたり論述している。雅之の思想的根底にあるものは、本居宣長による高産霊神・神産霊神を万物創造神とするいわゆる生成の道理である。彼はこの生成の道の中にこそ宇宙・万世の真理が

潜んでいるとした。そしてこの真理のメルクマールを生産性の高低に置いていた。雅之の場合、この生成の道を布行するのは「幽」なるもので「魂」をもった天御中主神（天神）なる創造神であり、この神の生成する道を実践していくのが「顕」なる存在で「心」をもった人間である。故に神の理にかなうのが人間である。いいかえれば人間とは天神のあやつる所業＝生成の徳に随い実践し娯していく存在である。さらにいうなれば、この天神の御魂に従い生業していくことこそ人間の本務である、となる。[14] そこで彼の構図はこの創造神＝天神＝皇祖神＝天皇（神孫）と展開するのである。

雅之の倫理体系が当時、多くの国学者の中にあっていかなる独自性を有するのか、また細微な面では、例えば天神は何故にその最たる神なのか（ことに宣長の推す神やまた天照大御神との対比の場合）説明が不充分とはいえ、彼は自論の正当性を記している。

このことを基に雅之は人間として、人間らしく生きること、かつそのための人間教育をいかにするのか、といった処世術・教育策、そして治術の側面について展開することとなった。

(二)「近代」性

世界観を究めた雅之は、それを基本原理とし、まさに生成の道理実践論を公にすることになった。つまり居住し、活動する下総地域、具体的にはまず鏑木村から、領地錯綜地域を支配する宮谷県（知県事柴山典、県庁所在地、現大網白里町）に向けて上呈したのであった。それは維新期に当村が同県に管轄せられていたからに他ならない。その稿は慶応年中に著した『民政要論』[15] 五巻であった。門人が『略伝』において述べているように真に仕官の志皆無であったのか、それとも献呈の後にその「固い決心」を変えたのかはともかく「謹言、愚嚢に進献致し候民政要論一覧下され一々感心宜しく伝命すべき由辻某より門人都祭某に伝言述され候を恭承仕候」よりはじまる『捕盗案民策』（明治二年五月）の中ほどに「公若実ニ生民ノ為ニ善治ヲ欲セバ先試ニ愚ヲシテ本郡並ニ匝瑳海上三郡ノ教授方タラシメヨ愚廻村シテ教諭説得シ利ヲ興シ害ヲ除キ不善ヲ改メ善事ヲ発シ云々」と訴え、その結びには「右捕盗安民策言上不肖ノ拙者試用ヲ願ヒ候儀ハ偏ニ憂国ノ切情ヨリ出候」と強調している。

とにかく彼は『民政要論』と『捕盗安民策』をまず公にしたわけである。この他、彼の教育論は「治安策」三巻（慶応四年成）、『治安策巻之一別記』（慶応三年草）、「大学開設ニ関する建白草稿」（明治初年）、さらにはすでに紹介した根本教典とでもいうべき『撞賢木』五巻（慶応三年成）にも多かれ少なかれ記述されている。伝統的非合理的没個性的軌道に乗りやすい一農村にあり、自らの庶民教育体験に基づいて吐かれたその言句の中から、彼の理とした教育像・教師像とはいかなるものであったか、さらに新しい教育のため、没頭した結果は何であったのかということについて、以下、箇条的に述べてみたい。

国学者の例に洩れず雅之もまた、みよさしの思想＝国政委託の原理を前提に論がはじめられている。しかしながら「治職に在るもの（士分）民情をしらず、また知むともしない[16]」のが、この世であると嘆息した彼が重視するのは「天神へ生恩を報せんと勤むべきことぞかし、さては先よく三民の事情をしらではかなはず、ことに農は国の本にて、衣食財皆其本農に出る故に、治術の巧拙善悪により国の貧富盛衰をなすに至る[17]」という農本的主義である。にもかかわらず現実の農民とは、という意識の下に「先農民は多く愚なるものなり、其故は幼少より教といふものなく、文芸を習はず、他国に出ず、他事に馴ず、只農事をのみ務として、智識を広めることをせざる故に生質愚ならぬものも、胸臆甚狭く、了簡多く愚なり」と、つまり国の本である農民の実情を観察し訴えている。

その治術・治策の「大本」として「教法の本、天神より出す云、件の如くなれば教も法も皆実物実事をよく攻へよく情状を察り天神の大御心をこころとして組立天下に布施[18]」することの必要性を述べ、さらに「然れは教法を定めて倫理を厚くし智識を開きし、国家富強を立むこと今日に当りて第一の要務といふべし[19]」と強調している。雅之の教育上の大局的な問題意識は常にここにあり、その具体案として幼童教育および「教師之事」から順次、筆を進めていく。

まず雅之は旧来の、そして現実の教育の実態をいかに把握していたのであろうか。「幼」の部の冒頭にある「八九或は十一頃より手習とて、寺、或は医家、或は農民の中に書芸を好むものの許へ通出て習はすれど、実に文芸を習はせんとにはあらずして、いたつらはさせぬやうに、師を己が子の守として遣はすことなれば、子心にも又是を知て物おぼえんとはせす、師の見る前にては筆はとれど手かくことは習ず[20]」という。このことは教師にそくして解釈すれば、教師とはいたずらさせぬように筆などとらせて子守する人と烙印すべき教育者が存在することをなげいているといえよう。さらに「師導くといへども、旧来の蔽風にて、学者大抵儒仏の空理に惑はぬもののなけば、只無用のことを習ひて歳月を過す此故に学成こと至て晩く、偶成就しても実益あることなし[21]」と、いわば型式主義的教師＝「論語読みの論語知らず」的教師が相変らず存在することを批判し、そのため子供らは「穴市、宝引などよからぬわさをし[22]」大人の所業をまねて「小博奕なとす[23]」。ここで我々は前章でみた社会的条件、とくに定雄らの憂いや高松村の子供の実態を今一度回想しうる。

そのため、雅之は子供の教育とは「今草木は無情の物なれど、其苗の時より仕付ければ、直を曲にも為なり[24]」と比喩している。そして、この部を結ぶように、「放逸乱行[25]」になる子供を危惧しつつ、現実の教師さらに父兄を叱咤激励している。

しかし雅之は単に批判に踏み止ることなく、その対策について記している。すなわち、彼の胸中に去来するのは無用の教育・教師の一掃である。このことを念頭に細部にわたる具体的治術を列記している。彼はこの点につき、数多の書にかなりの長文で綴っているため、図1に整理をしてみた。この図が意味するものは、一覧して察しうるように学校制度の体系化である。ここでは、すでに宮負定雄の描いた前記の「連俳云々」といった教育意識や「教導師」・「経済師」設置の夢を超克している。つまり教育の統一化・体系化といったことが「近代」化のひとつの前提とする

図1　鈴木雅之の教育制度構想

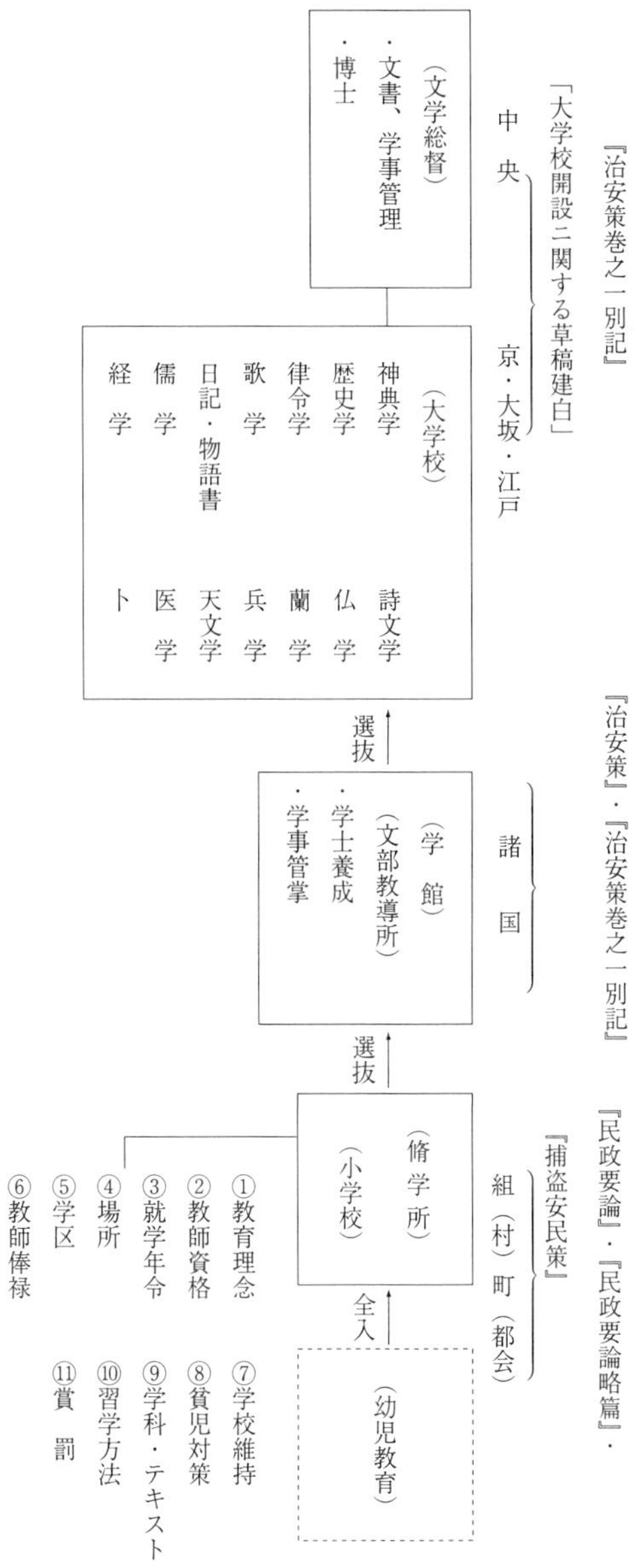

注）かぎ括弧内は出典資料。

ならば、その意識が雅之の中にあったことを容認せざるをえない。しかも、この体系が明治期の教育制度に近似していることをも確実に見出しうる。と同時に今一つそれに近似している点は、いわゆる機会均等の理念形成である。これについては後述するが、いずれにしても「近代」教育へめざしていく雅之の姿をみとめることができる。

その構想が必ずしも空理空論ではなく各教育段階の教授内容等を緻細に記していることは、一例を「脩学所」（小学校）に求めてみても明白である。すなわち、そうした教育内容・条件についてはさきの図の①〜⑪に記したことから明察できるのである。なお同図の大学校の部分で注目すべきことは洋学・儒学等の学科の設置であろう。それにもまして重視すべきことはすでに述べた教育の機会均等への理念である。例えば児童に対しては貧児入学への対策を講じ、「書籍等ハ組内の富家を勧化して積金無尽を組立是にて買調い是にて貧家の子弟の子の学科なきを助成し(26)」「其器あるものハ教師より官へ申出、官にて試の上愈才器あらハしなにより俸米を賜ひ成器するやうに官より御世話あるへし、かやうにせば貧窮の子弟も芸術成就ならんこと疑なし(27)」と貧児への対策を論じている。つまり才ある者に対しては「貴賤貧富に拘らず学事に勝れたるを以て上と、次第に叙用したく候、すべて学館にては学才を先とすべし(28)」と奨励・育成を述べ、その学館にはそのための職を置くとしている。その上、才あるものについては「京・江戸・大坂などの大都会へ……学士をめし……国家富強(29)」のため大学校で養成すべしと力説している。続けて「成器のものは、それぞれ官より召使ハせ給ふやうにする時ハ事ニさし支なかるへきなり、尤もそれにハ、士の制度を定め不器の者ハ士人の子といへとも推下て農工商になす(30)」と強調している。

さらに以上の担い手となるべき教師について、「教師ハ僧侶男女老若に限らず当器の人を撰擢して仰せ付けられるへし其器に当る人ハ少なかるへけれハ手迹なとハよろしからすとも教導の器あらんものハ撰ぶべきなり……さて其師の俸米ハ見計らひにて宦より賜ハるへし諸雑費料ハ童子の家より出さしむべし是までとても出入の贄料礼料年中五節句の祝儀寒暑見舞料に出したれは大抵それにて宜しかるへき(31)」と選抜や俸給について論じている。

これらのことから、貧富や身分による教育から能力主義による教育や教師の専門職化の構想をかいま見ることができる。こうしたことも近代化を推進し、のちの明治教育体制の中に見出すことができる。

本節で、さらに雅之について付記せねばならぬ点は、師弟に関する彼の次のような一文である。「己……いと狭く愚かなれど古人の説をかくかにかくと論ふまでになりぬるは実は此先生（宣長・篤胤）のよき書数多著しおき給へるによれるなり、されば、まのあたりあひて教こそ承らね、恩を受けたることはなお師の如し。されば其説を論ふを心ゆく業とは思はねど、いかで道を明にしてしがなと思へば、やむを得ざる時は、道の為には師説を破るも、非とはせじ。軽重ある中の重にしたがふ故なり、是、此先生たちの本意にも協ふ業[32]」であるという。この「道理の究明のためには師弟関係と学問論理を分けて考える」論理はあるいは彼が影響を受けた宣長の『玉勝間』の一節によったとも考えられるにしても、前記した彼の教育姿勢は新時代の教育を切り拓こうという意識によって吐露されたものと思われる。

（三）限界性

しかし、彼の教育・教師論の中には変革への時代的要請や地域的事情があったとしても性急な側面がうかがえることも否定できない。例えば、僧侶の手習教育・学問に無益な面があると誹謗し語気を荒げているのは、彼が国学徒であることに起因している。しかしそれだけではない。また「其脩学所ハ……村の寺を明させ住僧ハ他所へうつし或ハ院内に堂なとあらば、そこにお[33]」くべしとしたり、あるいは間引・堕胎対策として「かくて名主役人とくと身分相糺し生育自力に届くか届かぬ者には養育料三才迄遣し、四才よりは教師へ預くへし、名主教師相談し然るへき老媼を介抱人として守育へし、女児の手習するものに代る代る手伝はすへし[34]」といった箇所からも知りうる。このことは別資料、例えば既述した『捕盗安民策』でもうかがえる。「賊徒が一村に押入らば、村内の者は太鼓を打ならし、それをかこめ」などと箇条書的に記したこの治安対策書の最後のところには次のように述べている。

一、手習素読ノ師ハ郷里多ク敬重スルトコロナリ愚民ヲ教諭説得スルニ用フレハ役ニ立モアリ殊ニ人才ヲ引立ル職ナレハ実ハ容易ナラサルモノナリ然レハ部内ノ師才拙劣怠惰放逸ニ堪ヌ者ハ指南ヲ止メ人ヲ選ミテ数里兼教フルヤウニシタシ拙者廻村致シ其器不器ニヨリ言上スヘキ間黜陟ノ御計致シ下サルヘキ事

ここで、気に掛る点は、その「器」・「不器」の判別基準である。雅之にとっては簡潔である。それは「天皇（＝天神）尊崇して忠誠を尽さざらん、天下の人臣悉く皆忠誠を尽さば何ぞ起らん、乱起ることなく、人心一致して富強ならば、四夷を撫するに足るべく候されば正学校いかにもして建立せましことに候[35]」とする教育目的にかなうように天神を崇敬する＝「正教」が第一であった。ある意味では、当時盛んに唱えられたいわゆる「道の日常化」に優れていた雅之であるが、ここにあっては、きわめて抽象化され、客観的論理性の欠如を露わにしてる[36]。雅之のこのことが果たして国学思想の主情主義とそれに連なる「道の神秘化・宗教化[37]」によるものか、否かといった考察は今後の課題としておく。また雅之のいうその「器」、そして「異才」あるものは富貧・富強にかかわらず教育し人材を登用していき、国家を富強ならしめる要求は「近代」性を内包するものの、反面では能力＝「器」・「異才」あるものが民を教育していく、愚民に伝授してやる意識と裏腹であった。その典型例は、「（教師には）士分の格をさし免」ずることや「農民は愚なるも（の）多き故に……官より世話せされば育才ハとても出来かたし[38]」という文言に求められる。

そのことに関連し、雅之は「偖また元より愚民のことなれハ教のみにてハ、行届さる故に既に云る如く法を立て其方にもしたがはぬ無法者ハ威を以ておとし、力を以て制せざれば民の治術ハ行届をなし云々[39]」と、いわゆる「上からの」法や力による威圧を力説している。以上のことからすれば雅之の教育論は近代性を有しつつも、まだ完全なる近代ではないことをも如実に表現しているといってよい。しかし、それはまた一方、在村、そして教育現場の実態を知っていることからの表現かもしれない。

むすび

雅之は明治二（一八六九）年八月、門弟と鏑木の地に別れを告げ、東京に向い、学問の先輩格になる伊能穎則のもとに身を寄せた。そして伊能の縁故で仕官することができたものの、まもなく没してしまった。三五歳の時であった。今日、彼は郷里、南羽鳥の林の中にある墓地に左に妻万喜、右に孫羽鳥の墓石に囲まれて眠っている。なんの変哲もない、ごく普通の墓碑である。雅之は幕末に村内にあっては上層、もしくは中上層の農家に生まれたが、学問を好み、また近隣周囲の学的環境条件にも恵まれた。そして家督相続を姉に譲り、近隣村落の家々で寺子屋教育につとめたり、勉学（とりわけ国学）に励んだ。そして幕末村落の荒廃や停滞した寺子屋私塾教育を直に見つめ、また自らの教育実践をもとに新たな教育論を発表し、献言していった。それは教育制度の体系化、教育意識や教員制度の改変、能力主義のシステム導入等々であり、いわば地域・地方からの改革論であった。結果からいえば、下からの「近代」教育論であった。

しかし、一方、その理論は修学に努めた国学にかなりの部分が規定されていたり、また愚民観や法や力に依存しているところへの指導は時代性・地域の実情に規定されていることは事実である。

こうして学制頒布により、近代日本の教育がスタートしたのは、雅之の没した翌年であった。いずれにしても彼はさまざまな時代的制約を受けながらも地域から、現実から近代教育という鐘を打ちならした一人であった。

注

（1）木内宗卿ほか『穂積雅之君之略伝』明治一七年。
（2）同右。

(3) 同右。
(4) 同右。
(5) 同右。
(6) 蛭田玄美、明治二四年五月三〇日生。
(7) 同右。
(8) 村塾師匠日暮与次右衛門の裔のはる、明治三一年三月二八日生。
(9) 『成田史談』所収「南羽鳥村誌」。
(10) 墨田区吾妻橋、木内家所蔵文書。
(11) 同町については拙稿『干潟町文書調査シリーズ（目録）』（現在五冊）を参照いただければ幸いである。
(12) 篠丸頼彦「佐倉領民の江戸時代に於ける博奕と村の自治」『印旛地方郷土研究』第二輯、佐倉第一高等学校、昭和三一年三月。
(13) 同右。
(14) 悪は善の変化に他ならぬとする。
(15) ただし、これとは多少異なる『民政要論略篇』五巻の方を献呈したのかは不明である。
(16) 『民政要論』。
(17) 同右。
(18) 『民政要論略篇』。
(19) 同右。
(20) 前掲注（16）。
(21) 同右。
(22) 同右。
(23) 同右。
(24) 同右。

(25) 同右。
(26) 前掲注 (18)。
(27) 同右。
(28) 『治安策巻之一別記』。
(29) 『治安策』・『治安策巻之一別記』。
(30) 前掲注 (18)。
(31) 同右。
(32) 『撞賢木』。
(33) 前掲注 (18)。
(34) 同右。
(35) 『治安策』。もちろん、さきに見たような「才」あることも含むであろう。
(36) この点に関係するか判らぬが、伊藤氏は『文学』で「彼にあってもこれら (=紀記) の古典を神典視する迷妄から脱却していない」と記している。
(37) 松本三之介『国学政治思想の研究』未来社、昭和三二年。
(38) 前掲注 (18)。
(39) 同右。

第3章　公教育の成立と展開

はじめに

近代日本教育史研究の課題として、制度史からの脱却があり、その反省は毎年のようにくり返されている。[1]ということは簡単には克服しがたいことを意味している。それでも近年では、これらの課題を克服すべく地域と時期を限定し、民衆教育を構造的にとらえようとした研究も見うけられる。このことについては、すでに本書の序章で若干ふれたので、省略する。以上のことを念頭に、ここでは次の諸点に留意したい。

(1)さらに地域を狭めて、現場の実態をよりリアルに迫ってみる。
(2)そのために、とりわけ人物をクローズ・アップして、動態的にとらえる。
(3)それらをもとに制度と地域の特性・個人の事情とを考慮していく。
(4)時期は近代の中でも明治期とし、さらにそれを区分していく。

ところで第1章では、干潟地域における江戸時代の庶民教育の普及と変遷をみてきた。当然、本章はそれをうける形で論を進めていく。中心にとりあげていくのは、寺子屋師匠であり、歌人として紹介した林彦兵衛である。

筆者はかつて彦兵衛を中心に明治前期の教育を論じたことがある。[2]それは「明治前期における教員と地域社会」（『地方史研究』第一四一号）と「林彦兵衛と万力学校」（『駿台史学』第四一号）である。そこでの所論中、学校教育と林彦兵衛に関することを要約しておく。

(1)林家は東総の香取郡万力村根方にあり、ここはいわゆる「干潟八万石」の新田場である。林家の出身地は隣村の鏑木であり、元禄年間に分家してきた。その後の経営には浮沈みがあるにしても、だいたい中の上、あるいは上の下の層に位置する農民である。ゆえに組頭や什長を歴任したり、豪農平山家ら最上層とも交流していった。その七代目が林彦兵衛であった。彼はわずか一一歳（天保一三年一月）にして寺子屋師匠となった。また歌人としても秀で、大いに活躍していた。彼の家庭や学芸状況がかなり影響していたと考えられる。

(2)明治期の彦兵衛は、人々からは直線的といわれるほど、すさまじい勢いで教育に邁進していく。それは、彼の昇給・昇任の辞令や校舎の建設に端的にあらわれている。さらに、その内実をみれば、大きく次のように時期を区分できる。明治期の前半（明治元〜一二・一三年――学校の設立という外型づくり→財政維持という土台がため→教育内容という内面の充実）、明治期の後半（明治一四・一五〜三七年――自校の存続化と管理、教育会活動、和歌活動の再興と集大成、和歌と教育との融合）。しかし後半は前半に比べて、国家的要請（教員統制）にくみこまれるために、質的な変貌をきたす。もちろん、前半においても、それにくみこまれる要素（「保護主義」的教育論）は内在していたのである。

本章では、こうした彦兵衛とその教育の全貌にもとづき、また先の留意点を想起しつつ、次のように観点を絞ってみる。

(1)学校の経営、とくに存立にかかわる危機的状況とその顛末について簡潔に記す。これを通して彦兵衛の意識と行動をリアルにみつめられ、場合によっては本質もかいま見えるからである。ここはとくに留意点の(1)と(2)と(4)を

表1　林家の経営状況

年	金銭出納			年貢小作米受取	農　収	米穀売払
	入金	出金	差引			
明治5年	金150両 銭521文	70両 106文	72両 415文 (+)	20俵	66俵 7斗	34俵
6	81 460	93 369	12 543 (−)	19 6斗	69 3	41 2斗 10両； 956文
7	171 44	142 582	29 87 (+)	16	?	23
8	126 5貫125文	111 2貫300文	14 2貫325文 (+)	20 1	?	15
10	金299円	374円	74円 (−)	17 3	66	53
15	357	425	67 (−)	13 6	62 1	43
16	200	339	138 (−)	25 5	55 0.3	37 5
19	191	159	31 (+)	38 1石1斗	77 1	45
20	221	279	13 (−)	45 4斗	76 1	90
21	214	179	35 (+)	54 3	68 3	76 6
22	313	272	40 (+)	?	73 3	87 1

注1)　旭市万力、林修一家所蔵文書「金銭出納日記」類より作成。
2)　数字は文書のまま。ただし、原則として、分・朱・銭・厘・毛および升・合・勺の単位は除く。

意識するところである。

(2)そうした個人的・実践的な動きを当時の制度・風潮と関連づける。それにより個別の動向と一般性との関連を見出そうとする。これはとくに先の留意点の(3)と(4)と関係する。

以上の留意点や観点を意識しつつ、明治期の学校（教育）がどのように創成され、維持され、さらに編成されていくのかをみていく。

ところで本論の前に一つのデータを提示しておく。それは表1に掲げた林家の経営状況の変化である。全体として収入より支出のほうが過剰気味である。つまり不足の年は明治六、一〇、一五、一六、二〇の各年である。この家計上の出費が何を意味しているのかも、そのつどふりかえって検討してみたい。

一　小学校設立の問題

天保一三年より、寺子屋教育にたずさわってきた林彦兵衛は、新政権の成立に伴う近代的な教育志向のもとでスムーズに、より活躍の場をえることとなった。明治三（一九七〇）年一〇月、彼の手元に、管轄する宮谷県より、次のような文面の一通の任命書が届いた。

社祠局属　下総国香取郡万歳村組合郷校教師申付候事(3)

郷校とは同県が「支配所々学舎取建……人倫五常之道を以し、皇国之至道を明ラカニシ、更ニ権謀術敷之弊風ニ流れす、教導等一致ニ行届候様(4)」にしたものである。

彦兵衛は万歳村三四ヶ村の「郷校教師、兼掌社寺之事、職在於宣教不開之人、而奉職命派出于房総、常説頑論愚(5)」じたりして、後に「大いに尽す所ありき(6)」と評される。このように彼が宮谷県に出仕できたのは、国学徒として活動していた実績[7]もさることながら、師の鈴木雅之の推薦によったものと思われる。前章で紹介したように、雅之は彼の政論を同県に献言したことがある。

しかし、彦兵衛は明治四年九月には、その職を辞し帰農した。「県令柴山典ニ座シテ免職シ諸制釐革スル所アルヲ以テナリ[8]」と自身は述べている。

そしてまもなく、届出さえすればよかった「開私学、専教授[9]」とする。それは彼にとっては「郷先生[10]」と称されてきた天保以来の実績からすれば、順当な選択であった。

明治四（一八七一）年一一月に宮谷県は廃止され、やがて当地を管轄したのは新治県であった。そして翌五年八月には、文部省より「学制」が頒布された。同県は要地に模範とすべき公立小学校を二〇校設置し、あとの学区には家塾を三二〇余取り立てた。この家塾とは、同県の場合は従来からの寺子屋・私塾師匠を試験により公認したものであって、「学制」にもしたためられている。その実態は、教科書に若干新しい種類のものが含まれている程度で、塾則・課程などはほとんど旧来と変化がなかったと思われる[11]。新治県の家塾取り立てに当たり、干潟地域でその認可をうけたのは六名であり、林彦兵衛もその一人であった。

彦兵衛の家塾は「追々隆盛ニ成行、私塾ニ居余り[12]」、ついに関係四ヶ村とはかり、学区取締や副区長を動かし、村落小学校への昇格を願い、それは明治七（一八七四）年八月に認可される。村落小学校とは学制第二五章の「村落小学ハ僻遠ノ村落農民ノミアリテ教化素ヨリ開ケサルノ地ニ於テ其教則ヲ少シク省略シテ教ルモノナリ……」と規定された準小学校的なものであるが、家塾などと比べれば、はるかに公学的性格の濃いものである。とはいえ、新治県より給与されたものは二、三の教具のみであった[13]。

ゆえに林彦兵衛自ら「校舎書籍器械等為学資献納[14]」したり、また関係各村も「一和いたし各々自費を以て更ニ校舎建築仕器機等相備[15]」えることに務めた。とりわけ、その大半は彦兵衛の「自費ヲ投シ[16]」たものであった。そうでなければ公学として生き残ることがむずかしかったのである。いいかえれば、学制をうけた新治県の教育政策のもとで公立学校として自立していくためには、「下から」の地域民、とりわけ当事者（教員）の犠牲的献身が必要だったのである。村落小学校は、旧干潟町内には、これと万歳村の井上勇次郎らによるものと計二校しかなかった。

ことからすれば、先の林家の経営において、明治六（一八七三）年の赤字、あるいは七年とても、ごく少額の利益といった理由も明確になってくるわけである。

学校の設立に伴う官との関係は何とか目途がついたのであるが、もうひとつの難題があった。「万力学校記」は、このころの彦兵衛について、次のように記している。

当時郷民未知学校之為何物、或以為無益、誣言百出、林氏為不聞、唯教育是努焉、而生徒之業日就月将

また「郵便報知新聞」[17]は、学区の鏑木村の学事景況について、次のように報じている。

下総国香取郡鏑木村ハ頑固の最も頑なる村にて、学校の設けあれど、一切棚に仕舞ひて子弟等の入学を勧めず、学校と云へバ爪弾きて度外に置き……（戸長の山崎平右衛門は）早く子弟を入学させよと戸毎に説き、人毎に論したれバ、村民やゝ其道理を了解せしか、追々風化して、若き者ハ云ふ迄なく老さるもみな学に就き一村挙つて勉励せし

これは明らかに、学制による「学校」という上からの政策に対する拒否反応である。しかし、それは教育そのものに対する拒否反応ではない。この村落校としての万力学校の場合は月額三円四〇銭の授業料[18]が設定され、「授業料ノ少キヲ喜[19]」んだ寺子屋・私塾時代とは雲泥の差であった。しかし実際には、彦兵衛がかなりの自費を投じたことはすでに述べた。

このように当事者は、こうした経済的な負担と学校理解の説得に務めつつ、教育に邁進していく。ゆえに生徒数は家塾時代には従前よりふえて三〇名に、村落校となった一年後（明治八年）には四〇名になっていく[20]。

以上のことから近代の公教育は、政府や県の考える机上論（ことに学制）どおりにはいかなかったことが分かる。

(1)むしろ急激な制度の変遷の中にあっても、従来からの地域的な伝統と当事者の意欲により、教育を維持し続けた度合いのほうが強い。とりわけ学制前には、そのことがいえる。

(2)その気概は地域民、とりわけ当事者の献身的な努力により自立化、そして公学化がなされていく。

(3)その間、いわゆる「上から」の教育に対する一般民の一時的な不満に対しても、地域の当事者は説得と忍耐と実績により対応していく。

このようにして前代以来の学校教育は地域に根をおろし、近代化の第一歩をふみ出したのである。

二　配付金獲得の問題

ところが、明治八（一八七五）年五月に新治県は廃止され、東総の海上・香取・匝瑳の三郡は千葉県に編入される。この管轄替えに伴い、万力学校にとって「茲ニ之ヲ贅言スルモノハ本校日誌ニ記録シテ後来永ク当路者ノ亀鑑ト為シ……愈維持ヲ鞏固ナラシメントス」とまで、「万力小学沿革史」[21]に記す事件が発生したのである。同誌にその経過がくわしく述べられているので、要約してみる。

(1)明治一〇（一八七七）年七月、元村落校一四校（旧新治県管下）に計五二二三円五九銭二厘八毛（一校平均三五〇円余）が下付されることとなった。

(2)しかしこのことに対し、ほかの学区（元模範小学校の公立一三校、県費負担）では各小学校へ平等に配布すべしとし、会議のすえ、大小区から県庁へ訴えようとした。

(3)そこで元村落校側も結集し、県庁へ訴えようとした。この時、林彦兵衛は箱根にいたが、急遽、千葉県庁に出向き、ようすをうかがった。

(4)一方、公立一三校側は連署して、県庁へ請願したのである。

(5)彦兵衛自身は小区扱所へ、また小学校事務掛熱田新兵衛も大区扱所へ、直ちに陳情したり、答弁を乞うのであるが、役所側の対応は逃げ腰であった。

(6)そして大区会議では公立一三校にも分与することで評決された。

(7)しかし納得できない元村落校側より大区会議に異議が唱えられた。それにより県庁へ具申され、同側へ下付が認められた。

学資金の獲得にかかわる紛擾である。彦兵衛らがその運動に奔走するのは、二つの大きな理由があった。まず直接の理由は彼自身の言葉によれば「曩ニ本校ヲ不開ノ村落ニ林氏自費ノ資力ヲ以テ設置セシヨリ、茲ニ数年難ヲ排シ紛ヲ解キ頑固輩ノ障碍ヲ被ル事夥多ナリシモ、忍耐不抜維持シテ茲ニ至レリ[22]」という、つまり今までの献身的な労苦と自校愛によるものである。それだけに「本校ノ褒賞金ヲ他ニ掠奪セラル、」ことを阻止しようとしたのである。事実、県側にとっても、村落校には旧県からほとんど教具が給付されず、そのあらかたが地域の負担によっていた事情は認識されていた[23]。

ところで旧新治県所管の学資金のうちの寄付金分は計一万六三二四円九二銭五厘であった。実は村落校側に下付されたのは、その三分の一であり、残りの三分の二（一万八八三円二八銭三厘）は公立一三校に下付されるのであった[24]。つまり村落校への分を平等に二七校（公立校と村落校）で分割するか否かが問題となったわけであり、公立校側にすれば、村落校は正式な小学校ではないとする意識に基づくのであろう。

また結果として支給されることになったこの下付金について、彦兵衛が言うところの「学事ノ嚆矢タル褒賞」とか、あるいはこの判断が「県庁ニ賢明ノ官吏微ツセ[25]」るためというのはやや思い込みに近い。

次に第二の理由である。なぜこうまでして、村落・公立の両校間に感情的なまでの熾烈な争いが生じたのか、社会的背景を追うこととする。それは何といっても費用がなくては学校の運営維持・指導はできないからである。

彦兵衛が明治一〇年一月に書き上げた「万力学校沿革史」[26]には、次のように記されている。

一　……此時（明治七年九月の開校）元新治県庁ヨリ下付セラレシ器械左ノ如シ
　　単語図　連語図　面体図　線度図　時計

一　明治八年一月ヨリ教員ノ月俸廃セラル……

一　明治九年四月ヨリ教員ノ月俸旧ニ復シ、学事隆盛ノ兆ヲ顕ハス、本校ハ是迄県庁或ハ学区内ヨリ資金ヲ要セス教員林彦兵衛自費ヲ以テ学校ヲ維持シ来ル……

表2は万力学校の出納状況である。これは彦兵衛の言葉によれば、学事隆盛のきざしがあるころのデータであるが、それでも財政状況はよくない。設立はおろか、維持までも教員ら当事者の負担によるところが大きかった。表1の明治五・一〇年の林家の支出超過はそれをよく示している。

しかし、本当にその後、教育財政は好転したのであろうか。どうもそれは教員の月俸の上昇にのみ、限定されそうである。というのも、明治九年八月から一一年一二月までの「万力学校出納取調帳」をみると、惣出入差引として六小区分七〇円六九銭六厘一毛・七小区分四八円九四銭三厘八毛と各々不足をきたしている[27]。確かに給料の項目はあり、それだけは生活権確保の上からも、一定の進展を示すものである。

表3は万力学校の学区の小学校事務掛杉崎太兵衛（号、豊丸）の学事関係の行動（明治一一年）を彼の日記から拾ったものである。同表のうち、＊印を付したものは学資に関するものであるが、全二一項目中、一三項もあり、それらしきものも含めれば、この役職は学資取立と催促が主務であるといってよい[28]。その努力により、万力学校には一五〇〇円の学資金が集積された。つまり学資という公費が、地域民のかなりな負担、それも受益者負担という名のもとの

表2　万力学校の出納状況（明治9年8月～11年12月）

年	区	入金	出金	出入差引	惣出入差引
明治9年	6小区	76円89銭6厘0毛	80円19戦1厘7毛	−3円29戦5厘7毛	−70円69銭6厘1毛
	7小区	73. 85. 9	64. 75. 0. 5	+9. 10. 8. 5	
10	6	80. 43. 6.	126. 17.	−42. 73. 4.	−48. 94. 3. 8
	7	31. 55. 5.	64. 36. 7. 3	−32. 81. 2. 3	
11	6	77. 32. 9. 1	101. 98. 5. 5	−24. 65. 6. 4	
	7	62. 33. 4.	87. 47. 4	−25. 14. 4.	

注1）米込区有文書「万力学校出納取調帳」より作成。
　2）数字は文書のまま。

表3　明治11年、杉崎太兵衛の学事記録

月　日	記　録　内　容	月　日	記　録　内　容
2. 24	＊学校寄付金につき始法庵で集会	11. 25	＊扱所へ学資金不納の者書上
8. 7	学校事務係拝命，小区扱所へ行く	12. 3	＊松沢・入野　利子取立
〃	＊学校利子の義につき松沢村用係へ行く	12. 10	学校用
		12. 11	万力学校明細帳受取
8. 25	＊学校利子の義につき松沢村用係へ行く	12. 12	＊学資金未納人名書上げ扱所へ行く
		12. 15	＊学資取立相談，諸徳寺用係へ行く
9. 18	羽斗村学区取締へ行く	12. 17	＊学校の義相談，細根源左衛門へ行く
10. 3	＊学校利子の義につき入野村用係へ行く	12. 18	＊学校の義相談，松沢・堀之内村用係へ行く
10. 4	学校用事		
10. 14	府馬村学校試験へ行く	12. 22	＊諸徳寺学校利子取立
11. 11	＊諸徳寺学校利子取立	12. 25	学校用
11. 14	＊入野村用係利子催促へ行く		
11. 18	羽斗村学区取締学校に出勤		

注1）旭市米込、杉崎栄家所蔵文書「年中仕事日記」、「役用出勤日誌」より作成。
　2）＊印は学資関係記事。
　3）記録内容はほとんど原文にそくした。

上からの強権的徴収によっていることがわかる。それだけに彦兵衛および地域民は財源の獲得に躍起になったのである。

こうして万力学校には配付金三五〇円が無事とどけられ、以後、それを元金にして利子を校費につぎ込んでいった。そのためか、明治一二年になると過不足がなくなり、一三年には繰越が帳簿の上では記されてくる。(29)

この一件は単なる個人的・地域的なエゴイズムとばかりはいいがたい。それを証明するように、彦兵衛は『東京日日新聞』に次のような投書をしている。

　学事ノ諸官費ハ可及的必要ノ学校維持費ニ廻シテ人民ヲ補助シ束縛スルナク放任スル

ナク務メテ説諭奨励スルニアリ、且学校位置寄付金等ハ其校へ通学スル生徒父兄ノ帰依自由ニ任セテ之ヲ定メ何事モ便宜ニ就キ学事ノ節倹ヲ図リ、都テ資朴ニスルトキハ月ニ年ニ資本ノ増殖ヲ見ルニ至ラン、資本富ミ学則適応シ通学ノ不便ナク教員ノ不徳ナカリセバ人民ノ学校ニ於ル何ノ又苦情カ之レ有ラン(30)……

彼独特の政府による「保護主義」的教育観から官による学費の補助を願い、地域民の学費負担の自由を説き、そして当事者の学費節約を強調している。

ここでは、大体明治一〇年前後、とくに八年の千葉県編入に伴う旧学資金（寄付金分）の獲得の紛争を中心にみてきた。

(1)この紛糾は学校の設立・継続の展望がたったころに起こった。とりあえず学校という外型がつくられ、発足した次の段階に出てきた維持（土台）の問題である。

(2)その原因・理由は、当事者（村落校側）にすれば、従来からの建設的・献身的な自校愛によるものであった。

(3)また一般地域民にとっても、強権的な学資金取立ての状況の中では現実的な問題であった。

(4)この紛議の過程で当事者間にやや思い込みの部分も見うけられるものの、それは現場・地域がおかれた当時の切実な要求であったからである。

(5)いずれにしても、こうした労苦のすえに学校運営は安定の方向に向った。その後の彦兵衛は、引き続き論点になってくる「学制」の改革、とくに教則改正に際しては自論（教育内容という内面的・質的なこと）を公表する余裕を見せる。

三　合併の問題

明治二二（一八八九）年一一月一七日、万力学校建碑式が挙行された。この建碑は、当初、門人達が師の彦兵衛のために寿蔵碑をたてようとしたことからはじまった。しかし、その計画は長子の健治によって、学校の記念となり、また父の事績を後に伝える方向に変更された。[31]まだ現役の教員、それも万力小学校の校長・万歳教育会の会長に尽力する彦兵衛にとっては、こうした趣旨の建碑のほうがふさわしかったのであろう。

この式典において「賓客諸彦ノ祝辞及ヒ門人ノ厚意ニ答フルノ辞ニ換ヘン」と述べはじめた彦兵衛は、万力学校の沿革と自分の労苦について、えんえんと弁じたのであるが、後半、その語調をがらりと変える。それはこのたび他校と合併し、校名が「陽発学校」となり、校舎も別に新築されることになったからである。もともと記念碑建立のきっかけはこれを機会におこったことであった。

ところで彦兵衛・万力学校は、以前このような移転・合併の問題に遭遇したことがなかったわけではない。それは明治九（一八七六）年六月四日のことであった。連区である万力村と鏑木村の戸長・用係らにより出された「万力学校位置移転願」[32]によれば、従来のものでは生徒の通学が不便であり、鏑木村の光明寺へ移転したいというのであった。この時、林彦兵衛は「之（光明寺への移転請願）ヲ聞クヤ蹶起シテ学区内ノ有志ト相謀リ、東奔西走遂ニ専制説ヲ挫キ業ヲ巳ニ上申シタル願書ヲ却下セシメ」[33]た。

その四日後、「万力学校之義ニ付御願書」[34]が出された。これは鏑木村の副戸長・用係よりのもので、万力学校を光明寺に移すと、連区のゆえに生徒は通学不便になる。したがって鏑木村に一校設立したいというものである。一方、万力村では「万力学校位置移転願」[35]を出した。これは、従来の万力学校は狭小なので、鏑木村の光明寺に移転するつもりであったが、村方一同協議により、万力村の地蔵院が中央にあり、通学の便によいので、そこに移転したいとするものであった。

このことについて、当の彦兵衛は「九十六番ト九十九番ト甲乙学区ノ間ニ紛擾起リ互ニ接近ノ地ニ校舎ヲ建設セントシテ相争フ」(36)と、両村間の意見の対立が生じた要因を簡潔に記している。

続けてこの結果を次のように綴っている。

幸ニ調停ヲ得テ分校ヲ置ク（万力分校ヲ鏑木栄左ェ門宅ニ設ク）ヲ条約シ僅ニ破壊ナキヲ保テリ(37)

万力学校は、そのまま持続された。

ところで、このころまでに県内では小学校増設の気運が高まっていた。明治九年には一二〇の公立小学校が増設されたほどであり、そのほとんどが生徒就学上の不便などを名目として、連区の小学校を割き、各一校を分設しようとしたものであった(38)。この万力学校一件も確かに学区改正に伴い、同校が西の端になってしまったことによるものであったが、当時の学校設立の風潮（意欲）とそれによる地域的な利害関係などがからむ複雑な問題であり、結局は妥協的な解決方法で元のさやにおさまった。また千葉県の方針としても、この九年より公立小学校の増設を中止して、教育内容の充実を検討しはじめる時期であった(39)。この一件は彦兵衛の力のみならず、地域の妥協・県の方針とがうまくからみあって無事、解決した、とすることができる。

以後、万力学校は第二・三校舎を建設するとともに、また教師の彦兵衛自身は小学初等科免許・中等科免許などを獲得していった。

だが、二二年の合併・移転の場合は違った。彦兵衛によれば、それは「二十年四月本校ト鏑木校ト合セン事ヲ頻リニ郡衙ヨリ促(40)」されてきたのである。彼は阻止できなかった理由を次のように述べている。

終ニ創業ノ大志ヲ忘レ暫ク間接ノ尽力ヲ休メ之ヲ袖手傍観シタリ、吁熱□（虫）惟レハ大難ノ後久シク泰平ニ馴

テ偶然恬然を執リシハ余カ失策ナリ(41)

事実、彦兵衛の後半生（明治一四・一五年以降）は、学校施設の維持と拡充・教育会の運営・和歌の復興といった現状維持・地位上昇・体制順応といった語で表現できるような生活で、それ以前とは明らかに違う。このことは別に述べたことであるが(42)、それが彼自身のいう泰平になれたということであろう。

このようにして鏑木学校（分校から独立）と万力学校は合併し、陽発学校となり、彦兵衛は同校の訓導に就任したのである。

では、官はなぜ合併・移転をすすめたのか。それは、町村教育費の節減・教員の縮減・学校体系の確立・徳育の重視などをめざした小学校令（明治一九年から）という国家政策によるものである。すなわち前記した九年の時のようにはいかず、国家的な要請に押されていったのである。つまり単なる個人的失策以上の大状況の中に包み込まれるようになったのである。

「失望スルヤ甚深イ」(43)彦兵衛はどうするのか。手続きに多少てまどるものの、明治二〇年四月に私立変則中学校の「精至学校ヲ設ケ青年ノ指導ニ尽瘁シ」(44)し、これにより「僅ニ門人諸氏カ希望ヲ維持シ得タ」(45)のであった。

この私立学校の経営と「陽発学校」の教員では不本意であったらしく、彼は「万力学校ノ名称ハ巳ニ廃止セリ、サレハ万力学校ノ独立ヲ恢復センカ勢ヒ不可ナリ、巳ムラ得ス一歩退キ分校トナリテ万力ノ名称ヲ恢復セン」(46)という危機感と哀感から、郡役所へ、県庁へと何度も請願するが、果たせなかった。林家の明治二〇（一八八七）年の家計の不足は、実はこうした一連の状況を示すものである。

ところが、明治二二年六月に旧万力学校は古城尋常小学校万力分校として設置の認可がおりた。それは町村合併などの手段による政令貫徹・行政再編成を企画した町村制によるものであった(47)。このことについて、もう少し具体的に考察すると次のようになる。

陽発校は鏑木村に新設される予定であったが、当面は旧鏑木校と旧万力校が仮教場にあてられてきた。そして町村制により陽発校は古城校と改称され、中心村（鏑木村）の別の場所に建設された。一方、万力村の仮教場はその分校となった。それが最も無難な町村合併・学校統合の方法であった。むろん彦兵衛の請願も分校として存続の一助となったであろう。とにかく、彼は「万力校ノ名義蕪生セシ事ヲ知」り、歓喜したのである。校名の存続に拘泥するその姿は、彦兵衛の晩年の姿を如実に示している。大勢はすでに国家主義的教育体制につつみこまれていた。この後、明治二六（一八九三）年に万力分校は万力校となり、彦兵衛はその校長となる。それは二〇年代末からの全国的な就学児急増による一時的な措置と思われる。現に同三五年に万力学校は合併・吸収され、完全に古城校となり、名称も建物も消滅してしまう。つまり分校となって以降の万力校は、実質上、衰滅の流れに従った。そして万力学校消滅の日、林彦兵衛は天保以来六〇年の教職を辞すこととなった。[48]

(1)明治二〇年、万力学校は隣村の鏑木校と合併し、陽発校となった（当分は旧二校が仮教場となった）。

(2)明治九年時の合併・移転問題の際には、彦兵衛は一定度の行動力と説得力をもち、また、県の方針も定まらず（逆に合併抑止気味）、さらに村落間の紛擾による妥協的な解釈が図られ、ほとんどもとのままに終わった。そして、彦兵衛はそれにともなう課題を解決していく（校舎建築等）。

(3)しかし、今回は学校令に基づく国家の要請の度合いが強かった。

(4)一方、彦兵衛自体は合併・移転について、ゆだんによる失策としたが、彼の明治期の後半生は怠慢ではなく、前半生の気概の質・内容が変わっていた、あるいは変えられていたのである。とはいえ、そのことはもともと彼の体質が官を拒むものではなかったためでもある。

(5)それでも彦兵衛は、陽発校教員の傍ら私立学校を開くのであった。それは、やはり当時の地域の教育者としての残された意地でもあった。とはいえ、ただひたすら万力学校の名称が復活することを第一としたことは、彼の晩年を特徴づけることであった。確かに万力校の名称はもう一度付けられるが、それは一時的であり、同校は彼の退職を待つかのように消えていった。

むすび

以上、明治期のある地域のひとりの教師を通して、その教育活動について、とりわけ三つの画期的出来事を中心に追究してきた。ここではごく大まかに要約しておく。

(1)新しく明治を迎えた地域の教育および教育者にとってのひとつの課題は、従来の伝統（寺子屋など）の継承と新教育への接続であった。この間、行政的な制度はめまぐるしく変わるのであるが、地域の教育関係者、ことに当事者（教師・学校事務係ら）は開拓的・献身的な意欲と忍耐と実績により乗りきった。とにもかくにも学校という外型を築き、その地歩を固める。

(2)地域における学校の体裁が整ったものの、次に学校維持のために必要とされる学資が大きな問題となってきた。おりしも、旧県所管金（寄付金分）をめぐり、紛擾が発生し、地域民、とくに当事者は時には本音もさらけ出しつつも学資金獲得のために奔走するのである。それは前代以来の自校愛と、それによる永久維持のためであり、また強権的学資取り立てによる地域民圧迫からの解放のためであった。

(3)こうして接続と建設（明治初年）、次いで維持と展開（同一〇年代）と、二つの段階を乗り切ってきた地域の学校・教員にとって、次に大きな問題となったのは学校の統合（同二〇年代）である。その背景は小学校令や町村制という国家的さらには中央集権的な体制化であった。ここにいたると地域の関係者は抗しがたくなっていたし、また、もともと彼らは反体制の立場ではなく、政府・県による教育保護主義的であったため、そうした要請にとりこまれる体質であったのである。それでも現場・地域の当事者は自戒したり、自己の表現法を模索し、意地をみせる。だが、自己の教育歴を語り、自校の存続、それも名称の存続にこだわるようになった時は一サイクルの終末を示すものであった。こうして、次代の新しい教育および教員へと引き継がれるのである。

注

(1) こうしたことに対し、新たな方法やテーマ等の提起がなされている。例えば高橋敏の「民衆教育史」研究などである。本書の序も参照されたい。
(2) 当然、以前発表した論文と重複する部分もあり、または今回はふれないところもある。
(3) 旭市万力、林修一家所蔵文書。
(4) 「学舎取建に付廻達」(『旭市史』第一巻)。
(5) 旭市万力、林修一家所蔵文書「万力学校記」。
(6) 『同志文学』第七八号。
(7) とくに万力村の神葬祭運動の指導的立場にいる(林修一家所蔵文書「神葬祭御願」)。
(8) 旭市万力、林修一家所蔵文書「林氏沿革略誌」。
(9) 前掲注(5)。
(10) 同家所蔵文書「林先生頌徳ノ表」。
(11) 旭市松沢、熊野神社所蔵文書「家塾御願書」(宇井包高)・『古城村誌』前編「家塾御願」(椎名孝作)。
(12) 旭市万力、林修一家所蔵文書「村落小学校御願」。
(13) 『千葉県教育史』第二巻、千葉県教育会、昭和一一年。
(14) 前掲注(12)。
(15) 同右。
(16) 旭市万力、林修一家所蔵文書「(彦兵衛の経歴メモ)」。

(17) 明治一二年七月二九日付。戸長山崎も元寺子屋・算数塾などの師匠。
(18) 『文部省年報』第二年報（明治八年）。
(19) 『内外教育新報』第二四四号に明治一二年、彦兵衛が「読朝野新聞論法」として投書したものの中にある。
(20) 旭市米込区有文書「沿革史」。
(21) 前掲注（3）。
(22) 旭市万力、林修一家所蔵文書「万力小学沿革誌」。
(23) 前掲注（13）。
(24) 同右。
(25) 前掲注（22）。
(26) 同右。
(27) 米込区有文書「万力学校出納取調帳」。
(28) 彼の日記で学校に関する初出は明治六年四月二七日の学資の義であり、新治県時代も小学校事務係をつとめていたことがわかる。
(29) 旭市万力、林修一家所蔵文書「明治十二年一月ヨリ六月マテ校費出納勘定帳」・「万力学校出納沿革誌」。
(30) 明治一一年六月二〇日付。
(31) 旭市万力、林修一家所蔵文書「謝辞」。
(32) 前掲注（3）。
(33) 旭市万力、林修一家所蔵文書「万力学校建碑式答辞」。
(34) 前掲注（3）。
(35) 同右。
(36) 前掲注（33）。
(37) 同右。
(38) 前掲注（13）。

(39) 分校を設けたのは学校増設の風潮の一環であるが、とにかく独立校の新設ではない。
(40) 前掲注（33）。
(41) 同右。
(42) 「林彦兵衛と万力学校」『駿台史学』第四一号、昭和五二年九月。
(43) 前掲注（33）。
(44) 旭市万力、林修一家所蔵文書（故林重義の追悼文）（高木卯之助）。
(45) 前掲注（33）。
(46) 同右。
(47) 鏑木・万力・秋田の西地区三村が合併して、古城村となった。

第4章　近代日本の初等中等教育と地域青年

はじめに

日本が幕末明治の時代、すなわち近代を迎えた時、人々は何を考え、どのように行動したのか。この壮大なる研究課題に多くの者がさまざまな立場で挑んできた。ここで、その研究史を紹介する余裕はないが、まだまだ解明すべきことは少なくない。

本章では、「地域生活」との関わりから、その実態を追ってみたい。つまり、この頃、地域はどのような社会や生活であったのかを捉える。次にそれにどのように対応しようとしたのかということについて教育を中心に追う。ここでは教える方も教えられる方も、若い世代、つまり「青年」に目を向ける。そして、それにより村の教育や青年の世界は何が変わったのか、素描する。とりわけ東京など村外への視野の拡大、中央や都市との交流に注目する。「地域生活」、「青年」、「東京」の視点で近代の教育を研究する。本章を「近代日本の初等中等教育と地域青年」と題したのはそのためである。

ところで、筆者は近年、「大学史と地方史」・「地方史と大学史」、あるいは「大学史と世界史」・「世界史と大学史」

といったテーマで大学史を考察している。ここでは大学史を中心に論ずる場ではないので、本章に最も関係のある「地方史と大学史」論について、ごく簡単に述べる。すなわち、なぜ地方・地域の青少年は、とくに近代を迎えた時、中央（都市）に行き、学校で勉強しようとしたのか。そして学校で何を学んだのであろうか。さらに卒業後、郷里に帰った者は学んできたことをどのように還元しようとしたのかということである。本章はこの「地方史と大学史」研究のひとつでもある。

研究対象とする地域は、東総地方の九十九里より北部の農村、現在は旭市に合併した元の千葉県香取郡干潟町である。同町において本格的な資料調査をし、構造的に分析した研究に『大原幽学とその周辺』がある。木村礎氏を中心に一四名が執筆し、昭和五六（一九八一）年一〇月に刊行された。実に約八〇〇頁に及ぶ。同書で筆者は「第二編　幕末東総の知的状況」の「一　寺子屋と村社会」、「二　和歌の展開と村社会」、「第四編　幽学没後の東総社会と性学の動向」の「二　小学校と学習結社」の三章を担当した。この研究が終わったあとも有志により共同研究は続けられ、『歴史論』第九号[1]に「幽学・村落・文化」という題名で特集をした。その時の筆者の論文名は「村落生活と和算」である。

ところが、その二つの共同研究では取り上げなかったものの、重視すべき気になる人物がいた。万歳村（現旭市万歳）の井上勇治郎である。この人物については、以前、拙稿「維新変革期の教育者[2]」でふれたことがあるが、論考中のごく一部にすぎない。

井上勇治郎のプロフィールを述べる。その履歴は万歳地区の「東海井上先生紀徳碑」（明治三三年一一月）、万歳小学校の「郷土史」（時期不詳）、井上洋一家文書「井上勇治郎略歴[3]」によりほぼ正確に知りうる。彼は嘉永四（一八五一）年五月二五日に生まれた。時は正に外国船が頻繁に日本近海に出没する頃である。生家は近隣の海上郡大間手村（現旭市大間手）の有力農家で、父は服部治右衛門といい、勇治郎はその第三子である。長じて万歳村井上治右衛門の養嗣子となった。彼がどのように修学し、その後、どのような活動をしたのかということは後述する。

一　地域社会の変貌

(一) いわゆる「荒廃」と価値観の変化

井上家はもともと、江戸に居住していたが、元禄二(一六八九)年四月、主君高室四郎兵衛の死に伴い入村した。同家は「沖の治右衛門」といわれるように村の中心部より離れ、椿新田に飛び出すようにあるのはそのためである。元禄検地の時には村内最大の一二町余を有した。やがて文化一〇(一八一三)年一〇月に寄場組合の大惣代となり、さらに同一二(一八一五)年には万歳村名主となった。明治三(一八七〇)年三月の「当午宗門人別御改帳」によれば同家の所有高は一二九石三升である。万歳村一九二名が収載されているが、実に一〇九名が無高である。その要因はいくつかあげられる。ひとつは万歳村が町場を形成するようになったためである。すなわち九十九里からの干鰯、あるいは利根川の河岸場への年貢米の輸送の中継地となったためである。町場であるがゆえ、貨幣経済の進展をまともに受け、人の往来や商店がある代わりに村内階層の分化も激しかったのである。事実、井上家も地主としての農業経営以外、貸金、米穀売買、干鰯販売等の商業経営に当たった。ところが、こうした貨幣経済の進行は従来の農家経営を大きく変えることとなる。それは一面では旧体制の崩壊、いわゆる「荒廃」現象の到来であるが、他面では新時代の胎動、価値観の変容である。村内農民が年貢米の滞納により当時の名主退役を迫り、治右衛門を名主に要求する一件もある。また農民は名主に任期を設けるよう役所に訴えることもあった。また文久元(一八六一)年五月の「差上申済口證文」によれば井上家自体も海上郡行内村百姓と土地の難渋出入に遭遇している。こうしたことは前出『大原幽学とその周辺』の「幕末期東総の社会経済的状況」(門前博之)に詳しい。また博徒による「天保水滸伝」の舞台となったのもこの一帯である。同書では「天保水滸伝の世界」（藤野泰造）として一章が置かれている。「勢力一代実録記」(4)の中心人物勢力富五郎は同村の出身であり、同書には井上治右衛門の苦悩と対応が如実に描かれている。こうした幕末の村社会の真只中に生まれ、育ったのが勇治郎であった。

(二) 制度・組織の変容

井上勇治郎は明治元（一八六八）年時は一七歳である。彼が井上家に養子として入った時期は定かではないが、いずれにしても体制の変革を若い目で見ていたのは疑いない。同じ万歳村の寺島正家文書には「弐番　見聞集」（天保一五年）、「見聞雑録」（嘉永六年六月）、「幽境見聞」（安政三年九月）、「見聞雑録」（安政五年七月）といった時事文書が残され、そこには黒船の図、「大清国兵乱」、「北亜墨利加合衆国ヨリ献貢目録」などが記されている。

このように幕末には新しい情報が村に入ってくるようになった。しかしそうした情報が圧倒的に多くなるのは、明治の世を迎えてからである。隣村米込村（現旭市米込）には「契約講年代記」（文久三年一〇月～現在）という文書が木箱に入れられ、持ち回りをされている。そこには契約講の開催時期、参加者、金銭出納のほかに社会記事が書かれている。例えば明治一四（一八八二）年一二月一〇日の場合は次のようである。この日の契約講は熱田新兵衛宅に五軒が集まり、二日間行われ、酒・魚・蛤などに計二円三二銭一厘を要している。また旱魃による各村の不穏な動きのこと、米価や村社神明社再建のこと、さらに「世態」として、東京の内国勧業博覧会・国会開設のことが記されている。前代からの契約講自体は続けられながらも、制度・組織・建物等々旧来のシステムは大きく変化し、人々の心をかき立てたのである。井上家の場合も勇治郎の養父治右衛門松翁（天保五年三月三日～大正二年一一月一日）は今まで行ってきた寺子屋を閉じた。そして門人らは明治七年、同家敷地内に「筆弟中」を建てて記念した。

(三) 周囲のさまざまな対応

これまで見てきたように、井上勇治郎が生まれ、育った頃、すなわち青少年時代に周囲の状況はかなり大きく変化した。ここでは、それに対して地域の人々はどのように対応したのか、追ってみたい。もちろん、すべての人々を子細に検討することはできないので、代表的な人物・事例とする。その中でも最初に取りあげるべきは大原幽学とその門人の活動である。大原幽学の研究は戦前から数多い。しかし本格的な研究書となると少ない。前掲『大原幽学とその周辺』は多くの参加者により一〇年間をかけ、元干潟町内だけではなく長野県、滋賀県まで出向き、資料調査、目録作成など、徹底的に基礎作業をすることにより成った。同書は大原幽学だけではなく門人、さらには没後の門人をも対象としている。また表題が「のその周辺」ではなく「とその周辺」とあるのは、直接関係のない家・人物も本格的に調査・研究をし、その関連性を分析したからである。本章にとって最も興味深いのは幽学が自刃をした安政五(一八五八)年三月八日以後のことである。自刃は井上勇治郎七歳の時である。この幽学が切腹自殺をして以後のことは、同書では「第四編　幽学没後の東総社会と性学の動向」の中の「三　性学組織の拡大と思想的変質」と「四　性学の分裂と再建」(いずれも木村礎執筆)で多くの頁を割いて考察されている。そこでは「この時代の性学は〝時代遅れ〟のものになりつつある」とされているが、「しかし、重要なことは近代化へ向って走っている当時の日本社会において、多くの庶民が、性学にひきつけられ、これに貢献した、という事実である」と重要な指摘がなされている。すなわち幽学の社会教化運動は二代目の教主となった高弟遠藤良左衛門(長部村名主)によって引き継がれ、明治政府に危険視され、弾圧を受けることもあったが、性学門人は増大した。だが、三代の教主となった石毛源五郎の時代、門人らが旧派(原理派)と新派(改革派)に分裂、対立抗争をした。また遠藤・石毛時代には新政府の政策に影響され、性学が神秘化・宗教化していき、思想、教理面の幅が狭まったことは事実である。つまり、この時期、組織は大きくなっても内容が薄くなる傾向にあり、そのことで石毛時代以後の関係者は苦労するのである。教化・教育の面で忘れてはならない人物に、幽学と交流があった国学者宮負定雄（松沢村名主）がいる。同書でも「下総国学」（川名登執筆）で定雄を中心に論じられている。また「寺子屋と村社会」（拙稿）でも定雄の庶民教育論がふれられている。ただし、この宮負定雄も安政五年に没した。井上勇治郎が知ったとすれば、国学者鈴木雅之のほうであろう。成田在の南羽鳥村に生まれた彼は遊歴し、鏑木村（現旭市鏑木）の豪農平山家に寄遇し、寺子屋師匠をした。同地・同家に関わるようになるのは文久・元治頃からであり、上京のためそこを去るのは明治二（一八六九）年八月である(5)。彼は自らの教育経験と国学者としての立場から旧来の学問や庶民教育を批判、新しい教育論を書き著したり、また時には地域社会の治安維持のための施策を県に建白している。社会の風教の衰退を観察し、実利・実用的な教育・教化を主張していることは宮負定雄と大きくは変わらないが、彼の教育・教化論の大きな特徴は幼児教育から大学教育・中央管轄部署までを見通し、システム化をめざしている点である(6)。彼は地域の経験をもとに新しい学問（国学）、実利、実用、システムといった観点により表現したのである。同人はこの地域で寺子屋に関わっているだけではなく、和歌の指導にも当たっている。その門人の一人に林彦兵衛（万力村、現旭市万力）がいた。彦兵衛のことはさきの『大原幽学とその周辺』では「寺子屋と村社会」（拙稿、本書第Ⅰ部第1章参照）でその寺子屋教育が考察されている。また鈴木雅之を囲んだ作歌活動、あるいはその著作等のことは「和歌の展開と村社会」（拙稿、本書第Ⅱ部第1章参照）で分析されているが、それにより、和歌と村落社会との関わり、あるいは和歌・俳諧・性学の地域における相関性が解明された。

実際、この彦兵衛は天保一三（一八四二）年一月以来、寺子屋教育を続けてきた。そして明治期には自らの学舎を新治県に献納し、それにより公立の小学校として存続させた。県から支給されたのはわずかの教具だけであり、その後も私財を投じ、第二・三校舎などの施設設備の建設、あるいは国語指導書の刊行など教材の拡充につとめた。また自らの教育論を新聞雑誌あるいは教育会等で発表しているが、そこではシステムや施設等の面で旧来の寺子屋教育には否定的である。明治一三（一八八〇）年四月には子息の健治とともに蛍雪社という学習結社を設立し、読書会・演説会・討論会等を行い、社会教育にも尽力した。また中等教育機関とでもいうべき精到学舎を開設することもあった。このようにしてみてくると、寺子屋師匠として庶民教育あるいは和歌、国学の研究・詠歌に実績と経験を有する彦兵衛であるが、近代を迎えると地域の中で新しい学問教育を展開していく。彦兵衛の地域における学校、学校外教育に対し、近隣の井上勇治郎が無関心であったはずはない。

二　修学のようす

（一）家庭および佐倉における修学

前節では、主に井上勇治郎を取り巻く社会状況をみた。ここでは嘉永年間に生まれた彼がやがて今後の人生・社会を切り開いていくための手段・道具として、幼少期から何を学んだのかということを中心に論じたい。彼の実父は近隣海上郡大間手村の服部治右衛門であることはすでに述べた。名主治右衛門（前代）の長男として彼は文化一〇（一八一三）年一〇月一〇日に生まれ、厳井村遠藤丘斎、佐倉佐久間雲淵に読書を学んだ。また武術は鹿島神刀流を修得した。そして村の長として村治に尽した。特筆すべきことは教育である。すなわち文久二（一八六二）年に自宅に私塾を開いた。そして明治八（一八七五）年には大間手小学校開設に向けて尽力、同年九月に大間手・見広・蛇園各村による設立決議をとりつけると、一一月一六日に自宅内長屋門の一部を校舎にあて、佐倉の士族坂庭素一を教員として招聘した。同九年三月には独立校舎新築を実現させた。子息の利平は天保一一（一八四〇）年一月二五日生まれであり、勇治郎はこの利平、その下の忠平を兄として生まれ、育った。[7] 利平は家督を継ぎ、大間手村戸長、そして明治一三年には県会議員に当選した。学校教育に関しては明治八年から前述した大間手小学校の教員としても勤めている。

このように勇治郎は父治右衛門、兄利平による教育活動に影響を受けることが強かったのである。

その勇治郎が村外で教育を受けるようになるのは慶応元（一八六五）年、一四歳の時である。遊学先は佐倉、師は藩儒続豊徳であり、その漢学修業は明治二（一八六九）年一二月まで続いた。また同時に同藩の逸見宗助に武術を学んだ(8)。修業地を佐倉に選んだのは居住する村が佐倉藩領のためであり、さらに父も兄利平も同地に学んだためと思われる。とくにこの江戸期に村の人々がまず文教の地を求める時には、地域の中核的な城下町が視野となった。続豊徳は佐倉藩士であり、安政四年教授兼侍講となり、さらには藩校成徳書院の総裁となった人物である(9)。佐倉廃藩後の明治七年に佐倉宮小路町に学古小塾という家塾を開いて、教授をした(10)。明治二三（一八八九）年に六三歳で没し、現在は佐倉市内松林寺墓地に眠っている。逸見宗助も佐倉藩士であり、父忠蔵から立身流、また士学館（桃井春蔵、江戸三大道場のひとつ）で鏡新明智流をも修得した。佐倉藩刀術所師範並として、明治四年の廃藩時まで藩士の武術指導の中心として活躍した。このように勇治郎は少年時代、当時地方の儒学者や著名な剣士から伝統的文武を存分に修得したのである。ところで、前出「井上勇治郎略歴」には、幕臣酒井一郎について皇漢学を修業したとある。酒井なる人物については目下のところ、分からない。あるいは遊歴者の可能性もある。

なお、養子として入った井上家の学問教育をかいまみておく。今日、同家には漢学書を中心に俳諧詠草とでも呼ぶべき俳諧集など多量の書籍が残されている。それは、勇治郎はいうまでもなく先代らが使用したものである。また同家墓地には井上松翁の「筆塚」が建立されている。その裏面には「明治七年筆弟中」とある。この松翁とは同家位牌によれば天保五（一八三四）年三月三日に生まれ、八〇歳で没した治右衛門のことである。また松翁の先代鶴翁の歌碑は屋敷地内にある(11)。

（二）東京遊学

次に井上勇治郎が修得の機会を得るのは明治一九（一八八六）年のことである。それは私塾を開設するためであり、修学というより見聞・調査研究といったほうがよいかもしれない。彼は、この年の二月一〇日に願い出された「私立巻懐塾設置伺」を入手している。同書は香取郡佐原村八木四郎助から千葉県令に提出されたものである。八木四郎助とは『香取・海上・匝瑳北総三郡名家揃』[12]によれば、住所は中川岸町四百五拾八番、職業は商業（醤油造）、生年は明治二年六月、とある。そしてこの設置伺書によれば、設置の目的は皇漢学教授、位置は佐原村三八〇番地である。この地番の所に「仮設」とある。この地番は確かに当時、存在するが田地となっているので、あくまでも仮の住所である[13]。また生徒数は一五名、教員（萩原敬之）は一名であり、授業料一ヶ年一五〇円を教員給料や雑費にあてるが、不足の時は持主が支弁するとある。いずれにせよ井上勇治郎は自らの私塾を開設する際、郡内の中心地佐原の開塾願書を入手、検討したわけである。

前代ならここまでの視野でとどまっていた可能性がある。しかし彼はその段階にはとどまらなく、同年三月二一日に、東京へ出発した。そのようすを「日誌」に記している。近代の象徴のひとつである蒸気船や人力車に乗り、東京に着いたのは翌日である。翌二三日、本郷の鈴木内と逸見宗助を訪ねている。逸見とは佐倉で剣術を修業した時の師匠である。彼は廃藩となると東京に出て警視庁警視となり、同庁の剣術（警視流）を広めた。また本郷元町に開いた道場「尚武館」は隆盛をきわめた。そして、逸見の案内で二四日に水上警察署や二五日警察本部の撃剣試合を見学している。井上勇治郎は二七日に下宿を本郷春木町に定めている。三〇日には小川警察、三一日には警視本部で撃剣試合や柔術を見学している。小川警察とは正式には小川町警察署と称し、本郷に近い神田区小川町一九番地で、署員一一〇名（明治一八年七月三日現在）を抱えている[14]。逸見宗助とはその後も交流が続いた。四月七日には小堀なる者の紹介で、小堀常五郎（住所は京橋区日吉町竹内三次方、次に神田区末広町とある）という人物が同行して島田宅で規則書を写し、入門の手続きをしている。この島田とは東京府「明治六年開学明細調」の双桂精舎である。新潟県貫族の島田重礼により明治三年四月に開業された漢学塾である。「日誌」によればこの時、井上勇治郎は塾則を筆写しているが、それは開業時以来、変更がなければ「一　朝政ノ得失ヲ議シ官吏ノ賊否ヲ評スルヲ禁ス」から「一　宿ハ壱月二十日ヲ以テ限トス若期ヲ過テ用事済サル者ハ一旦退塾スヘシ但疾病ハ戸此際ニアラス」までの全九条である。(15)その場所は下宿に近い下谷区練塀町（現在の御徒町・秋葉原近く）である。もっとも東京府「明治学務」（明治一六年五月四日）(16)によれば、名称は双桂舎、設立は明治四年、生徒数は男一七五名とある。また同資料によれば九年制であるので、勇治郎の場合は通常生として入門をしたわけではない。また日誌の後半には「島田塾修業時間」が筆記されている。開塾のために、参考にしたのである。それ以外、教養のため五月三〇日、麟祥院の学術演説会に出向いた。麟祥院は下宿に近い龍岡町（湯島天神近く）にあり、寛永元年春日局によって開基された臨済宗の寺院である。(17)

このようにして井上勇治郎は五月三一日、帰郷のため汽船に乗る。六月一日、佐原で一泊、翌日早朝永沢氏を訪問している。永沢仲之亮のことであろう。彼は安政三年三月二〇日、佐原に生まれ、明治一七年から佐原村の戸長をしており、のちには佐原町助役となり、生涯、教育事業に尽力した。先の八木四郎助の開塾願には、戸長永沢仲之亮も名を連ねている。(18)

ところで、この明治一九年の「日誌」の最後に、東京における関係者等名と住所が記されている。そこには藤田塾と温知塾が記されている。前者は不明ながら、後者は前出「明治期学務」によれば下谷区上野花園町、明治六年設立、三年制、男子生徒三二〇名、校主は馬杉繋である。また前出「明治六年　開学明細調」には同人による「温知学舎」がある。場所は神田錦町三条西邸内、学科は皇学・漢学である。神田区から下谷に移転したわけである。また港区本郷五丁目の石田来介の名がある。同人はやがて井上による私塾で英語を教えた。また芝区の三田英学校も記されている。同校は明治一三年五月五日、三田の慶應義塾内に、矢野武雄（龍溪弟）により開設され、翌年、愛宕町三丁目一番地に移転した。英語を教授し、東京大学や専門校大学予備門入学希望者を対象とする四年制、また独逸学を教授する三年制の予備学校である。のちの明治二二年四月には神田区錦町三丁目一番地へ移転、錦城学校となった[19]。このように井上勇治郎は近隣の町場から私塾開設に関する情報を得るだけではなく、東京に出向き、約二ヶ月半もの間、見聞をしたり調査研究をしてきた。そこでは武術、漢学はいうまでもなく、さらに新しい学問の英語をも対象とした。

三　井上勇治郎の教育

(一) 公立小学校の推進

本節では、取り巻く地域社会の状況に対して、家庭環境および修学体験をもとに、井上勇治郎はどのようにして地域社会を築いていこうとしたのか、追ってみたい。そこで彼がとった手段は教育である。すでに彼の意識の中にはかつての寺子屋教育はなかった。この点は近隣松沢の宇井包高とは大きな違いである。近世におけるこの地域の代表的寺子屋師匠の郷社熊野神社神官宇井は明治六（一八七三）年五月一四日、新治県に『家塾　御願書』を提出し、松沢学舎を開設した。それはいまだ近傍には読書習字等を教えるところがないため、学校が設立されるまで、続けるためという。その願書には「塾則三ヶ条」と「禁令五ヶ条」が掲げられ、午前八時より一二時まで、午後二時より四時まで三七名の生徒を対象になされたが、その教育はほとんど前代の寺子屋と同様である[20]。

井上勇治郎がめざした初等教育はいわゆる小学校教育である。万歳尋常高等小学校「沿革誌[21]」によれば、明治七年九月二二日、井上勇治郎、有志者、村吏がはかり、第三三番中学区村落小学校第九校が設立されたという。管轄する新治県の場合、模範校二〇校の下に村落小学校を設けたのである。また、前述した家塾も認め、小学校に代替させた。同沿革誌は一〇月一七日の開校式について、学区取締菅治兵衛、作新小学校訓導高野隆や村吏らが仮校舎の地蔵院の式典に臨席したと記している。

菅治兵衛とは匝瑳郡椿海村（現匝瑳市椿海）の者であり、佐倉藩が同地に郷校作新精舎を建立した際、教師となり、やがて新治県時代には「官立作新小学校」という模範校に昇格させた。後には県会議員も務めた[22]。また福澤諭吉とも私的な交流があった。高野隆とは作新精舎、作新小学校教員であり、明治一七（一八八四）年三・四月に『小学修身教授書』（前編、四巻）を刊行している。のちに県会議員や椿海村長を歴任した[23]。また菅・高野らは協和社という結社を発起している。勇治郎の実兄服部利平も菅と同じ時期に県会議員を務めていることもあるので、やはり、その菅らの影響も受けたこともあると思われる。

さきの「沿革誌」をひもとくと、地域に小学校を開設し、維持していくことは容易ではないことが伝わってくる。村内寺院（地蔵院）に開校した明治七年一〇月村落小学第九校はわざわざ教授用書籍器械を県から購入してそろえた。そして同九年四月一日には千葉県の万歳小学校となったが、七月には小学連区内に学校維持資金を募っている。そのことは翌年九月にも同様である。また「万歳邨学資寄附金調簿」は明治一〇年一月に作成されたものであるが、地域民は一二一六円八五銭六厘二毛を拠出した。

時期は不明であるが、新治県の「教員主務条目并校則　全」、また明治一二年一月一五日「教員雇入契約」（万歳小学校）は井上勇治郎が教員に採用される時のものである。すなわち井上勇治郎は最初から同校の教員として教育に邁進した。すでに述べたように養父は寺子屋師匠をしたことがあるが、その延長の家塾は選ばなかったのである。現在、井上洋一家には小学五等准訓導（明治九年一二月二〇日）、小学初等科教員（同一四年一〇月一四日）、万歳小学校七等訓導（同一五年一〇月六日）の辞令が残されている[24]。

さきの「沿革誌」によれば、例えば明治一二年一一月の記事のように自らも村内有志者と寄附金募集に奔走している。それにより書籍を購入した。その内訳は翌一三年一一月、香取郡長へ提出した「万歳小学校書籍購求費寄附金願」に知りうるが、実に一五六人、五九二円二六銭余にのぼっている。そのうち、井上勇治郎の拠出額は小沢元五郎（戸長）、花香伝右衛門（戸長、恭法の養子）とともに村内第一位の三〇円である。学校の開設にとって書籍の購入・備付は簡単ではない。「書籍購求ニ付諸費簿」は書籍の購入記録であるが旅費や運送料等々の諸費が記されている。ただし、この調簿は明治八年一一月二八日より記されているので、同一二年以前から購入していたことがわかる。これらの書籍には万歳小学校の校印を打ったものが多く、現在は東公民館に保管されている。その数は漢学関係三三部八一〇冊、和学関係四四部三九三冊、洋学関係五部六〇冊である。学校を開設し、維持していくためには他にもさまざまな費用がかかる。前掲「維新変革期の教育者」の付表「万歳学校創立以来経費一覧」には明治七年一一月一日から同九年一〇月五日までの経費が記されているが、材木、釘、畳、時計修繕等々、意外のものも目に付く。

このように村の公立学校が開校し、運営されていくためには地域民と教員、とりわけこの場合、井上勇治郎の奔走ぶりが目立つ。彼はこれだけではなく、千葉師範学校建築費も献納し、明治一二年二月二〇日、千葉県より褒状を受けている。

ところで、陰に陽に奔走してきた井上勇治郎であったがまもなく退職した。明治一四年三月二七日に戸長小沢元五郎宛に提出した「解職ニ付後教員雇入願」には「身体不健康」とあるが、結局、退職したのは同一六年一二月二五日のことである。いずれにしても、井上勇治郎は変貌する地域社会、そして新しい時代のために地域の先頭に立ち、しかも教育実践によって対応しようとしたのである。従来の家塾教育、性理学運動とはかなり異なるものであった。

(二) 中等教育への関心

ところで、井上勇治郎略歴によれば、退職した翌年の明治一七（一八八四）年一一月、私立興東文武館を設立し、さきの同一二年購入書籍をここに移し、文武教授したとある。(25) しかし、同校の設立願書は目下のところ、見出せない。

同一九年一一月一日の「私立興東塾設置伺」は残されているが興東文武館と興東塾が同じものなのかどうかは分からない。恐らく前者は正式な学校ではないと思われる。というのは前章で述べたように勇治郎は明治一九年に私立中等教育機関等の調査研究を行った。すなわち佐原の巻懐塾調査、そして東京遊学である。そして一一月になって、この興東塾の設置伺という一連の流れが考えられるからである。言うなれば、興東文武館とは未公認時代から公認時代における彼自身による中等教育機関の総称や通称と思われる。そしてこの興東塾に変わり、明治二〇（一八八七）年四月一日には私立興東学校設置伺が提出されている。また同二四年には「退校御届」（三月三〇日）、「退校届」（四月六日）の退学願が提出されているが、その宛先は万歳興東文武館となっている。校名が変わろうと興東文武館であったといえる。

ところで、この学校について中等教育機関と述べてきた。しかしこの種の学校は明治五年からの学制期は変則中学とされていた。そして同一二年の教育令により各種学校とされた。また、この一九年からは設置廃止等の認可は「諸学校通則」によった。

「私立興東塾設置伺」によれば、設置目的は皇漢学の教授、位置は万歳村三四一番地である。生徒数は男子三〇名、経費収支出予算は一〇八円で一ヶ年授業料を教員給料と雑費にあて、不足の時は持主が支弁するとある。教員は一名で、それは持主の井上勇治郎である。別冊として「学科学期試験法」、「学科課程表」、「教科書表」、「塾則」、「教員職務心得」、「塾舎教場図」、「履歴（教員）」が添付されている。

この井上勇治郎による千葉県への「私立興東塾設置伺」に比べ、翌二〇年四月五日の「私立興東学校設置伺」は単に名称が塾から学校へと変わっただけではない。「私立興東学校設置取調書」は次の一四章から成っている。第一章設置の目的（一条）、第二章名称（一条）、第三章位置（一条）、第四章学科学期課程及教科書図書器械（一条）、第五章教授法ノ要旨及試業規則（一五条）、第六章入学退学規則授業料収入規則生徒心得生徒罰則寄宿舎規則（一三条）、第七章入学生徒学力（二条）、第八章起業終業時限及休業日、第九章学校長教員職務心得（二条）、第一〇章（第一一章は誤記）学校長教員俸額（一条）、第一一章学校長教員学校設立者履歴（三条）、第一二章就学生徒予定数（一条）、第一三章敷地建物之図面、第一四章経費予算、とかなり詳細に条文が記されている。その設置目的は尋常小学科の課程を終えた者を対象に、また地方に適した教育をすると明確にしている。位置は興東塾が三四一番地であるのに対し、三四〇番地としている。その学科は漢学だけではなく英学が加わったことも大きな変化である。また算術、体操も明記されている。教員は校長兼設立者の井上勇治郎以外に二名増加された。一人は英学担当の石田来介である。彼は前年に井上が江戸遊学をした際の日記に記されている人物である。慶応二年生まれの若き福井県士族を東京本郷から招聘したわけである。新しい教科のために東京より若き人物を招いたことは注目に値する。漢学担当は近隣海上郡幾世村の倉田寅松（慶応二年生、初等科教員免許状所持）とした。生徒数も興東塾より五名増加し、二五名とした。

地域の青少年にとって、中等教育を受けようとすると、当時、県内では千葉郡千葉町の県立千葉中学校（明治一一年八月創立）しかなかった。しかも明治一九年四月公布の中学校令では公立中学校の設置は一府県一校とされた。このような状況の中で井上勇治郎らが地域中等教育のために設立したのが、上記の学校であった。それは各種学校の扱いであったが、実際は中学校あるいはそれに準ずるものであった。しかもそこには伝統的な学問だけではなく、新しいそれも加え、さらに知識教授だけではなく、体操（撃剣柔術）といった心身鍛練の教育も加えた。こうしたことにより、幕末以来の風教を矯正するとともに近代へ立ち向う学芸を授けようとしたわけである。事実、こうした地域・有志者の活動がなければ近代教育は成り立たなかったのである。

(三)　社会教育への視野

井上勇治郎は地域社会の中で公立小学校による初等教育、次いで私立各種学校による中等教育の中心となり、村の矯正と新時代への対応に当たってきた。さらに明治二一年（一八八八）九月一九日には千葉県へ「私立万歳学術研究会開設伺」を提出した。同会のことは「私立学術研究会規則」によって知りうる。それによれば、開設目的は地方有志者が相会して学術を研究するという。位置は万歳村番外第一番地である。会員資格は何人に限らず、満一五歳以上なら可としている。とくに役員報酬のところの「本会ハ邑内多ハ貧民子弟ノ為徳義上ヨリ成立モノナレハ報酬無之モノトス」という部分は重要なところである。とりわけ村内に多い貧民に対し、道義上の観念云々という文言には前代からの地域構造の変化、それにともなう秩序意識・価値観の変化に対し、教育者、地主、素封家の立場から村民一般（とくに「貧民」）を教化することに迫られていたことが察せられる。会は毎週土、日、月曜日として、それぞれの時間を定めた。会費一ヶ月一五銭は教員給料にあて、それ以外は発起人、幹事らの自弁とするとあるが、井上家の支出といってまちがいない。

ここまでみてくると、この頃の大原幽学の門人らによる八石性理学の民衆教化を想い起こさないわけではないが、それ以上に気にかかるのは地域にある学習結社の存在である。とりわけ近隣大久保村の好問社、そして万力村蛍雪社（前出）である。運営方法、メンバーの政治意識等々は異なりながらも、やはりどちらも学習結社に近いとしてよい。そして二社とも代表は前向き、教員ではない。ところが、この会の場合は名実ともに代表は教員の井上勇治郎である。教員はさまざまな法的規制により政治活動はもとより、学習結社への関与も厳しく制限されたのである。とりわけ、森有礼による学校令（明治一九年）により、「師範タイプ」の教員が理想とされ、教員統制は一段と強化した。そこで教育者井上勇治郎のとった村民教化・教育の方法は、授業によるいわゆる学校形式であった。したがって、同規則には「発起者履歴」があり、自らの名前を記している。次に英学担当として慶應義塾出身で近隣太田村の若き石毛辰五郎を、そして漢学担当として生家のある大間手村の若き森川宇之助の履歴を掲げている。石毛のことは次章で紹介するので、ここでは同じ若き森川についてふれる。彼は同村寄留とあるので、元からの村民ではない。明治五（一八七二）年二月より一二（一八七九）年五月まで父春庵に漢学・算術を、そして同年六月より一四年一二月まで銚子の儒者として「地方文化につくした[26]」宮内君浦に漢学・修身学を学んだ。同五年三月より一六年一月まで海上郡小川戸村時習小学校助手をし、その傍ら教頭西村寛司の指導で教員免許状取得、同年三月二九日、同校七等訓導となる。西村は、明治四五（一九一二）年二月建立「西村先生紀徳碑」によれば、ひたすら地域の小学教育に尽した人物である。その後、森川は一六年三月より一七年三月まで海上郡飯沼村の松本新左衛門に就き、算術を学んだ。この松本とは銚子の松本和助もしくはその系流の者と想われる[27]。その後の森川は同一九年二月一〇日、千葉師範学校より伝習証書を授与されるなど次々と小学校教員の免許状を取得、同月二九日には千葉県師範学校訓導に任ぜられ、大間手尋常小学校に勤務した。井上勇治郎は基礎学問を充分に修得し、また教員としての資格と地位を得た実力派の教員を招聘したのである。

同規則には、教育研究科目（修身・歴史・文章・算術・英学）の内容も盛り込まれているが、例えば「処世ノ理」、「土地日用に適セシムル」あるいは「日常ニ応セシムル」といった文言から地域とその生活に即した教育を意図していることがわかる。とはいえ教科書一覧によれば、単に実用書だけではなく『大学』・『論語』から『法律原論』・『大経済書』など高い水準の書籍が多く見うけられる。

なお、井上勇治郎は小学校教員時代にも村民一般のために図書の閲覧をさせている[28]。そうした村民一般の教育に対し、自らの学校教員としての蓄積を援用することにより、大きく開化させたのが、この研究会であった。

四　若き教育者石毛辰五郎について

(一) 成育環境

ここでは前節に登場した、井上勇治郎の招聘による私立学術研究会英学教師の石毛辰五郎について、紹介し、考察をする。まずは彼の生まれ、育った匝瑳郡太田村（現旭市二）の概況をかいまみたい。同村は万歳村からさほど遠くない九十九里地方の銚子街道馬継の宿場があり、また椿新田の開発によって新田諸村の中心的な存在となった。管轄する安中藩は明和五年、ここに陣屋を置いた。戸数は大体三〇〇～四〇〇位である。したがって村の性格は前記した万歳村と類似することが少なくない。それにともなう村方騒動は激しく、とくに文化六年三月、組頭石毛勇次郎らを代表とする三〇軒の百姓による名主不正の訴訟は激しいものであったが、粘り強い戦いの上、勝利した。石毛勇次郎は事件が解決する前に亡くなったが、明治二九年（一八九六）四月、縁者であり、本章の中心人物石毛辰五郎らにより頌徳碑が建立された。以上は有名な「太田村一件」と呼ばれる事件であるが、こうした類のものは安政五年の「米永齟齬出入」、万延元年の「雨乞事件」や世直しの「第六天宮参り」、元治元年の夫食米要求などさまざまな事件が発生した。また馬継の宿場であるため、助郷など村の負担も多く、村人の生活に影響を与えた[29]。

ただし、同村で始終、村方騒動だけが起こっているばかりではない。『文部省第四年報』（明治九年）には同年設立の太田学校のデータが掲載されているが、教員二名、生徒男二五名、女三名などとあり、翌年の同年報では教員三名、生徒男四二名、女一五名に増加している。明治一五年七月六日の「公立太田学校設置伺[30]」によれば、生徒数は一七二名と急増し、就学率は実に八一・五パーセントという高い数字に達している。教科書も福澤諭吉の「童蒙教草」、中村正直の「西国立身編」など、また教材用器械も指数器、博物見本など最新のものが備えられた。また校舎は幸蔵寺客殿借用とはいえ、教場は四つを数えた。こうした同村学校教育の先進性はやはり街道の町場、陣屋詰士族の存在あるいは村民の新しい価値観への対応が無関係ではない。その一例をあげれば教員として明治九年以来在勤する七等訓導の竹内園次郎は太田村一番地の士族である(31)。

こうした人の往来が多く、地域構造の変化が顕しく、そして教育意識の高い農村に石毛家はある。同家の由来は墓誌「石毛家之墓」（平成四年三月建立）によれば、石毛姓となったのは孫次郎以来、目下、恒雄氏で二三代目とある。かつては近くの村内高野《こうや》橋の所にあったが椿新田の開発の際、新川の用水が絞られて水に苦労したために現在地（現旭市二）に移ったという。また言い伝えでは同新田開発の際、測量の役人（武士）が同家に宿泊したという。ただし近世における同家の村内における活動のようすはわからない。とはいえ、村内上層の農民であろう。

辰五郎の父は辰右衛門（経典、明治三七年一月二六日没、七七歳、母やす同三二年三月五日、六五歳）といい、同家に肖像画が残されている。羽織袴姿で刀を差しているのは、一時、松前藩に仕えたためである(32)。前出「私立学術研究会規則」によれば辰五郎は慶応二年三月、千葉県匝瑳郡太田村五〇五二番地に生まれた(33)。そして明治一〇年（一八七七）八月より一三年一〇月まで佐原の小川坦三に漢学を学んだ。まずは近くの町場佐原で学んだのである。師の小川坦三は医業のかたわら修道塾を経営、さらに明治六年から一三年まで、佐原小学校教員をしていた(34)。その後、辰五郎は同一四年一月より一五年一〇月まで、佐倉の続豊徳に入門した。同人は佐倉藩儒で、このころは学塾を開いていた。続のことは井上勇治郎の修学のところで述べたので、省略する。辰五郎はこの期間、佐倉の佐波通任（銀次郎）にも英学を学んだ。佐波は佐倉藩士として同藩が力を入れた洋学に関わり、また幕府蕃所書調所教授手伝、神奈川奉行所手附翻訳方を、そして明治期には神奈川県翻訳方をした。また藩命で北海道やサハリン探険に参加した。明治六年二月には公職を退き、佐倉に帰り、英学を教授していた(35)。

辰五郎は井上勇治郎と異なり、同じ佐倉で英学を修得したのは世相の変化も関係していよう。また井上が辰五郎を教員として招聘する一因に佐倉遊学という共通項が考えられる。いずれにしても辰五郎は当時、実績ある英漢学者より学んで力をつけた。

(二) 上京

その後、辰五郎は上京、明治一五（一八八二）年一〇月から芝区三田の慶應義塾に学んだ[36]。今日、同校に残る成績表「勤惰表」（卒業時[37]）によれば、本科一等クラスで第三位（一二人中）にある。その内訳は次のとおりである[38]。出席度数一二〇、会読点数八九、書取点数七五、語学小試験点数九一、語学大試験点数九二、簿記大試験点数八三、数学大試験点数七〇、訳読大試験点数七六、合計点数五七六、これらのことから、在学通常時の辰五郎の成績は優れていたことが分かる。

彼の肖像写真は現在、孫の石毛恒雄家に残されている。その写真からもいささか想像できるが、同氏によれば大柄な体形だったという。そのためか、明治一九年一一月二一日、福澤諭吉が永井好信に宛てた書簡には次のようなことがしたためられている。

過日本塾之競技会ハ随分見事ニ有之、演技者中清岡、石毛杯中ハ最屈強、石毛ハ幅飛十四フート六インチュ、是れまで学生之仲間ニは無き所と申事ニ候

七日に慶應義塾の構内で五〇〇余名の塾生、多くの来賓により競技会が行われ辰五郎は竿飛び、高飛び、幅跳びに優勝した[39]。彼は慶應義塾在学中は勉学だけではなく、体育でも実力を発揮した。そして辰五郎は明治二〇年四月に同校本科を卒業した。

ところで、その間、一八（一八八五）年三月より、麻布鳥井坂の東洋英和学校に学んでいる。同校には中学校相当の初等科（二年制）、大学予備門相当の中等科（三年制）、英文・哲学・理科の高等科（二年制）とあるが、そのいずれ

かは分からない[40]。また同校在学は一年間のみで、再び慶應義塾に戻った。

(三) 帰郷

明治二〇年四月二三日、慶應義塾から「卒業證書」[41]を授与された辰五郎は長男として家督相続のために帰郷し、家業の農業に従事した。卒業記念には楠の木を庭に植えた。そして、前述したように万歳村井上勇治郎から学術研究会英学教師として招かれた。

ただし、明治二三年五月刊『慶應義塾員姓名録』[42]によれば住所が「神奈川県横浜真砂町三丁目四十八番地島野方」とある。一時は横浜で何かに関わったのかもしれない。

ところで明治二一年一月二七日、千葉県認可により新川学舎という学塾(各種学校)を自宅敷地内に開設した。そして翌二二年には興東英和学校と改称した[43]。新川とは居住地名に由来するが、興東は明らかに井上勇治郎の興東文武館の影響である。そして英和という名称からも分かるように、得意の英語により西洋学を、さらに漢学をも教授した。彼はこの頃に博愛と改名、多くの人々は「博愛先生」と呼んだ[44]。

若き博愛は井上勇治郎の教員招聘を契機に自らも学校を設立、東京の高等教育機関で学んできたことを地域の発展のために還元しようとしたわけである。今日、辰五郎が生活した石毛家の玄関上部には彼が日本橋で購入したというオランダ製ガラスが組み込まれている。

こうして博愛は海上、香取、匝瑳三郡五〇名の生徒に教授していくのであるが、明治二三(一八九〇)年七月に嚶鳴村琴田(現旭市琴田)の鈴木儀左衛門(のち、同村長、衆議院議員)が継いだ[45]。そして、博愛先生と地域で尊敬された辰五郎は昭和二七(一九五二)年一月七日に没した。

ここでは明治期になると石毛辰五郎のように地域の青少年は近くの町場の文人だけではなく、東京の高等教育に学んだこと、さらに修得してきた新しい知識を地域のために生かしたことを紹介した。また井上勇治郎のように若きリーダーはそうした東京帰りの若き、インテリ青年を地域の教育・教化のために生かしたのである。

むすび

井上勇治郎は明治二四（一八九一）年一〇月、万歳村長に選ばれた。そして「東海井上先生紀徳碑」によれば万歳小学校の校舎新築に当たった。このことからも分かるように、彼は村長として教育行政に重きを置いていた。だが、そのわずか三年後、明治二七年一二月一三日、四四歳でこの世を去った。その同碑文にもあるとおり、彼は専ら教育・教化に生涯をささげたのである。

本章では東総地域の井上勇治郎を中心に、江戸時代の末期に生まれた人達が地域社会およびその生活を立て直し、新しい明治という時代の中でそれを発展させていくために、どのような行動や活動をしたのかということを追ってみた。

(1)まず、井上勇治郎は少年から青年前期くらいに何を見、何を思ったのか、考察した。それは幕末の地域社会の荒廃と価値観の変化、そして明治期のシステムの変容である。一方、彼の周囲の人々も国学、民権、学校などをとおし、さまざまな対応をしていた。

(2)次に、彼はそれらのためにどのように自らを高め、エネルギーを蓄えたのか、手段と方法の獲得のようすを追った。まずは少年時代の家庭教育、また佐倉遊学によって漢学と剣術という伝統的学問を修得した。その後、明治一〇年代の後半には東京に出て各種学校、剣術あるいは学術演説会等を見聞したり、英学校等の調査をした。

(3)井上が地域の社会・生活のために具体化したのは教育であった。とりわけ小学校の設立・運営には自ら教員となり、率先して尽力した。やがて彼は地域の中等教育を意識し、各種学校の設立に奔走した。東京遊学はそのためであった。ただし、地域における教育は土地の実情を考慮することを忘れていなかった。さらに学校外教育、とくに貧民も意識した村民一般への教育に視野を広げた。それは学校的色彩の強い学術研究会であった。そしてそこには若き、十分なる資格、あるいは東京で学んだ教師を招聘した。

(4)最後に、井上が招聘した若き教師のうち、石毛辰五郎を追った。彼は井上同様佐倉で学んだが、さらに高等教育機関が整いはじめた東京に学んだ。そして学んできたことを井上の学術研究会で教授した。さらには井上のように自邸内に学舎を設立、英学を中心に指導した。

以上、近世から近代の移行期、新しい世代による地域およびその生活に即した教育・教化の実態を追った。ここではとくに近隣で大原幽学以来の性学実践運動との比較をすること、各種学校の歴史を解明すること、目下、筆者の研究テーマのひとつ「大学史と地方史」研究（近代教育における地方と中央の相関関係）を広げることを意識して考察をしてきたつもりである。

注

（1）明治大学近世近代史研究会、昭和六二年九月。
（2）『駿台史学』第二二号、昭和四八年三月。
（3）以下、断わりのない場合は同家所蔵文書による。
（4）東庄町教育委員会解読刊行、平成四年三月～同五年一〇月。
（5）拙稿「『学制』前における教育者の精神構造」『歴史論』第四号、明治大学近世近代史研究会、昭和四六年六月。本書第Ⅰ部第2章参照。
（6）この点、宮負定雄は領主より徳のある人を選び、名主や手習師匠を教導するなどとしている。

（7）以上、服部治右衛門碑、服部勘右衛門筆子中、嶋田四郎右衛門筆弟中、『海上町史』による。
（8）旭市万歳、井上洋一家所蔵文書「井上勇治郎略歴」（年不明）、前掲「東海井上先生紀徳碑」。
（9）『佐倉市誌資料』第一輯、昭和三一年。詳しくは「保受録　家老以下新番格迄　六」続家。
（10）『文部省第二年報』文部省、明治八年。
（11）同家のしげ氏によれば鶴翁も寺子屋師匠をしていたという。同家位牌によれば鶴翁は明治三年一一月に没している。
（12）渋谷隆一編『都道府県別　資産家地主総覧―千葉編１―』日本図書センター、昭和六三年。
（13）佐原市史編さん室調査による。
（14）『神田警察署史』神田警察署史編集委員会、昭和五〇年。位置は現在の明治大学駿河台校舎南隣。
（15）『東京教育史体系』第一巻、東京都、昭和四六年。
（16）東京都公文書館所蔵。
（17）『本郷区史』本郷区役所、昭和一三年。
（18）『佐原市史』佐原市役所、昭和四一年。
（19）下村泰大編『東京留学案内』明治一八年、『錦城百年史』錦城学園、昭和五九年。
（20）前掲注（2）「維新変革期の教育者」。
（21）旭市立東小学校所蔵。
（22）菅治兵衛碑、大正一三年一〇月、常福寺。
（23）高野隆碑、明治三二年三月、常福寺。
（24）以下、断わりのない場合は同家所蔵文書による。
（25）井上洋一家所蔵文書中の「文武館建築寄附連名簿」（時期不明）には勇治郎の名は見えないし、この時期のものとはいいがたい。
（26）篠崎四郎編『銚子市史』国書刊行会、昭和五六年。
（27）『千葉県教育史』第一巻。
（28）『郷土史　香取郡万歳村』（作成時期不明、東小学校所蔵）。

(29) 以上は主に『旭市史』第一巻（旭市史編さん委員会、昭和五五年）による。
(30) 同右。
(31) 村内には「齋藤安五郎頌徳碑」や「加藤東圃君寿蔵碑」など教育者の碑もある。
(32) 『広報ひかた』第一二一号（昭和五七年三月）に掲載の「ミイラ取りがミイラになった話」（遠藤良太郎）は、近隣干潟地域の人々が北海道に渡ったことを伝えている。
(33) 慶應義塾「入社帳」には元治元年一〇月とある。
(34) 『佐原市史』佐原市役所、昭和四一年。
(35) 「保受録　家老以下新番格迄　十」、鈴木忠『佐波銀次郎の生涯』佐倉歴史顕彰会、平成三年、『佐倉市郷土の先覚者　佐波銀次郎』佐倉市教育委員会、平成一一年。墓地は佐倉市内妙隆寺。金工家として著名な香取秀真も続や佐波に学んでいる。
(36) 慶應義塾「入社帳」保證人は日本橋平松町一一番地渡平新兵衛。
(37) 慶應義塾所蔵。
(38) これにより、辰五郎は修了より一ランク上の卒業が認められた。
(39) 原文書は慶應義塾所蔵。『福澤諭吉書簡集』第五巻（同塾、平成一三年）。
(40) 前掲注（19）『東京留学案内』。
(41) 旭市ニ、石毛恒雄家所蔵文書。
(42) 慶應義塾所蔵。
(43) 前掲注（29）『旭市史』第一巻。
(44) 旭市ニ、石毛恒雄氏談。
(45) 旭市鎌数、松井安俊氏より書簡にて御教示。『広報　あさひ』第七七四号（旭市役所、平成一一年九月）にも「旭ゆかりの人物」として掲載。

[付]　井上ユウジロウは資料には「雄次郎」、「雄治郎」ともあるが、本章では勇治郎を用いた。

第Ⅱ部　村落生活と学問・社会教育

第1章　和歌の展開と村落社会

はじめに

第Ⅰ部に登場した寺子屋師匠の多くは、子弟への教授だけにとどまっていたわけではない。ここでは、そうした師匠群を含めた学問の様相を地域に即して追究していくこととする。

ところで、幕末維新期において干潟地域には多種多様の文化・学問が林立したが、その中で、かなりの比重を占めたジャンルは和歌である(1)。

まず前提的作業として、地方における和歌史の先行研究をたどろうとすると、ことのほか少ないことに気づく。さらに、近世・近代前期の地方文学史の研究が少ないことに驚く。和歌も含めた地方文学の研究の重要性については、例えば昭和三二（一九五七）年一一月、『文学』（第二五巻第一一号）の座談会「幕末から明治へ」などによって指摘されている(2)。しかし中央の歌文研究の盛行さと対比すれば、未知の分野である(3)。暗中模索のきらいはあるが、干潟地方に普及した和歌を中心に幕末から明治期にかけての地方・農民を検討してみたい。そこで本章では以下、次の点を明確にしたい。

(1)なぜ地域民はその文学（和歌中心）を求めたのか。つまり動機・契機や目的について。
(2)地域ではどのようにして、その文学活動がなされ、またどのように変化していったのか。つまり実態と変遷について。
(3)他の文学的分野（とくに俳句）との関係はどうなっているのか。つまり相互の関連性について。

一　和歌への接近

干潟地域における和歌関係の文書・刊本の残存状況は表1のようである。旧干潟町西地区が最多とはいえ、全域を網羅していることがわかる。

表には載せきれなかったが、その刊本の作者は、本居宣長・橘千蔭・鈴木重胤といった中央の歌人はもちろんであるが、それのみならず、この時期や地域を特徴づけるように神山魚貫・宮負定雄・林重義といった地方の歌人もみとめられる。以上のことから、この地域における和歌への関心のほどがよみとれる。

次に問題となるのは、和歌への興味を示す時期と契機である。そこで再び表1について年次的に検討してみると、次のようなことがわかる。

まず安永以前のものは散見する程度である。表記はできなかったが、それも一般的な和歌書である。おそらくはそういった書を購入し、読むといった、ごく個人的な段階にしかすぎないと思われる。いわばこの時期は旧派的な体制や体質のもとに閉鎖されていたといえよう。

ところが、該表でも察知できるように、文化・文政期には和歌関係のものが増加してくる。鏑木村の大地主である平山家の九代目正名が、おそらく同家としては初めて自「詠草」をしたためるのは、文化七（一八一〇）年五月のこ

表1　干潟地域の和歌関係史料（現存状況）

所在地	所蔵者名	～安永	～享和	～文政	～弘化	～安政	～慶応	明治	年不	計
鏑木	平山忠義	7	2	9	13	125	23	11	72	262(335)
〃	岩岡武夫							1		1(1)
〃	吉田光俊	1								1(1)
〃	鏑木寿一郎								1	1(1)
〃	林好衛				1	1				2(2)
万力	島田薫								2	2(2)
〃	伊藤武								1	1(1)
〃	鈴木重世							1		1(17)
〃	林修一		2	1	4	3	7	10	22	49(217)
新発田	鵜野治男	1	1		1	2			5	10(17)
米込	米込区有				1				2	3(6)
〃	杉崎栄			1			1	1	3	6(14)
長部	遠藤良太郎				1				1	2(6)
〃	幽学保存館						1			1(1)
〃	八石性理協会	2	2	1	1				6	12(46)
松沢	宮負克巳				1	1			4	6(7)
諸徳寺	菅谷豊三	2							1	3(7)
入野	長谷川正義			1				1	4	6(9)
溝原	鈴木精一								1	1(1)
万歳	寺島正	2		1	1				11	15(59)
〃	堀越勇	1								1(1)
〃	井上洋一			1					3	4(7)
府馬	宇井隆	3		5	2	3	5	25	20	63(174)
稲荷入	上代克巳	1								1(1)
計		20	7	20	26	135	37	50	159	454(933)

注1）明治大学木村研究室『干潟町古文書所在目録』より作成。
　2）数字は点数、ただし、カッコ内は冊数。

とであった。それ以前に同家に残るものはすべて中央の刊本である。おそらく化政文化という全国的な動向にも触発されたのであろう。この時期の文化を特色づける狂歌も点在する。万力村の林竹丸（重義の祖父）は「性高遠ニシテ頗ル大人ノ風アリ、常ニ耕転ヲ嫌ヒ稼業ヲ努メス狂歌ヲ好ミ其妙ヲ得タリ、青葉亭竹丸ト号ス名吟多シ」といわれた。さらに「家事ヲ修メス常ニ浄瑠璃ナルモノヲ以テ食業トナシ四方ヲ周遊ス、故ニ資産日ニ衰ヘ家ニハ纔カニ老父母アリテ日々ノ生計ヲ営ムニ過キサルノミ、蓋シ林氏ノ頽敗此時ヲ以テ極度トス」といわれ、はては文化八（一八一一）年（三六歳）「終ニ自宅ヲ棄テ独リ走リテ同郡（香取郡）米込村渡辺治右エ門ノ養子トナ」[4]ってしまう。この時期は、地域ではまだ個人的レベルであったが、徐々に歌への興味と関心が持たれるようになってきたのである。しかし、それは遊興性を帯びたものであったのも事実である。

表１にもう一度注目すると、天保・弘化年間にはさらに量的な拡大のあることがわかる。さきの豪農平山正名の子で、平山家一〇代目の正義は多くの自「詠草」をしたためている。つまり天保一五（一八四四）年四月のものを「初」として、以後、安政六年のものまで冊子に番号を付して整理している。この点はあとでもふれるが、いずれにしても平山家の和歌は、天保年間に、自「詠草」により、本格的に歌われはじめたことを意味している。

ではなぜ、平山正義は和歌に熱心になるのであろうか。それは単に父正名の影響ということ以上のものがあると思われる。

天保二（一八三一）年、松沢村の名主で平田門の国学者宮負定雄は、平山家の要請に応じ、荒廃した農村の改革について献策している。それが「国益本論」[5]である。宮負は平山家には親しく出入りし、時には同家で一首詠ずるなどした間柄である。[6]同人は同年に著した「民家要術」[7]において、詩歌について次のように述べている。

詩歌も世の為になる実情を述べて今日の経済を助くる実歌なれば国益になるべけれど、さにはあらで花も咲かぬに花の歌をよみ、雪もふらぬに雪をよみ、題を出して種々の嘘をいふは皆徒事なり……歌をよむとも必偽歌をよまずして事に臨みて実歌を詠む様に習はすべし

この実歌論は、前代の花鳥風月流の机上文芸に対する批判であり、それは村政改革、つまり荒廃立直しへの期待の中から生み出されてきているのである。

性学を論じ、かつ和歌・俳諧の宗匠を任じて[8]北総に来遊してきたのは大原幽学である。平山正義もさっそく天保五（一八三四）年八月には入門し、小前層の抵抗緩和策を幽学にたずねたりしている。幽学もまた、やはり「口の先の

学者」[9]など机上学問を否定したりしている。また和歌も重視し、正義らの門人に景物として与えている[10]。

この天保期の特色は、自詠が継続的になされてきたこと、しかも前代を批判し、経世済民的な要求を反映させ、新鮮さをうち出そうとしていることである。またこの時期になると、個人間の文化的交流が強まってきている。

二　歌会の実態と変容

表1を見ると、嘉永・安政期における和歌関係資料の異常な多さに気づく。まず平山家の和歌関係資料について見ておこう。

①自詠草――これは、ほとんどが表題に「詠草」としてある。前節でもふれたように、文化七年五月の正名のものが最初であり、元治元（一八六四）年八月の季義（一一代）までである。このうち、大半は正義（一〇代）のものであり、その分（天保一五年〜安政六年）は整理され、番号（一〜一八まで）をうってある[11]。それ以外に「別冊」という区分名で番号（一〜四まで）をうってあるもの[12]や、分類名・番号のないもの（二三冊[13]）がある。これらもほとんどが正義のものであり、それだけに彼の和歌に対する興味の深さがわかる。

②歌合――入花料をもちより、左右に分かれ、与えられた歌題について詠み、それに判者が、勝・負・持の評価を下す形式を歌合という。これも正義は嘉永三（一八五〇）年七月の「当座歌合」を一番に、文久元（一八六一）年六月の「五十番扇歌合」を二〇番に、以下は年欠ながら二五番までふっている。それ以外に番号も年号もないものが一点ある。

③月次詠草――字のごとく、月に決まって寄り合い、歌題に対し順次詠み、宗匠の添削と評点をうけるわけである。正義は嘉永五（一八五二）年三月の「月次詠草」を一番に、以下万延元年四月の「月次詠草」を一二番に、

あと年欠のもの二冊に一三、一四番と順次番号をふっている。他に明治五（一八七二）年八月の「月次秋詠草」があるが子の季義のものである。

④月次詠草書抜――③は主に自らが主催したもの、もしくは自分がその冊子を保管した場合のものである。一方、この「書抜」はその「手前会」のものも含めて、さまざまな詠草の会において自らが詠んだ歌を、年月日・場所ごとに主催者・判者および点数もそえて抜書きしたものである。これは、弘化二（一八四五）年～安政二（一八五五）年八月分の「処々月次詠草」を一番に、万延二（一八六一）年分の「月次詠草書抜」を六番と順次番号をふっている。その六冊とは別に文久二（一八六二）年十月～同三（一八六三）年五月分の「月次詠草書抜」を一番に、慶応二（一八六六）年六月～同三（一八六七）年五月分の「月次詠草写」を四番と、順次番号をふったものがある。前者は正義のもの、後者は季義のものとしてよい。

以上の考察をもとに、本節では主に②と③の資料により検討を加えていく。なお、その分析は次の点にしぼることとする。

⑴前節に続いて時期的問題について。
⑵作者について。
⑶宗匠について。

その前に、平山正義が個人的な詠草レベルから集団的な歌会に参加していくのはいつのことであろうか。その最も早い時期は「処々月次詠草書抜」によれば、弘化二年のことである。[14] しかし弘化年間には二年に三回しか参加しておらず、自ら主催もしていない。

さて、さきの三点を中心とした平山家の歌合と詠草会（月次）でのようすは表2のとおりである。

まず第一の時期的な問題について。この表は嘉永三年七月に歌合がはじめられ、以後だいたい継続的に催され、それに参加する様相を如実に示している。月次会のほうはすでにふれたように、弘化二年に、いわば単発的に出向いたこともあったが、本格的には嘉永五年三月からである。このころは、平山家にとって、天保期以来の経営の立直りが、米価の高騰や寄生地主への転換などにより大きく効果をあらわす時期である。こうした経済的な安定・向上が和歌のほうにも、影響を及ぼしてきたことは否めない。しかし、それだけではない。逆にいえば、前代以来の模索の中から築きあげてきた経世済民的な文学活動がかなりの成果をあげたことになる。このことからすれば、文学と経営の融合の結果ともいえるわけである。平山家の経営がより広い世界とつながっていることを示すものが、天保三年の「聞仙台船漂流記」を上限とし、嘉永六年の「水戸中納言殿上大地図形於朝廷表文之写」から系統的に平山家にのこる時事関係の風聞書の類であることをつけ加えておく。

第二点目の作者の問題について、ふれておく。平山家文書にみえる和歌の作者、というより平山家に関係した地域の和歌連中は都合八七名をか

表2　歌会一覧（平山家中心）

歌合			月次		
年　月	判者	参加者	年　月	判者	参加者
嘉永　3.7	神山	3			
4.3	伊能	13			
4.5	神山	2			
4.	〃	12			
4.8	〃	2			
6.7		7			
6.8		3	嘉永　5.3		7
6.秋	神山	13	5.11		3
6.12		3	6.7		8
7.5	神山	9	7.11		12
7.7	木内	4			
7.7	〃	5			
安政　2.9	神山	5	安政元 .3		12
2.11		6	2.2		16
3.春	神山	10	3.1		12
3.11	〃	8	4.6		17
3.冬	〃	17	4.8	神山	19
5.3	〃	10	5.5		17
5.8	〃	12	6.4		17
万延元 .8		12	万延元 .4		14
文久元 .6	神山	11			
不　明	伊能	13	明治　5.8	神山	9
不　明	神山	8	（年不）.10		7
不　明		2	不　明		15
不　明	神山	4	不　明	神山	18
不　明		7			
不　明		13			
小　計		214			203
合　計			417人		

注1）旭市鏑木、平山忠義家所蔵文書「歌合」・「月次詠草」類、および「麻葉集」・「清風集」などより作成。
　2）「神山」とは神山魚貫、「伊能」とは伊能穎則、「木内」とは木内保旧のこと。

ぞえる。このうち歌合と月次詠草（前記③と④の文書）にあらわれたものを表記したのがさきの表2である。まず歌人の安定的かつ漸増の様子がうかがわれる。この表の年月別の数字を単に並べただけでは比較にならないとしても、歌合の方は嘉永三年に三名であったものが一三→一七などと、また月次の方も同五年に七名であったものが、一二→一六→一九などと増加していき、延べ四一七名の参会者数が示すように、年々、盛会になっていく。

次にできる限り参会者の居住地を追ってみると、計四郡三〇ヶ村である。最も多いのはむろん香取郡（一七ヶ村三九人）で、ついで匝瑳郡（七ヶ村一一人）・埴生郡（三ヶ村三人）・印旛郡（三ヶ村三人）であり、下総の中・東部にまたがり、しかも多勢をまきこんでいることがわかる。

そこで次に何人かの歌人について紹介しておく。このうち平山正義（参会数四一回、最高）は除くこととする。

林保綱（同、三七回）と竹浪（同、三三回）は親子であり、香取郡南山崎村に居を構え、旧家をもって知られている。とくに先代の伝兵衛は領主池田甲斐守の代官をつとめ、殖産興行の発達や義倉の設置に尽力した典型的な天保人であったが、そうした体験は子の保綱・孫の竹浪に引き継がれたに違いない。なお、保綱は「蔦廼集」・「蔦廼遺集」などの歌集を残している(15)。

松山胤将（同、二二回）は匝瑳郡松山村の松山神社の神官として知られ、また私塾の師匠としても近隣に影響を及ぼした人である。なお、松山重胤（同、九回）はその子である(16)。

都祭胤文（同、九回）も同類である。彼は香取郡新里村の八重垣神社の社掌として、他の多くの神社の神主も兼ねていた。そして天保二年には平田学に入門している(17)。

平山季英（同、九回）は香取郡中村の名族で、鏑木村平山氏の本家筋にあたる。彼は富農にして、医術にもたけていた。なお、その養子の季輝は正義の実子であり、後年初代県会議員の一人として活躍した(18)。

大川蕃雄（同、二八回）は鏑木村長泉寺の住職をつとめ、後年大講義にまでなったが、後には還俗している(19)。なお釈酔庵（同、八回）は同寺の隠居である。

こうした作者群の紹介は枚挙にいとまがないし、また後の項とも重複する部分があるので、とりあえず筆をとめる。とにかく、分かったことは、地域の経済面・文化面双方で、共に、あるいはいずれかの面で上層部、少なくとも中位の上層部以上の人々が多く参加していることと、しかもさきの平山家と同様な志向を有していることである。

次に、この歌合や月次会における判者をとりあげてみる。表2によれば、神山魚貫が一八回と圧倒的に多く、続いて木内保旧と伊能頴則が各二回である。とりわけ平山家の場合に限っていうと、嘉永三年以降、それまでの大原幽学から、この魚貫との交流へ切り換えていくのである[20]。

神山魚貫（三郎左衛門）は、天明八（一七八八）年九月に埴生郡飯岡村に生まれ、明治一五年五月（九六歳）に没している。小山田与清と親交があったが、生涯を農民歌人として送った。しかし、伝えられるような「田園歌人[21]」ではないことは、門人に関する次の二つのことからかいまみられる。

門人の平山正義は、万延二年正月～一二月分の「月次詠草書抜」（六）の表紙の裏面に、とくに朱で次のようにメモしている。

神山翁云　表悲嬉なといへる詞ハ必偽を願ハすものにて用意なくよむへからす　老練の人ハ又いはすして一首のうち其意を含むかたき事なから心かくへし

これは感動表現における芸術性に関する神山の言葉であって、これを平山正義が特に書き留めたということは、正義の胸中に生活と芸術との関係についての思念が存在していたことを示している。

神山の門人の多さにも注目する必要がある。その著「麻葉集[22]」（安政五年）の巻末の「集中人名録」により、その薫陶をうけた歌人を数えると、香取郡が最も多く一九ヶ村三九人、ついで埴生郡一四ヶ村二九人、印旛郡九ヶ村一九人、匝瑳郡五ヶ村七人、海上郡三ヶ村四人、武射郡二ヶ村二人、相馬郡一ヶ村一人、その他に常州四郡八ヶ村一九人、越後一人、肥後一人であり、その多さと広さは意外なほどである。

平山家文書の中に「神山翁無境庵再建勧進并ニ麻葉集配分帳入用書」[23]（安政五年一〇月）と上書きした一袋があり、その中に「麻葉集配分割合記」（安政五年八月）が封入されている。この年、門人達が一体となり、師の魚貫（無境庵）と自分達の歌を編輯した際のものである。この帳簿の前半は出版上木の費用の明細が記され、後半はこの地域の門人への拠出金の割付と刊行後の配布部数が記されている。ここでは魚貫の有力門人が確定できるが、それはだいたい表2に含む（若干紹介済）歌人が多い。また同文書からは、門人の結束ぶりとか、地域の出版運動の様子などがうかがえる。

実は、他の二人の判者も神山魚貫に関係がある。伊能頴則（三左衛門）は、文化三年佐原の商家に生まれ、明治一〇（一八七七）年七月に没している（七三歳）。彼は魚貫に師事したのち上京して小山田与清の門を叩いている。維新後は、教導局宣教権中博士になったが、帰郷し、香取神官の神官となり、少宮司にまでなっている。「歌語童論」など多くの著書がある。[24]

木内保旧は香取郡木内村、木内神社の祠官の子として、文化一三（一八一六）年八月に生まれた。平田篤胤に学び、魚貫や頴則とよく交遊した。明治七（一八七四）年三月に少講義にまでのぼった。その間、小見川藩校の教授をつとめたこともある。また遺稿には「竹葉集」などがある。[25]なお、その子の保雄も父同様、平山家の歌合に顔を出している。このように他の判者も、魚貫とつながりを有していた。

以上のことにより、この地域の和歌が地元の判者により指導され、かつ歌人同士が強い関係を有していたことがわかった。さらにその大宗匠は新たな志を立て、その下の小宗匠・門人もさまざまの新しい道をめざしていることもわかった。

ここでは平山家を中心に、嘉永・安政期の地域の和歌について追ってきたが、一応まとめておきたい。

(1)嘉永期という荒廃立直り時期に和歌活動は運動となった。それは文学と経世済民との一体・融合を示すものであった。

(2)歌人は安定的に漸増していった。しかも、かなり広い範囲にわたっていった。なお、その階層は地域の社会的・経済的・文化的な上層民を中心としていた。

(3)その指導者（宗匠）も前代に芽ばえた新しい志向性を確実にもち、伸ばしていた。またその者を中心に強固な和歌連が構成された。

三　その後の和歌活動

表2ではわずかにわかる程度であるが、平山家は正義の没後も、子の季義により和歌活動が継承されていく。事実、彼にも自「詠草」が文久三年五月のものから元治元年のものまで計一〇冊、「月次詠草抜書」類が文久二年一〇月のものから慶応三年五月のものまで計四冊がのこされている。しかし季義はまだ若年であり、加えて早世してしまう。このために、この地域の和歌の中心は、以後分派的傾向を示す。すなわち、鏑木村の大川蕃雄、万力村の林重義、松沢村の宇井包高である。

ここでは、林重義（竹丸・彦兵衛）をとりあげてみる。彼は平山家の歌合文書には三度ほど名がみえる。そのつながりから、神山魚貫の門人であったことが、次の一文からわかる。

> 仝（安政四）年神山魚貫翁撰スル所ノ麻葉集成ル、竹丸之ニ歌三首ヲ載ス、蓋シ竹丸ハ彦兵ヱノ歌号ナリ、彦兵ヱ初メ狂歌ヲ好ミ祖父ノ号ヲ襲キ青葉亭竹丸ト云フ、後又神山翁ニ従ツテ和歌ヲ学フ、是ニ於テ之カ選ニ預ルト云フ[26]

表3のごとく、林家の詠草は慶応二年から残されているが、それは平山家を引き継ぐような形である。それゆえに重義が、和歌にとくに意をつくすのは、やはり平山正義のなきあとと思われ、以後、歌合を催していくのである。しかし、かつての平山家と比べれば歌合の回数は四三に対し一六であり[27]、参会者総数も八七人に対し三二人である。それは、従来の和歌運動が転期を迎えていることを示している。

歌人は平山正義のころと比べれば氏名の移動があり、世代交代を意味する。しかし、階層の移動はみせていない。

この林家が中心となった歌会の判者は圧倒的に鈴木雅之である。この人物について、天保八年に埴生郡南羽鳥村に生まれ、この干潟地域で国学に、教育に邁進したことはすでに述べた。魚貫に師事した雅之は少なくとも慶応三年七月には同地域に関わりをもち、林重義やその長子の武義・平山季義・鏑木一胤を、有力な門人として指導していた。

彼の思想論は第I部第2章や別稿に紹介したことがあるので[28]、ここでは要約に止める。彼は、高産霊神と神産霊神の二神を万物創造神におき、そこから生成の道理を説く。すなわち、二神にこそ宇宙・万物の真理が潜むとし、この真理を生産性の根底におく。彼にあっては「生産」の観念が強く、したがって空理空論的な事柄は否定される。

雅之の歌論「歌学正言」「歌学新語」あるいは歌集「清風集」などもこうした意図と意識に基づいて説かれたり、編まれたりしている。例えば「(歌は)上下のへだてなく賢愚にもよらない[29]」といった下層への意識、「歌学、これは言語に兼ねて学ぶ[30]」といった教育および制度化の指向、「情をかくしうわべを飾って偽ばかりをいい出すならば玩具にひとしく何の役にたとう[31]」という実感・実践主義、「そもそも歌は情と言と調との三つがあいかなったもの[32]」とする体系的歌論は、その一端を示している。またこのことは、むろん、彼の教育論(既述)ともかなり共通している。

しかし、この鈴木雅之はわずか三年にして同門の学兄・伊能頴則に招かれて上京してしまい、しかも明治四年に三五歳で急死する。この出来事は林らこの地域の歌人にとって衝撃であり、活動の発展を鈍らせることになったであろう。

確かに、この時期は、すなわち平山らの世代の末期(嘉永以降)に位置すると同時に、林ら次代の修得時代にも相

表3　歌会一覧（林家中心）

作者	年月	慶応1・	2・9	3・7	3・10	4・4	4・5	4・6	4・7	4・冬	明治21・10	・1	・7	・7・8	年不	年不	計
	判者／居住	鈴木	高安	鈴木	鈴木	鈴木	鈴木	鈴木	鈴木	不明	林	鈴木	鈴木	鈴木	木内	宇井	
林　重義	万力	◉*	○*	27*	29*	○	◉	□*	◎*	◎			□*	○*	◎*		12
林　武義	〃		□	28	40	◉	○	○	◉	□	◎*	◎*				◉*	11
藤井意守			○														1
実川梅守			○														1
笹本忠雄			○														1
杉崎豊丸		○	○														2
熱田武貞		○	○											◎			3
若梅可面			○														1
伊藤鎮義			◎	27													2
伊藤正容			○	27	28												3
若梅知義			◎														1
鏑木一胤	鏑木			29	31	◉	◎	◉	○	○		◉	◉	◉			10
平山季義	〃	◉		34	35	◎*	□*	◎	□	◉*			◉	◉			10
鏑木盛胤		□															1
杉崎利恭		○															1
宇井包高	松沢														◉		1
木内保雄	木内														○		1
金親嘉睦	府馬														○		1
宮負定信	松沢														□		1
宇井文路	府馬														○		1
米本　農															○		1
笹本雪丸															○		1
高木重道											□					○	2
林　道利	万力										□					◉	2
橋村稲守	〃										□					○	2
小林かをる											□					○	2
鈴木重文											○					○	2
伊藤芳雄																○	1
飯島武光											◉					○	2
高山牛夫											○						1
伊藤芳松											◎					◎	2
金杉春重	鏑木										○						1
計		6	11	6	5	4	4	4	4	4	10	2	3	4	8	9	84

注1）旭市万力、林修一家所蔵文書「歌合」「和歌詠草」類より作成。
2）◎◉□印は上からの順位、○印は他の参加者、数字の場合は点数、*印は催主。
3）「鈴木」とは鈴木雅之、「高安」とは高安滝見、「林」とは林重義、「木内」とは木内保旧、「宇井」とは宇井包高。
4）慶応2年の場合のみ狂歌。

当する重要な時期といえよう。そして本来なら、次の展開の時期をむかえるはずであるが、さきの地域的事情によったり、あるいは全国的な歌壇の状況に比例し、この地域も一時、和歌活動が衰微してしまう。その後、重義は竜見なる書号をもち、日記によれば、書画会に行ったり、また学校の設立と教授に尽したり、また長男・健治の学習結社の援助に追われたりし、そのためか和歌そのものの活動は記録面からは消えてしまう。現に表3をみても、歌合の文書は慶応四年から明治二〇年にとんでいる。だからといって、全く彼が和歌を放棄したわけではない[33]。

重義は明治二〇年一二月に「歌の道の衰へたるを嘆く」と題した一文を『千葉新報[34]』に次のように寄せている。

今の東京を江戸と称へたる頃ハ此郡に歌の聖ありて月次に歌の題を出し国々のみやび雄たちハ云ふも更なり、天さかるひなの卑しき山かつのよみたる歌をも広く普く集めもとめて之を撰にかけて其歌となれる限りを板にゑりいと美しき集冊となしつゝよみ人に配りたり、而して其よみ人ハ常ニ万をもてかそふべく之を集る所ハ百の上にも出たるなるべし

その繁栄ぶりを懐古した彼は、ひるがえって現実については「今も其新聞紙の端其雑誌の末などに折ゝ歌を見る事あるも皆撰みたる者にしあらねば情と言と調との三なからとゝのひし者ハ大かた無きか如し」と嘆息している。そして後段で「歌は人の心を和らけて国を治るにいと便りよき道也」と確認している。この「国を治る」という語は大変余韻を残す。

こののち、和歌は日本主義の称揚の過程で、新しい形式と用語をあみ出し、いわゆる新派として復興してくる[35]。この干潟地方の和歌について、明治二六年一〇月一四日の『東海新報』は、「和歌の流行」と題し、次のように報じている。

香取郡の南部にては昨今和歌の道頗ぶる流行し宇井包高、林重義、大川蕃雄の各派ありて月次集会怠りなく互ひに競争し居るといふ

重義は「陽発吟社」を主宰し、後進の育成にあたるなど、息を吹き返すのである。ただ、それは江戸期と異なり、国家主義の下での復調であった。

そうして林は没する二年前の明治三五年、長年の和歌活動の集大成ともいうべき『美濃尾張家苞くらべ』（全二巻）を東京の吉川弘文館より刊行した。この書の序文に、執筆と刊行の主旨や経緯を次のように書いた。「国語活語の霊妙なる活き其深き処を速にさとり、和歌和文の優美なるおもむきのひそめるおくを早く探らぬ」として「新古今集」をえらんでみた(36)。しかし、それに対する本居宣長の「美濃の家苞」と、次に手にした石原正明の「尾張の家苞」とを比べると見解を異にしている。そこで両者を評釈し、優劣を判定してみる(37)。そうすることによって「我が国家の為に末頼しき初学の人々早く斯の書を継き、国文国歌の是を進ミたまへかし」と。

本居宣長の業績は「いわゆる『道の学問』として、歌文の創作まで含め、すべて道によって統括され」、その思考は「『物のあわれ』的主情主義」であり、それは「幕藩制の緊縛から人間性を解法する清新さと進歩性を持(38)」っていたとされる。

のちに、これにあきたらず「元来本居学は訓詁主義で、……考証の学に向(39)」った鈴屋門の一人が尾張出身の石原正明であった。すなわち後年、「宣長の見地は主として歌詞の末節に拘泥したるが如きものにして、詩美の鑑賞を逸したる点あるを免れず(40)」「余情余韻を第一義(41)」という評価を石原はうけている(42)。なお重義の師の鈴木雅之も本居学の影響をうけた一人であった。

しかし本居宣長や石原正明らの近世における復古観や情念論といった意識は、日本主義を背景とした和歌の再編制の過程で「国歌」と化したのであった(43)。

他に重義は「国語活語早まなび伝授書」（明治三六年四月）という基本的な活語を研究した成果を発表したり、あるいは教師として学校教育に和歌を導入しようと計っているが、これらのことは別稿を参照されたい(44)。

以上、林重義を中心として、神山魚貫・平山正義らによる和歌運動の消長を追ってきた。結局、神山・平山らの路線は鈴木・林らにより継承された。しかし維新と共に和歌は低迷化の道を歩む。また鈴木も上京し、まもなく早世してしまう。干潟地方では全く細々と歌が詠まれる程度であった。それがやがて国家主義を背景に大きく復活してきたのであるが、それは「国歌」という、いわばベールをかぶったものであった。表1の慶応期三七冊・明治期五〇冊は、こうした経緯を示したものである。

四　歌人間の交流

ここで述べる歌人同士の交流は詠歌に関することではなく、日常・その他のそれである。

まず第一に注目すべきことは、尊王攘夷運動への関心と参加の動きであるが、そうした意味での政治的な動きは強くない。さきの林重義は幕末維新期に地域の神葬祭運動の中心になることはあるが、宗教活動の次元に終わっている。政治参加の例を強いてあげれば、平山家を中心とした歌会に顔を出したことのある南山崎村東光寺の釈超順による反尊攘運動である。『香取郡誌』は、彼を「明治維新の際、還俗して松前藩兵と為」るとしているが、単独行動であったと思われる。

こうした角度だけでは不十分なので、他の面についてみてみよう。府馬村の宇井正夫（太兵衛）の寺子屋については、すでにふれたので、和歌への関わりにしぼってみる。彼は「安政二乙卯　十七才　此歳初メテ歌道ニ志シ歌会等ニ出詠シ(45)」た。その後、明治三年には「十一月ヨリ向半年間本多元俊先生寓居之レニ師事シ和歌点茶等ヲ学習ス……本多先生ノ紹介ニ依リ神山魚貫翁ニ謁シ歌道ヲ問ヒ、且添削ヲ乞フ(46)」ている。彼の場合は、かなり晩年の魚貫に師事しているが、やはり、さまざまの学習条件に恵まれた。

表4は宇井家の歌合・月次詠草から作成した歌会の状況である。やはり平山家の歌会や表3のメンバーと重複する部分が多い。ここでも名前を連ねている林竹丸（重義・彦兵衛）は、新暦一月一一日に自村で何か紛議があった時、宇井正夫に仲に入ってもらい、村民一同は喜んでいるという内容の書簡を送って、謝意を表したことがある⑷⑺。正夫と竹丸との間には直接、行政的な関連はないはずであるが、和歌や寺子屋・私塾といった共通項が、それ以外の分野にまで、つながりを密にしていくのである。

この林彦兵衛は鏑木村の平山家とも歌以外の交流をしていることがわかる。例えば明治二年七月、鈴木一平（雅之）が平山昌斎に対し「我等事貴殿養子ニ相成候処今般相添之上離別ニ相成申候⑷⑻」という一札を入れた時、この書状

表4　歌会一覧（宇井家中心）

作者	年月	安政3・5	慶応3・3	・1	年不	計	備考
	居住＼判者	木内	木内	木内	不明		
宇井包高	松沢	18	□	◎	□	4	
宮負包信	〃	16			○	2	由　蔵
林　竹丸	万力	23		◉	○	3	重　義
笹本雪丸		19				1	
米本　農		19				1	
金親嘉睦	府馬	22	○	◉	○	4	文路の叔父
宇井文路	〃	16*		○*	○	3	正　夫
増田宗博	野田				◎	2	
越川定信	松沢			○		1	
宇井正富				○		1	
平山正義	鏑木				◉	1	
大川蕃雄	〃				○	1	
木内保雄	木内				○	1	靭　負
木内保麿					○	1	
豊具			○*			1	
康則			◎			1	
胤正			○			1	
直縄			◉			1	
元貞			○			1	
以寛			□			1	
胤奥			○			1	
鈴木義山			○			1	
秀信			○			1	
政成			○			1	
山寺			○			1	
竹臙			○			1	
一丸			○			1	
計		7	15	7	10	39	

注1）香取市府馬、宇井隆氏所蔵文書「歌合」・「和歌詠草」類より作成。
2）◎◉□印は上からの順位、○印は他の参加者、数字の場合は点数、*印は催主のこと。
3）「木内」とは木内保旧のこと。

に彼は立合人として名を連ねた。またその平山本家の一一代目で同じ和歌仲間であった季義が中年にして没した際、その弟の小四郎に対し「若シ採ル所アラハ委細ハ議事ニ参与シテ猶許多ノ異見ヲ陳弁セン」(49)と長文の書簡を送っている。

こうした事例はあげてもきりがない。いずれにせよ地域の歌詠みたちは網の目のようにつながり、歌以外でも交流していたのである。ただ、それが上層部が中心のゆえに、それなりの限界性もあったと思われるが、この点は今後の課題とする。

五　俳諧との関連

和歌を論じたからには同列・同類の俳諧にもふれぬわけにはいかない。そのために、やはり和歌の場合とだいたい同じような方法と観点で進めていく。

干潟地域でも多くの人々により俳諧が吟じられていた。表5は旧古城村、つまり元干潟町西地区を中心とした宗匠の変遷を示している。これによると、宗匠は鏑木や万力など六ヶ所にわたっている。この表は『古城村誌』をもとにしたために地区が限定されているが、当然、中・東地区にも連座が形成されていた(50)。しかし、ここでは和歌にもあわせ、西地区を中心にとりあげる。

ところで、俳句がこの地域で詠みだされるのはいつのことだろうか。その確たる記録はない。そこで表5の宗匠二九人について、その生年をさぐると、寛政年間三人・享和年間一人・文久年間一人・慶応年間一人・不明一四人という内訳である。この数字を没年とも照らしてみると三つの世代に分かれる。ひとつは寛政年間に生まれたグループで、もし二〇～三〇歳代に俳諧の道に入ったとすると、文化・文政期に全盛となる世代である。以下順に享和・文化・文政期に生まれたグループは天保期、天保期に生まれたグループは安政期、安政・文久・慶応期に生まれたグループは明治期と考えていくことができる。この俳句の場合もやはり、化政文化の隆盛の中で大衆化していったのであろう。万力の六軒家にある「俳諧筆墳」は天保二年二月に芭蕉の句を刻んで建立されたものである。その裏面には当時の地域の俳人の句が五点と建立者二人・差添二人・補助九人の名前が記されている。この天保二年における複数による建碑は、あたかも地域における俳諧活動の始動を表象しているようである。

その後（文久三年以前）に江戸出身の黒亭要五が万力の金親昇一郎宅などに七年間寄寓し、俳諧を指導したことがあり、その流派が表5-1の「黒亭」である。この門より育った万力村の小林謙斎（二世黒亭要五）は、彼の画の師・田中遜斎のため「遜斎先生一周忌追福詩歌連俳書画会」[51]を川上村の隆星院で催し、中央・近隣の文人ら六九人を参集せしめ、組織力を発揮していく。こうして年々ステップを踏むように、俳人が活躍するようになった。

次に運座のメンバーについてふれる。表5の宗匠（万力一二人・鏑木八人・他一一人）や前記の筆塚の一三人を検討すると、平山家（鏑木）や林家（万力）を中心とする和歌連とは、一部例外はあったとしても、ほとんど重ならない。これら俳人に、鵜野家文書の「黒亭宗匠副評題暦」の三二人と「一座の句集」の一二人を加えて追求してみると、村内上層部のものは、和歌に対比すればきわめて少ない。強いてあげれば、さきの黒亭要五（小林謙斎）以外には、江戸期では耕休亭寿耕（林治左衛門、万力村、寺子屋師匠・組頭）、耕休亭白雨（古橋市左衛門、万力村・寺子屋師匠）、明治初期では煙霞亭蘆洲（金親昇一郎、万力村、私塾と小学校の教師）、同中・後期では雪山居春洲（鈴木安太郎、万力村、村長）、黒亭如水（鵜野吉造、万力村・村長）くらいである[52]。

このことからすれば、俳諧に参加した人々は上層を若干含みつつも中位にふくらみをもっていたといってよい。さらに「名族」とか「学者」といった上層民はほとんど含んでいなかった。よくいわれるように、一見「民衆にとって、俳句は組しやすい文学」[53]で、それだけにリアルに、時としては願望をこめて表現したものが多い[54]。

表 5-1　旧古城村および近隣の俳諧宗匠

流派名＼襲名順		初　世	2　世	3　世	流派名＼襲名順		初　世	2　世	3　世
雪山居	俳　号	都　本	軒　始	本　磨	耕休亭	俳　号	?	寿　耕	白　雨
	通　称	斎木某	萩原太郎左ヱ門	斎木重郎左ヱ門		通　称	?	林治左ヱ門	古橋市左ヱ門
	生　没	?～文化10	?～文化6	寛政5～安政6		生　没	?～?	寛政9～明治19	?～?
	居住地	鏑木後小川	万　力	小　川		居住地	?	万　力	万　力
止々国	俳　号	士　祥	桂　月	春　城	草雪庵	俳　号	巴　篁	篁　月	
	通　称	鏑木某	金杉庄右ヱ門	石田倉之助		通　称	松崎重幸	荒井勇	
	生　没	?～?	享和3～明治14	安政6～大正4		生　没	?～?	慶応2～昭和7	
	居住地	新　里	鏑　木	新　里		居住地	松　崎	万　力	
竹応斎	俳　号	羽　林	智　精	春　砂	煙霞亭	俳　号	蘆　洲	喜　月	
	通　称	石田藤左ヱ門	金杉八郎左ヱ門	林松之助		通　称	金親昇一郎	越川喜内	
	生　没	?～明治13	?～明治29	?～?		生　没	文政3～明治23	?～?	
	居住地	新　里	鏑　木	鏑　木		居住地	万　力	万　力	
黒亭	俳　号	要　五	五　緅	如　水	椿庵	俳　号	?	耕　圃	
	通　称	?	小林謙斎	鶉野吉造		通　称	?	林治五右ヱ門	
	生　没	?～文久3	天保5～大正5	文久2～大正14		生　没	?～?	?～?	
	居住地	江　戸	万　力	万　力		居住地	?	万　力	
碪庵	俳　号	要　五			甘古堂	俳　号	蒼　翠		
	通　称	飯田喜左ヱ門				通　称	(雪山居六世)		
	生　没	天保6～?				生　没			
	居住地	万　力				居住地			
椿海舎	俳　号	しげり	重　雄	陽　和	雪泉堂	俳　号	春　洲		
	通　称	増田倉右ヱ門	佐藤重右ヱ門	高根重郎左ヱ門		通　称	(雪山居七世)		
	生　没	文化4～明治19	天保9～明治42	天保13～大正9		生　没			
	居住地	鏑　木	鏑　木	鏑　木		居住地			

注1)　『古城村誌』を中心に作成。
　2)　雪山居派の4～8世は次表。

表5-2　雪山居派宗匠のつづき

	4　世	5　世	6　世	7　世	8　世
俳　号	景　山	竹　亭	蒼　翠	春　洲	景　山
通　称	斎藤忠兵ヱ	萩原太郎左ヱ門	塚本治左ヱ門	鈴木安太郎	斎藤佐兵ヱ
生　没	寛政8～慶応3	?～?	天保2～明治36	安政6～昭和20	?～?
居住地	小　川	万　力	鏑　木	万　力	小　川

注)『古城村誌』を中心に作成。

しかし、それだからといって俳諧が大勢を占めていくわけではない。米込村の杉崎太兵衛は文政一〇年に生まれ、七代目をつぎ、文久四（一八六四）年現在で二八石余[55]、明治九年現在で五町余[56]を保持する農民である。同家の経営もまた、嘉永年間に地主化の傾向を帯びつつ[57]、上昇にむかう。経営の安定をえたために太兵衛は俳諧の道に入っていく。例えば嘉永二（一八四九）年には、秀耕亭豊丸の号で「発句独吟覚[58]」に多くの自句を書き付けている。また同三年には「発句衆儀判覚[59]」に句会の記録、つまり年月日・作句・催主・作者などについてしたためている。

ところが文久元年七月になると、「初心詠草[60]」にかわり、歌会の年月日・作歌・催主・作者などがしるされている。つまり林重義（竹丸）らと和歌の会を行っている。このことから、杉崎家の経営が安定すると、太兵衛はとりつきやすい俳諧にとりくんだが、より上昇するにつれ、和歌のほうに移っていったことがわかる。これは和歌と俳諧との間には流動性があったこと、さらに両者には階層性があったことを示すものであろう。ただ、俳諧と和歌との間に対立があったことは見出せない[61]。

むすびにかえて

本章では和歌という文芸を中心に、幕末維新期の学問・文化の動きを追ってきた。解明されたことについて、図式により、総まとめをしておく。

(1)幕末維新期には地方・農村でも和歌を中心に俳句など文芸活動が盛んであった。

(2)図1は、その展開の様相を示している。そのはじまりはごく個人的で、書籍の購読的なものであったが、やがて化政文化の風潮により、徐々に大衆化してきた。しかしまだ単発的・個人的な段階であった。ここまでがひとつの時期である。次の段階が天保期である。この時期は農村荒廃対策・家政対策が要求されるときである。和歌の世界も従前の性格を否定し、経世済民性が要求されてくる。その風潮に刺激され、自詠草も継続的になってくる。この時期には、個人間に線がつながろうとする兆しがいささかみえてくる。そして、いよいよ、歌会として運動化するのは農村・農家が荒廃から立ち直る嘉永・安政期である。しかも宗匠を中心に作者群はかなり広範に、徐々に広がって、若干の障碍も乗り越え、拡散していく。しかし維新後、低迷をきたす。それがやがて復活するのは明治中期であるが、その時は国家主義に収斂された和歌であり、その色彩は年々濃くなった。

(3)しかもこの和歌は公私共、さまざまの網の目で結ばれていくのである。しかし一気に尊王攘夷といった急激な運動へ進む性格のものではなかった。

(4)その文芸活動にはだいたいの階層性がみうけられる。上層部を中心に和歌連、中層部を中心に発句衆となっている。幽学没後の性学は下層部までも包摂するようになる。それをあらわしたのが図2である。

(5)幕末維新期の諸学問の方向性を示したのが図3である。それぞれがバラバラに存在したのではなく、この地域に台頭した和歌（国学）・俳諧・性学は、そのいずれもが、それぞれの立場から「道」（経世済民）をめざしたのである。

注

（1）このことは、後に示す和歌関係資料の残存データでも証明できる。

（2）『文学』（第四六巻第八号、昭和五三年八月）に「狂歌合にみる地方と中央」（丸山一郎）が何点かの地方資料を書誌研究的に紹介している。

（3）地方史研究の側からのアプローチも、国学研究の際に付随的に扱われる（町方ではあるが、芳賀登「機業地町方の文化」地方史研究協議会『封建都市の諸問題』所収など）程度にすぎない。ただ、高田岩男の「歌会運動と明治維新」（『日本思想

図1　和歌展開の時期的様相

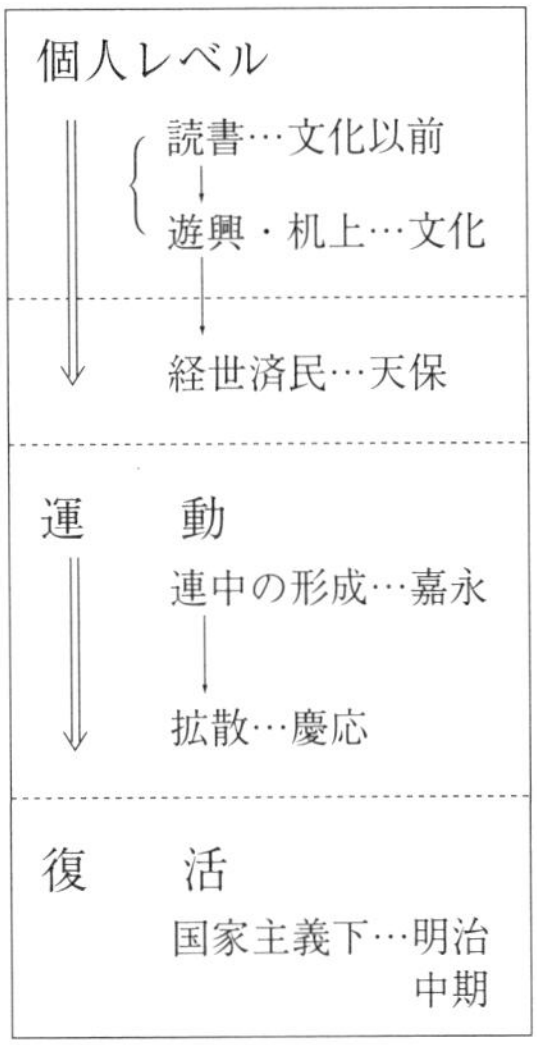

注）筆者作成。

図2　和歌・俳諧・性学（幽学没後）の階層

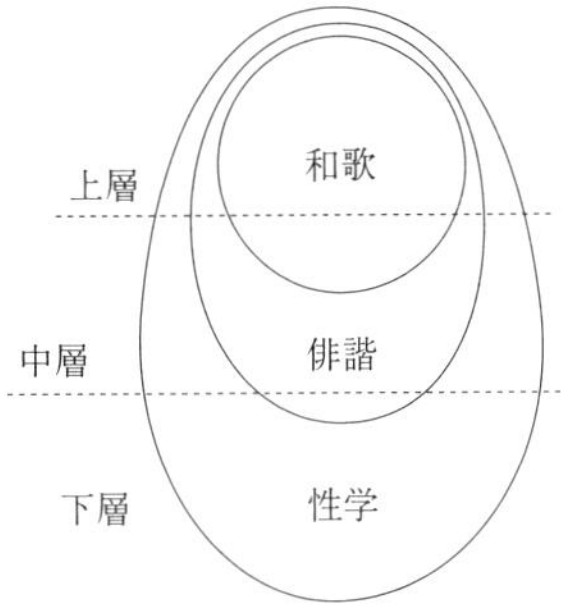

注）筆者作成。

図3　諸学問の方向性

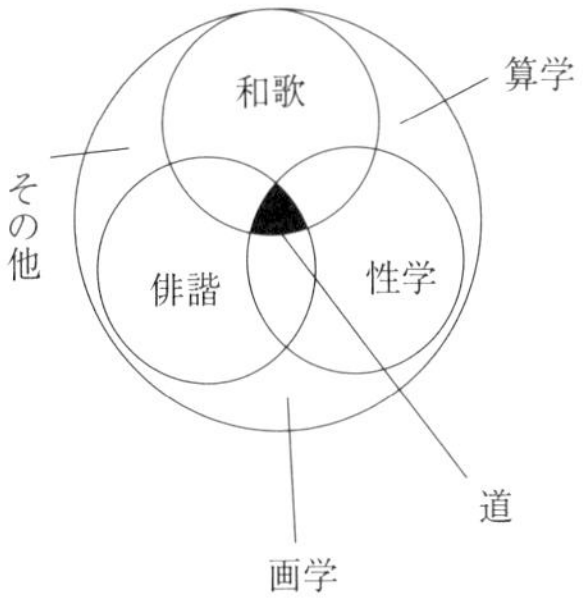

注）筆者作成。

大系』月報11）は、頁数は少ないながら、遠州の歌会についてふれていて参考になる。また各市町村史のほとんどは人名の羅列程度である。その中にあって『大宮市史』第三巻中の近世編では、歌会の記録を若干のせてあり、注目される。
（4）旭市万力、林修一家所蔵文書「林氏沿革略誌」。
（5）旭市鏑木、平山忠義家所蔵文書。
（6）『古城村誌』後編古城村、昭和二七年。
（7）旭市松沢、宮負克己家所蔵文書。
（8）中井信彦『大原幽学』吉川弘文館、昭和四六年。
（9）「微味幽玄考」一ノ上。
（10）この地域、とくに平山家には多くの文人墨客が来歴した。その一人に佐久良東雄（土浦藩郷士の子）がいる。彼は若き頃、真鍋で住職をしつつ、万葉集の研究をしていたのであるが、農民騒擾の際にはその解決に身を挺する大きな体験をしている。その彼が上洛の途の天保一五年ころ同家に逗留し、詠歌を残したのである。
（11）自ら整理したのか、子の季義によるのかは分からない。
（12）不揃いである。二番の嘉永二年四月のものから一〇番の安政七年三月のものまであり、残る一一・一四番は年不明である。
（13）弘化二年から安政七年までである。
（14）いずれも都祭胤文の主催である。
（15）山田角次郎『香取郡誌』香取郡役所、明治三三年。
（16）『匝瑳郡誌』匝瑳郡教育会、大正一〇年。
（17）『顕彰』刊行年等未詳。
（18）前掲注（15）。
（19）前掲注（6）。
（20）旭市鏑木、平山忠義家所蔵文書「万覚」。
（21）小笠原長和他『千葉県の歴史』山川出版社、昭和四六年。
（22）前掲注（5）。

(23) 同右。
(24) 前掲注(15)。
(25) 同右。
(26) 前掲注(4)。
(27) 平山家は明治五年のものを含めねば四二回、林家も明治二〇年のものを含めねば一五回である。
(28) 「『学制』前における教育者の精神構造」『歴史論』第四号、昭和四六年六月。
(29) 「歌学正言」。
(30) 「治安策巻之一別記」。
(31) 前掲注(29)。
(32) 同右。
(33) 書画会で厨者となることもありうる。
(34) 明治二〇年一二月一七日付。
(35) 扇畑忠雄他『和歌の世界』桜楓社、昭和四二年。
(36) 一般に「新古今和歌集」の「中心理念は何といっても俊成の唱えた幽玄観、それをさらに一歩進めた定家の有心体、それを基本として情調美・絵画美・音楽美ともに秀でて、象徴的表現の域にまで進んでいる。……修辞上のおもな特徴としては本歌取・三句切・体言止がいちじるしい」(『日本古典鑑賞講座　第七　古今集・山家集・新古今集・金槐集』)というのが定説に近い。
(37) 東総に生まれた海上胤平が先鞭をつけた和歌評論の分野に含まれる一書である。その存在は大正一四年、文学者の塩井正男が『新古今和歌詳解』で数行紹介したのがはじめである。その後、昭和一九年、小島吉雄は『新古今和歌集の研究』で「ごく常識的で且簡単過ぎてとって以て参考とするに足りない」と酷評している。
(38) 以上、城福勇『本居宣長』吉川弘文館、昭和五五年。
(39) 青木辰治「国学者石原正明の業績」(『国語と国文学』第一二巻第六号、昭和一〇年六月)。
(40) 野村八良『国文学研究史』原広書店、大正一五年。

(41) 富田静子「石原正明の遺業」(『学苑』五の一、昭和一九年一月)。
(42) 青木や富田の論文は石原を称賛する調子で述べられているが、小島吉雄は前掲書にて、反駁のための反駁にすぎないとし、大久保正編『本居宣長全集』(第三巻)では全体の注釈ぶりに対する批評としては当たっていないとしている。
(43) また林家文書の中には「処世歌」と題する小横帳がある。字体や後表紙のメモから、林重義が明治期に記したものと推測されるが、その一頁目には「我が日本の帝国ハ　千代に八千代を掛巻も　長き神の御胤なる　一系統の君にして」とし、以下つづられている。
(44) 「林彦兵衛と万力学校」『駿台史学』第四一号。
(45) 香取市府馬、宇井隆家所蔵文書「宇井太兵衛正夫翁履歴」。
(46) 同右。
(47) 香取市府馬、宇井隆家所蔵文書。
(48) 前掲注(5)。
(49) 旭市鏑木、平山忠義家所蔵文書、年不明。
(50) 『干潟町史』によれば、東地区では明治期に到成社が洗鳥園桜居(桜井、医師)によって、また芽生吟社が高野真澄(居住地・職業不記)によって、香南社が菅谷対山(万歳、職業不記)によっておこされた。また新発田の鵜野治夫氏所蔵文書「黒亭宗匠副評題暦」(明治中・後期)には四三ヶ村二四六句が収載されているが、干潟地域の内訳は神代村(桜井のみ)五人、万歳村六人、中和村六人、古城村一五人、計四ヶ村三二人である。
(51) 前掲注(47)。
(52) また『北総三郡名家揃』にのっているのは雪山居蒼翠(塚本治左衛門、鏑木村)と礁庵要五(飯田喜左衛門、万力村)の二名だけであり、経済的上位の者が少ないことを示している。
(53) 森山軍治郎『民衆精神史の群像』北海道大学図書刊行会、昭和四九年。
(54) 『古城村誌』後編から、実例を拾ってみる。
・菜の花や　油〆木の　肩に散る(雪山居竹亭)。
・渋捨て　迅色つけよ　庭の柿(止々国桂月)。

・月星の　手にさはるまで　田植かな（古橋砂眠）。
(55) 旭市米込、杉崎栄家所蔵文書「宗門人別帳」。
(56) 旭市米込、杉崎栄家所蔵文書「地引帳」。
(57) 米売払いや賃金の増加がそれを示す。
(58) 旭市米込、杉崎栄家所蔵文書。
(59) 同右。
(60) 同右。
(61) 杉崎太兵衛の四男・弁吉の『竹園遺稿』（明治二三年四月）には地域の多くの漢詩・和歌・俳句がのせられている。

第2章　地域歌人の近代

はじめに

「朝日商豆」と書いて「あさひあきづ」と読む。元々は「朝日出」という姓であるが、明治初年に改めたようである。商豆という名は「秋津」島に因んで付けたといわれる。筆者がこの朝日商豆という人物を知るようになったのは共同研究「村落景観および生活の史的研究」の資料所在調査においてであった。たまたま、茨城県結城郡千代川村伊古立の飯泉家土蔵より『朝日商豆翁建碑記念』（大正一四年七月刊）という小綴りが発見されたことによる。それは昭和五九（一九八四）年八月二八日の資料所在調査のことであったという。「であった」と断定的に言えないのは、その時、同家を訪れたのは筆者ではなかったからである。というよりも、筆者はその予備調査には参加していなかった。この珍妙な書名が表紙にある小冊子を引き出し、埃を払い、そして頁を繰られたのは本共同研究の代表者・木村礎先生であった。

翌年より筆者はその飯泉家文書の整理、そして同文書を主な素材とした村落生活史の研究に関わるようになった。その一三年間の資料の整理・研究の結果は木村礎編著『村落生活の史的研究』に「第五編三、伊古立村」としてまとめられた。むろん、その著書の中に同冊子のこと、そして朝日商豆について、ふれることはあった。しかし、研究の目的や性格上、紙数には一定の制限があった。

そこで本章では朝日商豆なる人物を正面から取り上げ、紹介してみたい。とはいえ、相変わらず散見するところの偉人伝を綴るつもりはない。あくまでも「村（あるいは村々）の中の文人」（「文人にとっての村（あるいは村々）」ではない）といった視点で朝日商豆を紹介したい。というのは実際、一人の人物を取り上げ、歴史を描こうとしたものは

表1　朝日商豆歌稿目録

No.	題　名	歌　数	作成時期
1	詞塵集	933	元治元
2	黒児日記		慶応元
3	二荒日記		元治2・3
4	葎室集　三	952	慶応元・5～同2・10・2
5	葎室日並詠草　四	842	慶応2・10・11～明治元・4
6	葎室詠草　六	487	明治3・6～同4
7	商豆詠草　七	936	明治3・9～同5・5
8	商豆詠草　十一	969	明治6～同9
9	朝日商豆坂井村へ立時送別和歌会并題暁納涼		
10	巡回中のせめ歌		明治16・11
11	朝日商豆詠草	132	明治17
12	商豆詠草（合本）		明治17・11～同18・8
13	送別歌集		明治18
14	辞世百首	100	明治18・夏
15	商豆詠草		明治19・1～
16	商豆詠草		明治24・4・15
17	やんれいぶし　かそへ貧乏歌		明治27・7・11
18	商豆詠草	58	明治30・冬
19	年の始の歓	20	明治32・正
20	修学旅行歌	135	明治33・10・22
21	詠草雑録		明治32・6・26
22	朝日商豆詠草		明治33・6・27
23	朝日商豆詠草		明治33・8・8・1
24	朝日商豆詠草		明治33・10・6
25	朝日商豆詠草		明治33・11・1
26	旅の歌　東京　小野	10	明治36・9～同・10
27	朝日商豆詠草		明治37・4・20
28	物名歌　二	880	明治39・8
29	玖玖斜斜		明治41・4・8～
30	雞歌五百首	500	明治43・10・27
31	流水歌	51	大正3・4・22
32	入水歌	52	大正4・3・21
33	朝日商豆詠草	25	大正4・9・17
34	朝日商豆詠草	87	大正4・9・17
35	猿歌五十首（三流歌）	50	大正4・9・17
36	ひさかけうた	33	大正6・1・15
37	玖玖斜斜　三十八		大正6・5・11～
38	時勢百人一首	29	
39	朝日商豆家集　前編　稿	491	明治29・8・14

注1）『商豆歌稿目録』（昭和16年10月28日、朝日鬼首作成、さいたま市桜区西堀、朝日實家所蔵文書）をもとに作成。
2）No.は同上文書の「商豆歌稿番号」、よって配列順も同文書のとおり。

数多くあるが、当該人物の一面的な称賛や輩出した地域の自慢に終わったり、あるいは逆に中央学者の単なる補完者・援助者といった程度にとどめているのが現状である（現実にそのような者もいたであろうが）。ここでは朝日商豆なる人物について、次のような観点で分析をし、それにより文化史や生活史の研究の一助としたい。

(1)まず朝日商豆をとりまく成育環境を取り上げる。つまり、誕生し、成長し、修業して自己を形成していく商豆について、彼をとりまく周囲の人々や景観、すなわち成育環境を重視して描く。

ところで、こうした分析をする場合、留意すべきことが二点ある。まず一点は当然のことではあるが本人の特性・才能といった個人的資質の問題である。もう一点はその人物の年齢や世代の問題である。だが一般に幼少年の時期ほど成育・生活の条件や環境に影響される率が高いことも確かである。ゆえにここでは以上の二点に留意しつつ、朝日商豆の成育環境を見きわめたい。

(2)村の中に、あるいは村々の中にいる文人と地域の生活・事情との関係を追ってみる。この場合、むろん分析する者にとっては例えば当時、江戸（東京）・大坂（大阪）・京都といった大都市部にも文化人がいたということを考慮しなければならないのはごくあたりまえのことである。なお、前掲『村落生活の史的研究』では、筆者はこの村落生活と文化の関わりについて、ひとつのフィールドを設定し、そこに三つの文化が存在することを証明した。すでに述べたように、今回はそうした景観論や側面もさることながら、対象とする文化人自身に側して生活と文化との関係について実態を捉えてみたい。

(3)「村と文人」といったテーマは、なぜか今ひとつ物足りない研究結果に陥りやすい。自然に恵まれ、俗世を超越し、学問に勤しんだとか、家業の傍ら趣味的に文化の機微にふれたとか、人生をひとまわりし、余業を嗜んだ等々の類である（確かに、そうした地域の文化人が存在しなかったわけではない）。このようなしまりのない文化史研究は社会構成史重視の研究動向に基因しているのではないのか（文化史は政治・社会・経済史に付髄しているという考え)。また、逆に芸術・文化至上主義的な特殊の感覚に酔っているためではないのか(芸術・文化は特別の「美の世界」であるという意識、あるいは歴史学の分野のものに研究を「荒らされないように」という感覚など)。ここではおめでたいばかりではなく、「しまり」のある、かつ教条主義には陥らない文化史研究はどのようにすればよいのかということを少しは考えてみたい。例えば前掲『村落生活の史的研究』で、筆者は「明治三〇年文化論」の項において、近代の第二次官製文化(明治三〇年前後の「上から」の文化)が地域に入り込むようすをみた。そのことを本章ではとくに朝日商豆の晩年における文化活動の部分で援用するなどしたい。

一　朝日商豆の成育環境

ここでは朝日商豆をとりまく自然的、社会的あるいは人的な環境・条件について素描してみたい。とくにそのことに影響や規定されやすい幼少年期を対象とする。その場合まず、(1)彼の生まれ、育った地域の概観をながめ、そのあと彼の(2)家(親族)、(3)師匠、(4)隣人という順序で考察する。

(1)　朝日商豆は常陸国河内郡宮淵村、のちの茨城県稲敷郡大宮村、現在の同県龍ヶ崎市宮淵に生まれ、育った。同地方は関東平野のまっただ中に位置している。北には霞ヶ浦、南には利根川、そして西には小貝川をひかえている。あたりには半島状の稲敷台地や北相馬台地、さらに遠くには筑波山を望むこともできるが、全体としては広大な沖積低地が開けている。以上の景観からも十分に読みとれるように、この地域は治水・開発という水との戦いの歴史をもつ。その成果がこの宮淵をも通過する江川用水の竣工であり、宮淵村民による宮淵鍋子新田の開発など、およびそれによる生産力の高まりである。宮淵の集落は近世・近代初期には一〇〇戸余がこうした平地の田地や河川・用水に囲まれた微高地に群集していた。また同地方の河川の存在は人的、あるいは物的交流や流通をうながし、「常総文化圏」、あるいは地廻り経済圏を形成した。

朝日商豆の生まれ、育った所は以上のような水田を中心とした平凡な農村ではありながら、家の周囲には広大な田畑あり、河川・用水あり、丘あり、そして遠くに山地を望むことができる「豊かな」景観が存在した。

（2）そのような所に、商豆は天保一四（一八四三）年正月七日に生まれた。幼名は弥四郎といった。図1は『朝日家系図』(1)をもとにした略系図である。一覧のとおり、弥四郎（商豆）の父は智宜（通称治郎右衛門、文化三年三月一五日生）といい、母はだいといったが、『系図に記入された主な人の略歴』という書付によれば、系図の最初にある松翁（一〇三歳まで生きたという）は近隣の下総国相馬郡立木村（現在の北相馬郡利根町）の山田武兵衛の子で「朝日出」を称したという。おそらく、正徳三（一七一三）年一〇月一九日に没した「観月寿永沙弥尼」という人が、宮淵村内の与右衛門家より分家して松崎と一家を興したのであろう。系図五番目の「深遠院亀道相居士」という者は利根川べりの千代倉の開発に尽力したという。そして次の豊昌（通称造酒右衛門、天明七年～安政二年三月二日）の時に姓を「朝秀」と改めている。以上のことからも想像できるように、同家は徐々に村内の有力農民になっていった。さらに万延二（一八六一）年二月の宮淵村『議定書ノ事』(2)によれば、同村は名主治郎右衛門組（一五〇石）、組頭太市組（一〇六石）、同与右衛門組（五〇石）、名主平兵衛組（一八一石）と組分けされ、「御用村用者勿論其外都而取斗」いがなされている。この治郎右衛門とは弥四郎（商豆）の実父である。また、商豆の長兄・禎三（天保二年三月八日～元治元年七月二日）も木原兵三郎知行の名主役を勤めた。また今日、朝秀光男家には明治九（一九七六）年一二月～同一六（一八八三）年七月までの戸長任命書が残されている。

なお、松翁は京都で和歌を学んだことがあるという。また弥四郎（商豆）の父は『大国主神国さりのくだり』(3)なる草稿をのこしている。そして同人が明治一九（一八八六）年旧二月一〇日に死去した時は二日後に神葬祭をとり行っている。(4)父の弟、つまり商豆の叔父・千代倉清英（明治五年三月一九日没、六三歳）は幼時には皇典学をよく学んだ。(5)

図１　朝日商豆関係略系図

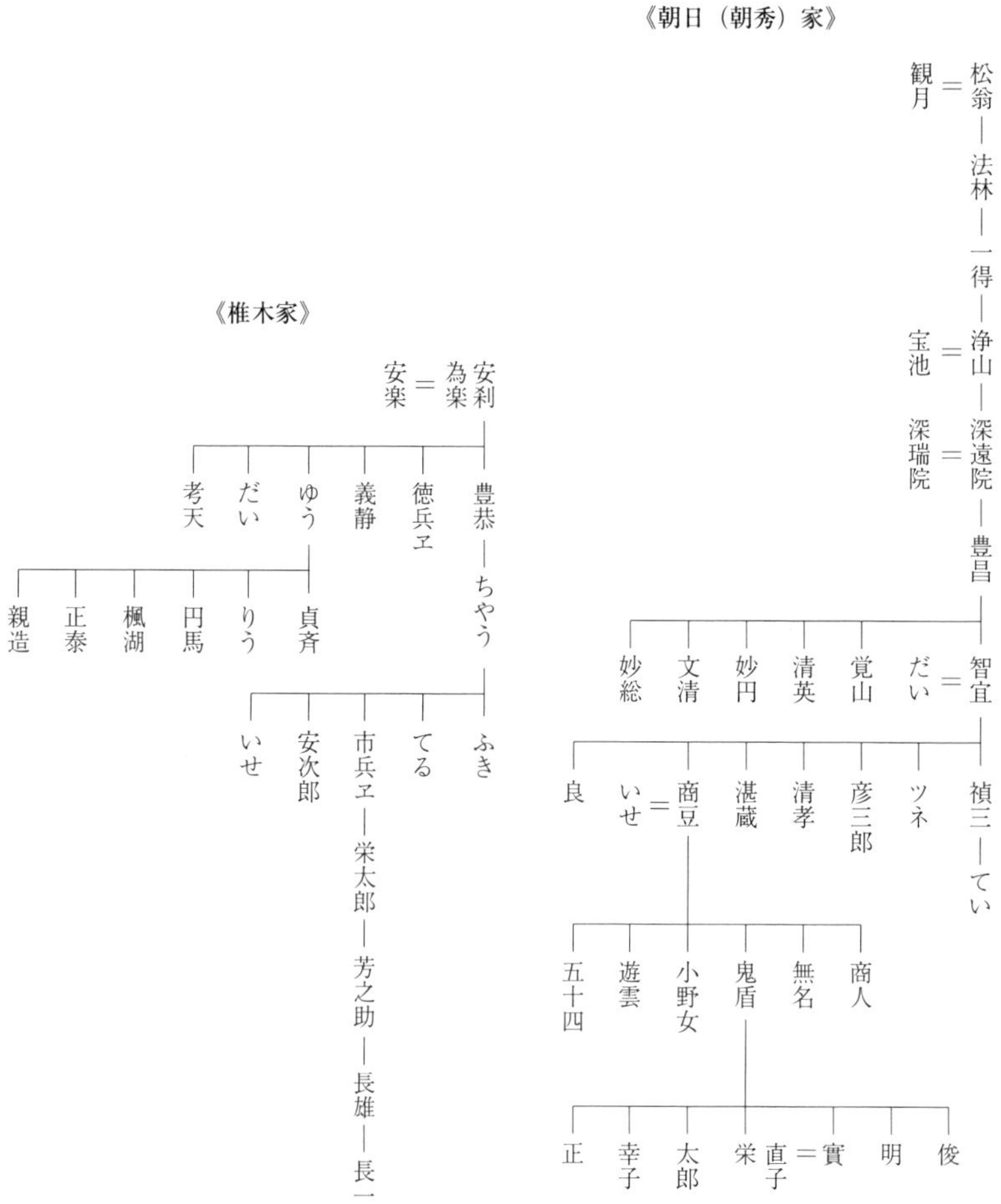

注）「ちやう」は長左衛門のこと、仁兵衛ともいう。

この者について、赤松宗旦の校友人名録『人物誌』(幕末)には「一歌清英号旭堂藤蔵河岸千代倉治郎右衛門」とある。このように、同家の檀那寺は村内満徳寺(天台宗)であったが、すでに弥四郎(商豆)以前の代に和歌・神道・国学に関心を持つ者がいたことがわかる。そしてそのことがやがて商豆を和歌・国学・神道の道に歩ませるひとつの要因となっているといえよう。

弥四郎(商豆)の母だいは文化七(一八一〇)年九月一三日に近隣の寺内村(現稲敷市寺内)の椎木長左衛門の三女として生まれた。その実姉のゆう(明治二五年三月五日没、八八歳)は同村の医師松本宗庵(明治三五年一〇月二八日没)へ嫁したが、その六子は藤吉郎といった。彼は天保一一(一八四〇)年九月一四日に生まれているので、従弟の商豆より三歳年上である。一四歳の時に上京、絵を学ぶかたわら水戸藩の藤田小四郎らと交友し、尊皇の念を厚くしていった。その後、「楓湖」と称し、日本画家として数々の作品をのこした。さらに日本美術院の創設に尽力したり、門人の育成につとめ、大正一二(一九二三)年六月二二日に没した(6)。後述するが、弥四郎(商豆)は江戸で修業の身にあった時、国学に傾倒する。おそらく尊皇主義的な楓湖と直接に、間接にふれ合った可能性がある。

また、弥四郎(商豆)の母の兄たち(つまり伯父)、そのうち長兄豊恭は浄瑠璃を好んでよくした。次兄の義静も歌を好み、画もよくした。

以上のように、弥四郎(商豆)の母方にも文化を嗜むものがあり、彼に少なからぬ影響を与えたと思われる。

(3)ところで、こうした父と母との間に弥四郎(商豆)は七人兄弟の六番目として生まれた。既述のように、長兄の禎三は家督を嗣ぎ、名主役を務めた。次は長女ツネであり、文政一二(一八二九)年正月二五日に生まれたが、天保二(一八三一)年四月二一日に早世した。次兄の清孝は天保五(一八三四)年一〇月二〇日に生まれ、長じて仙台藩の菅野清太夫家に養子に行き、明治二六(一八九三)年一一月一三日に没した。次の兄の彦三郎は天保七(一八三六)年二月一四日に生まれたが、同一一年四月八日に夭折した。次の兄の湛蔵(のち良平)は同一〇(一八三九)年九月一八日に生まれ、近村の万歳村彦七方へ聟養子に行ったが、離縁し、二六歳で死去した。ところが、家督を相続した禎三は叔父（相馬郡立木村山田武兵衛）の病気見舞先で発病、その死骸は駕籠に乗せられて帰宅した（元治元年七月一二日）[7]。結局、同家の家督はその長女ていが嗣いだ。弥四郎（商豆）ではなかった。それはのちに親族の中野いさ（商豆の叔父文清の孫）が『ひさご集』（大正一五年一〇月一三日）で綴っているように弥四郎（商豆）は「性来誠に気楽な人であった丈けに、其の幼年時代は頗る悠長に過ぎて見えた」ために、父も「耆も実業的の人間には向かぬ」と判断したのである。

弥四郎（商豆）は安政二（一八五五）年八月二二日、近隣小野村の逢善寺（天台宗）に入れられていた。彼が一二歳の時である。なぜ逢善寺が選ばれたのかを想像することは難しくない。同寺が朝秀家の宗派と同じ天台宗であったこと、また母の実家の近くにあったからである。しかも同寺は村内のごく普通の寺院ではなかった。その開基は天長三（八二六）年一〇月、逢善上人によると伝えられ、慶長七（一六〇二）年には徳川家康より朱印高二〇〇石余を安堵され、さらに正徳三年には関東の檀林のひとつとされている。弥四郎（商豆）は「詮良」という僧名で寺入りした。そのころの同寺住職は第四七世亮澄である。同人は下野国長沼村金剛院の次男として生まれ、江戸崎不動院で修業した後、真壁郡黒子の千妙寺より嘉永三（一八五〇）年一一月一〇日、同寺に転任してきた。同寺在任中は仁王門などの造営に力を尽している。その後、彼はもといた千妙寺に帰任し、教導職のかたわら、同寺に私塾明倫塾をおこした。この権僧正亮澄の弟子となった詮良（弥四郎、商豆）は当然、薙髪し、かつて師も学んだ本山の江戸東叡山学寮へ仏籍修業のために給費生として遣わされた。この時、逢善寺には法兄としては良顕（のちに同寺四八世住職）がいたために、詮良（弥四郎、商豆）はその次の四九世を襲職する予定であったろう[8]。

ところが、詮良（弥四郎、商豆）は東叡山の学僧の身で同じ江戸（本所小梅）に住む鈴木重胤の門を叩いた。安政三（一八五五）年七月一〇日のことである。鈴木重胤は平田篤胤や大国隆正の門下で、幕末の著名な国学者である。地方を講説して歩いたり、門人を育成するかたわら、『延喜式祝詞講義』や『日本書紀伝』など多くの著書をのこした。大川茂雄・南茂樹編『国学者伝記集成』（明治三七年八月）には「鈴木氏数世、皇学に名あり。故を以て重胤　夙に国典に通ず」と高く評価されている。のちに篤胤学批判により平田鉄胤と対立するようになった。詮良（弥四郎、商豆）はこの重胤に「皇典・和歌和文語格活用弖爾袁波等」(9)を学んだ。当時、旧来の儒学にとってかわろうとする新しい学問としての国学に魅力を感じていった。とにかく、この時、詮良（弥四郎、商豆）は国学の大家とされた学者に基礎的な事項も含めて徹底的に教えを受けたと思われる。詮良が重胤に師事したのは万延元（一八六〇）年九月まで四年三ヶ月間であったが、この修学はのちの彼にとって重要な意味を持つこととなった。このあと詮良（弥四郎、商豆）は日に日に思いを寄せる神道・国学の世界と恩義のある仏教のそれとの板ばさみとなる。そうこうするうちに帰郷、明治元（一八六八）年九月、信太郡松山村西福寺（逢善寺末）の住職となる。彼が詮良を「静邏」と改めたのはこのころであろう。これは当然、僧名であるが、一方では姓を朝秀ではなく「朝日」（朝日がのぼる時に出生したから）としたという。また「商豆」も秋津島にかけて、このころ名乗りはじめたと思われる。

やがて、明治六（一八七三）年二月一七日、教部省より中講義に任ぜられ、翌七年には新治県中教院より講究課なる職を申し付けられた。だが、それでも国学・神道への思いを断ち切ることはできなかった。この前後、彼の記すものは例えば祖霊について整理した『朝秀氏　遠津祖等伝』（明治元年六月二五日）のように国学の系列のものである。そして、ついに管轄する新治県に帰俗願を提出し、明治九年五月二四日、西福寺住職を、ついで翌六月二九日に内務省より中講義も免ぜられた。

（4）ところで朝秀家のある宮淵の西村境に「大日様」の石碑がある。そこからは大徳村である（やがて両村は合併して大宮村となる）。その大徳村の名主を代々務めていたのは武田家である。同家の治左衛門は北相馬郡奥山新田の奥田治左衛門家の二男として文政六年五月に生まれ、同家に養子にきた。弘化二（一八四五）年、養父治右衛門が没したため、家督を嗣いだ。彼は養父と同様に、名主としての職務に励むとともに学文にも興味を持った。とりわけ筑波郡面野井村の志士高谷源右衛門等と詩文を通して交流するうちに水戸学に関心を寄せていった。そして、元治元（一八六四）年三月二七日に端を発する、いわゆる「天狗の乱」に深く共鳴をし、ついに参戦したが、慶応元（一八六五）年二月一六日、敦賀において斬首された。遺された妻と二男三女は一時、汚名を着せられたが、明治維新とともに復権し、人々より崇められるようになった(10)。この武田治左衛門と静邇（弥四郎、商豆）が親しくしていたか、どうかはわからない。だが近所同士のことゆえ、全くつき合いがなかったとは思われない。少なくともお互いの存在あるいは活動については知っていたであろう。そうだとすれば、この治左衛門は国学に興味を示す商豆に一層影響を与えた一人であるといってよい。

以上、本節では、ごく一般的な近世の農村ではあるが、「豊かな」自然と「活気ある」文化圏に生まれ、育った朝日商豆がどのようにして徐々に伝統的な漢学（儒学）あるいは仏学ではなく、新しい国学・和歌・神道へと興味と関心を寄せていくのかということを追ってきた。そうしたことの大きな要素や原因として、確かに彼自身の持つ性格（タイプ）や才覚・能力をあげることもできよう。だがそれ以上に彼をとりまく環境や条件のことを考慮しなければならない。それはとくに幼少年期ほどそうである。また、そうした自然的・社会的環境や条件はその人物の後の人生にかなり大きな影響を与える。すなわち「豊かな」自然と「活気ある」文化圏という生活舞台に生まれ育った商豆はいつも家庭・親族・隣人といった身近のものに影響され、そして稀には短い期間だが強い刺激（新しい時代を想わすような遊学）を外界の者にうけることもあったといえる。

二　村の文人と生活

すでに紹介したように、筆者は地域の生活の形成・維持・発展と文化の関わりについて、景観と時期を考慮しつつ検討したことがある。その際、地域の文化には①「下から」の文化（伝統的土着文化）、②「上から」の文化（官製文化）、さらに③「横から」の文化（波及文化）があるということを提起した。さらに③の文化は地域に（ア）定着したもの、（イ）定着しないもの、（ウ）部分的に定着したものがあるとした。そして地域（旧茨城県結城郡千代川村）にやってきた朝日商豆およびその活動を（ア）に位置づけた。本節では受容した側の地域事情ではなく、朝日商豆自身について、その活動の実態をおもに(1)神官、(2)教員、(3)歌人という三つの側面から追ってみたい。しかし、まずそうした職業的な側面を描く前に、商豆の人間的・日常的な面、強いていえば人間像・風貌といったようなことについて紹介しておく。

商豆が病を得て没したのは大正七（一九一八）年七月のことである。その六年後の同一三（一九二四）年七月、門人ら多くのゆかりの人々により、商豆が最も永く留まった結城郡宗道村宗任神社境内に巨大な記念碑が建立された。その「朝日翁招魂碑」文の後半部に次のように刻まれている。

酷嗜酒　徐徐欣然。酣酔淋漓。其行楽。毎佩瓢。随処停杖。独酌独吟。自称瓢杖仙人。蔵書頗多。晩年轗軻窮困尽鬻迷之。茅屋蕭然。吟詠晏如。設安久樂会。坐法古風。養気血。錬心胆。其寄異率此類。終身流寓。

商豆は心底、酒が好きであった。

二十五日間毎朝朝酒のむ、此日数ひるものむ、ばんものむ

糀屋の二階で朝酒のみけり、朝日と朝日にらみころする

辞世

墓まゐりしてくれるならひや酒をあたまのうへへぶつかけてくれ

（『朝日商豆詠草』明治三一年初秋より）

このように酒にまつわる歌は実に多い。したがって、訪ねてくる人達も次のように気づかうこともあった。

細野知之ぬしとふらひきてひとよやとりて帰りてのみよみておこせる歌

白米と酒と夜具とを持参する

仙人ハ本来も一物ぢやとて米酒夜具も君ハ御持参

（同右）

（同右）

商豆はつねに酒臭さを漂わせながら、出歩いていた。もっとも妻子はいた。妻はいせといい、嘉永五（一八五二）年一二月二七日に生まれた。そして明治九年正月一七日、いせ二五歳、商豆は三四歳の時、朝秀家（商豆の実家）で婚儀をとり行った。そして長男商人《あきと》は同一一年二月七日、真壁郡坂井村で生まれた。長女の無名《なな》は同一四（一八八一）年二月二〇日、同村で生まれた。次男の鬼盾《しこたて》(11)は同一六年一二月二七日、同村で生まれた。次女の小野女《おのめ》は同一九年五月二二日、河内郡小野村で生まれた。三女の遊雲《ゆう》は同二三（一八九〇）年旧正月二〇日、豊田郡宗道村唐崎で生まれた。最後の商豆五四歳の時の子・三男五十四《いそし》は同二九（一八九六）年旧五月三〇日、同郡同村本宗道にて生まれた(12)。

一家で村々を移住した。そのことは前記した子供たちの出生場所の違いからわかる。また時には妻子を実家に置いて、商豆一人で歩くこともしばしばあった。

園部質大人の家になこう宿れりたる頃、ある夜酒たうへつゝありけるに、題をいたしね歌よへむといひけれとい

たしけるに同し人のよめる歌（以下、園部の歌省略）

（『梅見の家づと』明治二九年四月）

一日か二日でかへるといひて家をいてしをけふは百日目なりといひけれハ小篠家なる嘗婆云わししは二三日此家へ助けにきてかしを十三年ゐつゝけなりといふ

さきの記念碑の碑文によれば、商豆は常に瓢箪をつりさげていたという。その瓢箪は人から贈られたものが多かった。前出明治三一年の『朝日商豆詠草』には「いとふるき瓢を与えられけるとき」として、一首、詠んでいる。

（『朝日商豆詠草』明治三一年初秋より）

また、幼い時（明治三六年ころ）、実家で商豆に配膳などの世話をした寺崎やちよは「紋付の羽織や袴は古びて、目に余る様になって、父が新調してやった事も覚えている(13)」と回想している。事実、商豆の歌に「羽織のかハりに合羽をきる(14)」と題したようなものが含まれている。また、後年、長塚節を偲ぶ座談会が催された時、商豆のことに話が及び、「みなりにはいつも無頓着だったらしく、よれよれの羽織袴で、頭髪も顎ひげもぼうぼうたるもので、私の家へ訪ねて来られた時、『乞食がきた』と父に告げて叱られたことがあります」と福田なるものが回顧している。

したがって生活は困窮を極めた。よく酒を買いに行かされた三男五十四(15)が郷土史家富村登に語ったところによると「金銭は有りしたがいで、凡て酒代にしてしまったから、家族の苦労は一通りで無く、妻子共内職をしながら飢寒をしのいだ(16)」という。まさに「朝日翁招魂碑」にあるように「超然寄古。離俗道俗」風貌であった。

ゆえに小篠家をおとずれた時、家人より次のように言われたことがある。

小篠彦平とおのれハ同年月の生なり。砿云親父と先生がよくにてをります。物におとろかすゆっくりしてをります、卯の年の人ハさういふものてありますかしむませんといひけれハよめるなり

（『朝日商豆詠草』明治三一年初秋より）

では、商豆は放縦をきわめる生活ぶりで全く非常識な人間であったのかというと、そうではない。前出の寺崎やちよはさきの回顧談の中で、次のように述べている。

　夜は一本の晩酌を楽しまれた。先生は礼儀正しく、常に端座され八歳の私を大人並にあつかえ、何を差し上げても、うやうやしく最敬礼をなされるので、驚いて又座り直しては礼を返すと云った有様でした。

「一本の晩酌」とか「礼儀正しく」といった文言から、対人の上では商豆なりに気を付けていたと思われる。そうでなければ、以下述べていくような彼の活動も成り立ち難かったといえる。

（一）神官として

さて、前節では商豆が還俗したところまでを記したので、それに続ける。

まず、自らしたためた「履歴書」を中心にまとめれば次のようになる。

明治一〇（一八七七）年六月一八日　真壁郡五所宮村郷社五社神社祠掌（官撰祠官）兼同郡坂井村千勝神社祠掌（同）——彼は茨城県より地域では有力な神社の神官を申し付けられた。さらに同年一二月二〇日には内務省より中講義に補せられている。

同一五（一八八二）年一〇月二〇日　学務係——これは茨城県皇典講究分所の職務である。

同一六年七月九日　皇典教授——茨城県神道事務分局出張所における職名である。つまり内務省の達により、全国各府県の郷村社の古事記、延喜式、祭典式、作文の四科の試験を課すこととなった。そのために商豆は新治郡外九郡の神官会議により、その一〇郡の神官を教授する役職に推挙された。その功績のためか、翌一七（一八八四）年一〇月二二日には管長従四位子爵稲葉正君名で大講義に補せれている。

同一八（一八八五）年八月一八日　千勝神社祠掌依願退職——この一件について、前掲『ひさご集』は「氏子同志に利益争奪の葛藤の絶え間が無」かったためという。その後、二〇（一八八七）年七月一五日に権少教正（准奏任）に補せられた。

同二七（一八九四）年一〇月二二日　五所神社祠官依願退職――権少教正の地位にまでなった商豆であるが、それを擲ってしまった。そのわけについては後で考察したい。

このようにしてみると、この時期、商豆にとってはかなり充実していたと思われる。それは仏教と神道の板ばさみから逃れ、念願の神道・国学の世界に入ることができたからである。その神道・国学は当時、王政復古の風潮の中で、新時代を担う存在であった。事実、維新政府の意をうけ、茨城県・新治県とも「中教院其他ノ各所ノ祠宇寺院ニ於テ三条ノ教憲ニ因リ須更モ離ル可ラサル天地ノ大道ヲ説ク」[17]ことなどを推進していた。とにかく、そういう政策・風潮が商豆をもとりまいていたことは確かである。

では、商豆はそうした政策や風潮により、政府・県によって設けられた神官の地位を一歩一歩、単に昇ることだけに生きがいを感じていたのか。そこで、前記した履歴をふりかえってみる。そのうち、重要なことは明治一六年、商豆は地域の神官たちに推薦されて、皇典教授になり、神官に古事記などを指導したことである。前節の鈴木重胤への入門のところでみたように、商豆は重胤より古典・和学を修得した。ただそこで学んだだけではなく、のちに自ら研鑽していく。そして彼は『祝詞私集』（年不明二巻）を編纂する。それは基本的で重要な祝詞を精選したり、自ら作成したものを集成したものである。『祭式集』なるものもその類である。さらに『朝日商豆文集』（三、明治七～一六年）や同（六、明治二九～三八年）は求めに応じて、あるいは自らすすんで作詞したものである。これらの記載内容を簡単に記す。『祝詞私集』（一）には「拝大国主神祝詞」をはじめとして二〇の祝詞類が、同書（二）には「富士大神行幸祝詞」以下、一五の祝詞類が収められている。そのうち、例えば前者（一）の中には「毎朝神拝小言」という項があり、畑の神「御県神」、大工木挽等の神「諸工人之祖神」あるいは染物の神「染殿神」など二三神に分けられている。また同書には「鹿島宮祝詞」とか「大杉大神例祭祝詞」などのように、近辺の神社の祝詞も収載されている。つまり地域の行事・生活に関するもの、あるいは近隣の神社のものといったように身近な物事や事情を勘案して編集している。商豆の師の鈴木重胤もこうした祝詞類の解釈を得意としたので、その修学の成果もかなり盛り込まれていよう。このように同書は身近な事例が多く含まれ、かつ堅実な内容であるため、地域の多くの神官が教典とした。

すでに述べたように『朝日商豆文集』の（三）と（六）は依頼されたり、自らすすんで作詞したものである。また人から祝詞に関してうけた質問のことも記してある。例えば（六）にある「祈養蚕祝詞」は高田村の千田正義に頼まれて作成したものである。同書にある「いはひのことのは」は貴族院議員への当選がならなかった松村修平を慰撫したものである。[18]また同書（三）では、大手なる者による六点の質問（「麻保呂麻」という語についてなど）への回答を載せている。

いずれにしても地域の人々は節目々々に祝詞をあげ、生活を成り立たせ、維持し、そして発展させていった。祝詞は神官だけではなく、地域民にとっても生活・行事・人生の上で欠くことのできないものである。商豆と深く交わった宗道村宗任神社官松本家（現当主秀勝氏）には八五一点の祝詞が現存する。「神葬祭祝詞」、「移霊祭祝詞」、「入学祭祝詞」、「地祭」、「例祭祝詞」、「産業報賽祝詞」等々である。

(二)　教育者として

商豆が没した後、宗道村宗任神社境内に威容な記念碑が門人ら関係者によって建立されたことはすでに述べた。その際に作成された『朝日商豆翁碑資金募集旨意書』によれば、寄付の対象者の目安として七種類をあげている。それらをさらにまとめると、(ア)神道教育、(イ)和歌指導、(ウ)学校教育の三つの分野にしぼられる。(ア)については前項（一）でいささかふれたし、(ハ)については次項で扱うので、ここでは、(ウ)の信太尋常高等小学校・宗道尋常小学校・下妻中学校の学校教員としての商豆について素描してみたい。

前項で述べたように彼は明治二七年をもって神官の職を辞した。それは新たな職業が見つかったからである。また目を広く転ずれば、この明治二〇年代の国学・神道は対峙する儒学・洋楽と比べれば維新期ほどの勢いはなくなった。また政府によって体制への補完的な位置付け（それもきわめて形式的・統制的に）が明確化されつつあった。例えば神社は国家を支えるイデオロギーの「踊り場」とされ、神官は序列化され、整備された格式により儀礼をする「踊り子」とされていた。

新しい職業とは商豆の学識を生かすことができるであろう学校教師である。そのようすを前に続けて『履歴書』で追ってみよう。

明治二一（一八八八）年一月一六日　信太郡信太高等小学校教授雇――なお、信太郡江戸崎尋常小学校『学校沿革誌』[19]によれば同年一〇月一五日に同校雇となっている。異動したのか。このころ、商豆は近くの小野村に住んでおり、たぶんこの就職は、なにくれなくと面倒をみている近隣の羽賀村（現江戸崎町）の神官・歌人の関川精一郎正澄ら門人・知人の力によると思われる。[20]しかし、同沿革誌によれば商豆は同年一一月一日に「解雇」とある。一方、商豆自筆の『履歴書』では翌二二（一八八九）年九月六日、信太高等小学校を「依願退職」となっている。

同二二年一一月一日　結城郡宗道尋常小学校教授雇――この際、商豆は宗道村宗任神社境内の隠居所に移住した。その家屋は同社神官松本貢家のものであり、同氏ら宗道の門人・知友らの世話により、居を構え、村内小学校の教員になった。[21]だが、三〇（一八九七）年七月二四日に依願退職をした。[22]

同三三（一九〇〇）年四月二八日　茨城県立下妻中学校委嘱教師――商豆は茨城県より月俸一五円の給与を得て、県立中学校の教師となった。

それにしても、以上の履歴を見ると、商豆は安定して学校に勤務しているという状態ではない。そのわけは、初期には寺子屋・私塾時代の非統制的な伝統、あるいは自由民権期の反体制的な雰囲気のあった学校現場もこの時期にはかなり強力に画一化・統制化が進められていたからである。そうした官製化が著しい学校現場の空気に商豆はなじめなかった。

次に商豆の教育実践をかいまみる。まずは信太高等小学校においては同小開校式の際に、次のような唱歌を作成した。

きかみたけびて、もの、ふの、まけじときほひし、しろやまに、うまらにきづきし、まなびやの、まけじときほひて、まなべかし（二番略）(23)

宗道尋常高等小学校『沿革誌』には商豆の教育活動について、次のことが記されている。

明治二十九年四月二十一日　教授雇朝日商豆教育集会へ出張せり
同三十年四月二十一日　本郡教員集会へ校長代理朝日商豆出張せり

学校沿革誌は、一般にその学校にとってかなり重要な事柄を特記することが多い。そうしたことを勘案すれば、右の記事では商豆は校長の代理をするなど、それなりに校務に尽力していたと推察してよい。

また、彼なりの持ち味を教育現場で発揮していたことが、次の『いはらき』（明治三〇年三月六日付）(24)新聞の記事からわかる。

学校職員慰労会　結城郡宗道尋常小学校長幕田孫作氏は精勤家の名ある人なるが去る二十七日午後三時半より同地尋常高等両校の職員十数名を学校構内の自邸に招待して慰労の宴を催したり席上同学校なる朝日商豆大人の伊勢物語の一節其他詠歌に就ての秒訣など講和ありし……

管理主義的学校教育になじめない田舎の教師朝日商豆ではあったが、自己の得意とするものを極力、地域における学校現場で表現しようとしていた。

次の赴任校下妻中学校ではどうか。商豆は助教諭心得の職搭で、国語科を週一五時間担当した。また同窓会の為桜会では「語学門主任」なるものをしている。[25] その会誌『為桜会雑誌』に「嶺の嵐」と題した一五首の歌（第二号）や「尾のへの花」と題した二〇首のそれ（第三号）を寄せている。

一方、生徒指導に関しては次のような一件があった。生徒の風見章なるものらが首唱者となり、ストライキを決行した。学校当局としてはその首唱者が陳謝すれば退校処分をひかえるつもりで生徒のわびを待った。何かの用で風見は校長と会うために廊下を歩いていくと、朝日商豆に会った。風見が事情を話すと商豆は善いと信じて行動をしたなら貫徹すべきで威力に屈すべきではない旨を悟した。風見は退学処分をうけ、以後も商豆の教えの通りに行動した。これは風見自らが後年、郷土史家富村登に語ったことである。風見はのちに政界に入り、法務大臣等を歴任した。商豆自身もわずか四ヶ年間で下妻中学校を退職した。[26] 同校は地域においては学力が高い、いわゆるエリートの学校として聳え立っていた。だが、その学校に教員として入っていった商豆は厳重な管理に基づく公教育に同化できなかった。また、逆にいえばそれほどまでに商豆の信念は培われ、堅持されていたわけである。

（三）歌人として

朝日商豆が作歌を開始した正確な時期はよくわからない。だが第一節で紹介したように彼の幼少年時代、親族には歌を嗜む人達がいた。そのことを考慮すれば、そう遅い時期ではないと思われる。前掲表1によると、最も早いものは元治元年の『詞塵集』である。だが、これは歌集（稿本）であるので実際の詠歌はもっと早い時期であろう。

のちの昭和一六（一九四二）年一〇月ころ、鬼盾は父商豆の歌をかぞえたことがある。それによれば明治九年までの分は五一一九首、その後の分は二一三八首、合計七二五七首としている。しかし、すべてをかぞえきれず、「未だ数へざるもの」、「数へにくき」ものもあると付記している。[27] 商豆の妻であり、自らも何がしかの歌を夫に影響されて詠んだいせ[28]の推定では二〇万首近いという[29]。

商豆はただ単に詠歌の数が多いというだけではなかった。彼はいくつかの国語国文に関するものを著している。主著というべきものは明治四（一八七一）年三月にものした『文典真曽鏡』（稿本）である。本書は「『ぞ』とかかれば『る』と結ぶようにと『係り結び』の心得[30]」を、例えば横軸を「一段懸辞」、「二段懸辞」など、縦軸を「加行四段言」、「佐行四段言」などと表記した文法書（一覧表）である。商豆の弁によれば『文典真曽鏡』のいわれは次のようである。

文典ハ其種類数書アリト雖モ完全ナル少シ一ハ懸結ニ委シト思ヒハ活用ニ不足セリ又活用ニ充分ナリト思ヒハ懸結等ニ不充分ヲ来タセリ……真曽鏡ト名付ケシ所以ハ真ハマコト之曽ハスノ通音スハ澄（スミ）ノ略言之云フ意ハ誠ニ澄テ明ナル鏡ト云ニ鏡ハ云フ迠モナク物ノ善悪ヲ写ス器具ナリ[31]

そして商豆は同年五月には『真曽鏡證歌』と『真曽鏡懸結歌』（いずれも稿本）によって、具体的事例をあげながら、くわしく説明している。また『懸辞弁考稿』、『真曽鏡受辞　難辞の部』（ともに年不明）もそうした懸結論の草稿である。

このように商豆は文法に精通している。このことは遺作『音韻相通仮字反図』、『活語五種貫之図並樹辞』、『動詞の活用』、『助動詞』、『文章選挌』によってもわかる。

当然、古典の解釈も怠りなかった。そのことは『万葉集抜書』、『大鏡目録並歌』、『古語拾遺　土佐日記　万葉集』といったもので推察できる。とくに土佐日記には自ら注釈を加えている。

明治三〇年七月の『朝日商豆歌集』（前編）の出版に奔走した門人の渡辺武助（後述）はその序文の中で次のように舌を巻いている。

或日欲訂国文。則不若託朝日商豆翁。余間之躍然。遽馳人聘之。翁許諾負瓢而来。状貌奇古。一見知非凡人。万延之室。侑酒質疑。翁応答明確。蘊奥不可測。

さらに、次のようなことも披瀝している。

及門諸子勧著書規利以充家資。而如不問也。

すなわち、商豆にとっては出版により資を得ようという意識はなかった。

なお、明治一八年一月には朝日商豆の撰による『明葉和歌集』の刊行が真壁郡の中山三木三郎なるものにより計画されている。(32) また同三二（一八九九）年一一月二〇には『榾の家集』上梓をすすめる川村忠雄に上巻分として四四八首を送っている。(33) ただ、これらの歌集が刊行されたのかは目下のところわからない。

文法等の基本ができており、他からも認められた商豆の作品は何回か盗作の被害にあっている。一例として、彼の次のような文章を紹介しておく。

山家集といふ題にておのかよみし歌に「柴の戸　我を残して　けふも又　ふき世にいつる　山峯の白雲」といふがあり、しかるを中学世界臨時増刊青年文壇に此歌いてたりといふ、ただし作者ハ稲敷郡の人にて義十二とかいふ人なりといふ、さてハ金子正次主にきゝたるなり

（『朝日商豆詠草』明治三一年初秋より）

いずれにしても、基本的な国語学に裏付けられて歌を詠む商豆の名は広まった。

結城町をありきけるとき、しらぬかあなたハ朝日先生でハありませんかいひけれハよめる此人ハ峯岡敬吉なり

（同右）

例えば活字になったさきの代表的歌集『朝日商豆歌集』前編には多くの関係人物が歌題や歌の中に登場する。それによれば商豆の交友の相手には本居豊頴（鈴屋門流）や伊能頴則（大学大助教）といった中央学界の人達がいたことがわかる。確かに彼らは著名人である。だが、圧倒的に多くは無名の人達である。つまり商豆が住んだり、歩いていっ

た範囲の人々である。とくに実家のある宮淵および小野・江戸崎といった利根川一帯、長じてから最も長く住んだ宗道および下妻・水海道といった小貝川のライン、総じていえば常総地方のものが多い。相手の職業は判事・検事といった司法関係者（松也通昭、鴻巣盛雄）、あるいは郡長・議員といった政治行政関係者（高橋諸随、小林大次郎）といった人々もいた。だが、かなり多くは地域に生まれ、育ち、仕事に励んだ農民あるいは神官・僧侶である。商豆はとりわけ歌の仲間とは親しく交った。その仲間とは野牛道徳らである。

そして、彼の詠草には泊まり歩いた家が瀕繁に出てくる。

粟野なる和田倉吉ぬしの家にやとりける夜、枕もとにおきたるさかなを猫がきてくふ

一月二十二日夜　牧正道ぬしの家にやとる

（『朝日商豆詠草』明治三一年初秋より）

こうした類の表記を列記すれば枚挙にいとまがないので、省略する。

次に、商豆の国学・和歌の指導について記す。彼の歌にはそのことに関する記載が度々見うけられる。さきの『朝日商豆歌集』前編にある「皇典の巡回しける時松崎安雄ぬしの楼にやとりける夜」はその典型である。

幸い、商豆の『履歴書』には指導した国学・和歌の会が記されている。表2のとおりである。これは会が設立された順、あるいは商豆が関与した順である。これらの会を略地図の上におとしたのが図2である。このようにしてみると、商豆が国学・和歌を指導した地域はすでに彼の行動（交友）範囲のところで述べたような地域、すなわち常総地方が多い。それらの中心の場所から、周辺部へと指導を広げていった。例えば宗道地域の場合はまず本宗道から西は皆葉・別府、東は見田へと会を設立したり、関与していく。なお本宗道のような基点（始まり）となった地域はいずれとも河川・水運・河岸等に関係がある。

例の『履歴書』には明治一四年四月一一日、会のひとつ淳風会について、次のように記している。

表2　朝日商豆が指導した会（茨城関係）

会名	場所	備考
淳風会	真壁郡坂井村	c
国学会	豊田郡宗道村宗道	f
国風会	河内郡阿波村阿波	p
和文学会	豊田郡三妻村三坂	l
空三会	豊田郡三妻村中妻	m
皇朝学会	真壁郡大村海老ヶ島	a
文典学会	真壁大宝村堀籠	b
歌文学会	豊田郡西豊田村粟野	e
本朝学会	岡田郡大形村別府	h
敷島会	岡田郡大形村皆葉	i
国学会	豊田郡宗道村見田	g
空見会	稲敷郡太田村小野	o
本学会	真壁郡下妻町下妻	d
和文学会	豊田郡石下町新石下	k
皇学会	豊田郡石下町本石下	j
空満会	稲敷郡柴崎村戌渡	n
神典学会	稲敷郡木原村木原	q

注1）下妻一高所蔵『履歴書』を基準とした。
2）本学会以下はさいたま市桜区西堀、朝日實家所蔵の下書きの『履歴書』（大正2年1月）による。
3）アルファベットは図2に対応する。

淳風会ノ教頭ト成ル　但シ会員一同ノ懇願ニ依テナリ　此会ハ敬神尊王愛国ノ三大旨ヲ拡張スルヲ目的トシ教頭ハ皇典ノ講義ト詠歌ノ添削トヲ掌ル　会場真壁郡坂井村　会日毎月第二ノ日曜日

商豆は会員の強い希望により、会の指導に当るようになった。このことは、彼が一時期、職を奉ずる学校という教育界とは、同じ教育の世界でも正反対の立場である。安定的ではあるが、「上から」与えて教え込み、また学ばねばならないとされた学校と、創りたいものがつくり、学びたいものが教えを乞う学習会とは本質的に相反するものである。商豆の本意とするところはこうした会の指導であろう。それゆえに、自ら力も入っていったり、自ら設立したり、関与していく機会が増えていく。

「下から」の会設立のようすは『いはらき』（明治二四年一二月二九日付）[34]の次の記事からもわかる。

国語研究会豊田郡の飯泉柱一郎松本貢杉田弥四郎の諸氏発起者となり二十七日より来春一月六日まで都合十二日間同郡宗道村大字見田密蔵院に於て国語研究を開かる、由に通信あり

この会は表2・図2の国学会（見田）のことである。

同『履歴書』によれば、商豆はこうした会で次のようなものを教科書として用いた。

古事記、日本書紀、古語拾遺、延喜式、神皇正統記、土佐日記、竹取物語、伊勢物語、大和物語、源氏物語、

図2　朝日商豆が指導した会

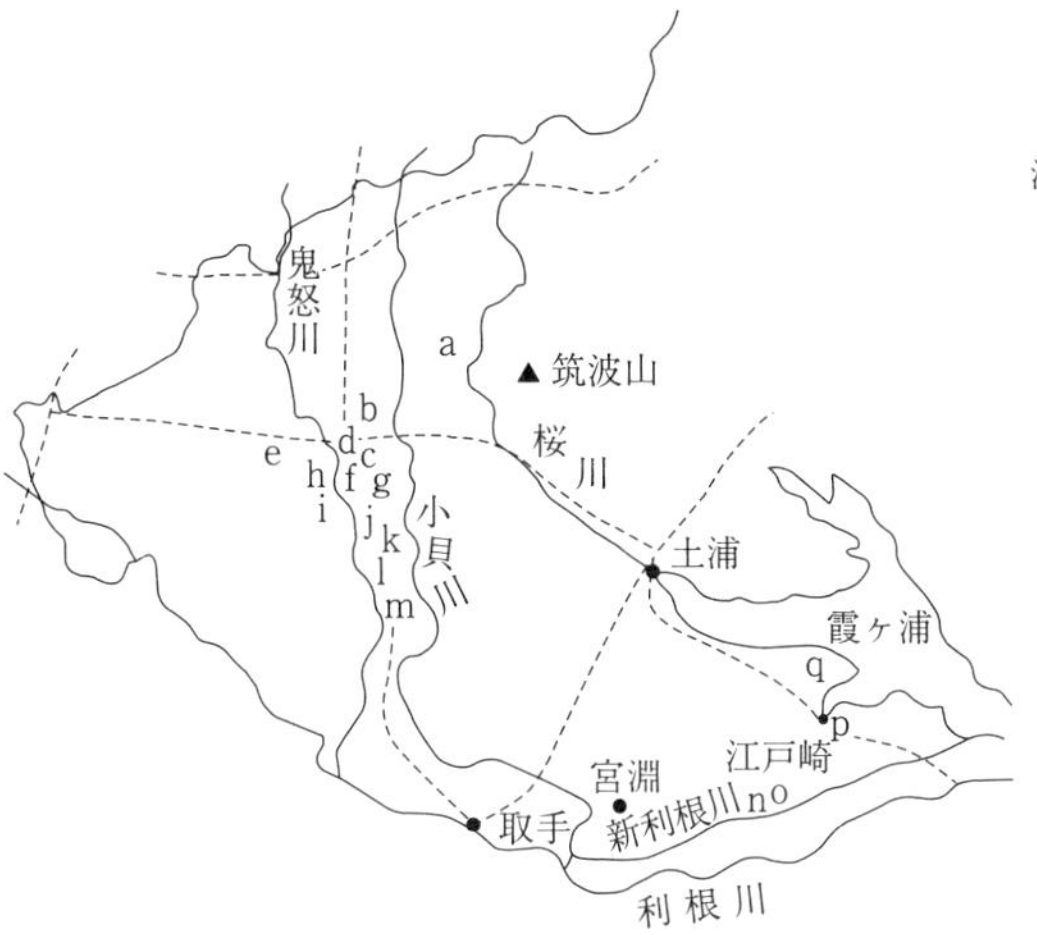

注）a 皇朝学会
b 文典学会
c 淳風会
d 本学会
e 歌文学会
f 国学会
g 国学会
h 本朝学会
i 敷島会
j 皇学会
k 和文学会
l 和文学会
m 空三会
n 空満会
o 空見会
p 国風会
q 神典学会
-----主要道路

枕草子、十六夜日記、徒然草、万葉集、百人一首、玉鉾百首、文典真曽鏡

時には『寂時草』、『後撰集』、『方丈記』を加えることもあった。これらのうち、『土佐日記』にはすべて注釈を加えたことがあることや『文典真曽鏡』は自らの著であることはすでに述べた。

商豆は自ら講義録を作成した。例えば『百人一首講義』は「此書の由来」、「一、体語」、「二、用語」、「三、辞」、「四、助辞」、「五、初語」、「六、延言」、「七、約言」、「八、通言」、「九、略言」、「天智天皇」、「秋の田の」、「皇国音数」という順で見出しを付け、小さな文字で内用を詳細に記している。なお、その最後の頁はメモの欄で「淳風会講義　一秋の田の　十六年四月十五日」と進度が書き込まれている。

受講者は講義内容を筆記するなどした。永滝満樹なるものは、以下のような筆記録(35)をのこしている。

・和歌之講義筆記　第一　明治二五年四月三日〜
・日本文典講義筆記　同二五年五月二二日
・日本文典講義筆記　同二六年一〇月二〇日
・日本文典講義筆記　同二七年三月二三日

さて朝日商豆の和歌の作風について、分析をする。数多くの商豆の作品を通覧すると、次のような特色を容易に知ることができる。まず、人との交わりを歌ったものの多さである。そのことは当然、前章で述べた商豆の知友・門人の多さと関連する。彼が歌を詠む時にまず記す歌題の中に人名が頻出する。さらに彼の歌の中には何々を「とふらふ」とか、どこどこへ「ゆく」という文言が目立つ。また人の歓送の機会にも歌を詠んでいる。これらを『朝日商豆歌集』前編の歌題で例を示すと次のようである。

・平野春射ぬしの奚疑庵をとふらひける時
・別れを告けんとて小倉つる子ぬしをとふらひけるに
・伊能幡則の十五年祭を香取にて行ひし時ゆく
・松井通昭ぬし因幡国鳥取へ行く別によめる
・判事従七位鴻巣盛雄主たちとあひはかりて歓迎会てふものを月々ひらきたりき

彼にとっては酒とはそうした人との交際の一手段であり、放浪とはそうした結果であったといえなくもない。いずれにしても、こうした人とのふれ合いの多さはいかにも地域＝村の歌人ぶりを象徴している。

そのこととも関連して、商豆の歌には冠婚葬祭に関するものが多いことも指摘できる。その点はとりわけ歌題の中に「身まかりける」という文言が多いことから分かる。同歌集の歌題で例を示す。

・二月十五日小野寺良澄ぬしの身まかりける時
・黒岩七郎翁九十二にて身まかりける時
・金田伊訓主の母金田鶴ぬしの身まかりける時
・弥生の末つかに生井鍋吉主の身まかりける時

すでに、神官としての商豆については地域およびその生活との密着ぶりを証明したが、彼の歌のほうにも冠婚葬祭等に関わるものが多いのは、そうした事情によるものということもできよう。だが、それだけではない。商豆の門人に飯泉桂一郎なるものがいた。すでにこの人は前記国語研究会（見田の国学会）の設立のところで資料中に登場した。またその詳細については共同研究『村落生活の史的研究』で紹介したので、ここでは割愛するが、結城郡宗道村伊古立の有力農民である。飯泉家に商豆が現われるのは、膨大かつ子細な桂一郎の『日記』[36]によれば明治二四（一八九一）年一一月一五日の村社鹿島神社鎮守祭の日であった。飯泉家が招待したのである。ところで、桂一郎は多量の日記を整理し、『万年帳』[37]と題してまとめている。それは明治二三年から昭和二（一九二七）年までの出来事を対象としている。その記載項目を分類してみると、全三三三項目中、最も多いのは葬儀関係記事で、九九件、以下、婚礼五六、奉公三九、出産と住宅建築各二四、病気一六、子供祝一三、学校一〇等々と続く。実に冠婚葬祭関係で全体の三分の一を占めていることが分かる。このことは逆にいえば、村人は地域の日々の生活にあって、冠婚葬祭にかなり関心があったことになる。そして出産や子供祝も含めれば、村人の関心の半分は生活に深く関わる、いわゆる人生儀礼であった。その飯泉桂一郎（歌号良計）家では、明治三一年に次子の久雄が病死している。この時、商豆は宗任神社神官松本貢が不在であったので、代わって務め、さらに次のように詠んだ。

一月十日の夜、飯泉桂一郎ぬしの子久雄ぬしの身まかりける後よみてつかはしける
忘れては、寝覚の床を探りつゝ、無きにそいとゝ袖はぬる覧

（『朝日商豆歌集』前編）

この年、同家では長女清瀬の組解、長男玄雄の袴着祝を執り行った。その時、商豆は次のような歌を贈った。

三十一年旧十一月十五日、飯泉桂一郎ぬしの子のいはひ、一人ハおひとき、一人ハはかまきない
ころものひもをときすつる、なゝつハ千代へんはしめなり、うちの名におふいひいつみ、きよきなかれハたえせめや

（『朝日商豆詠草』明治三一年初秋より）

また、明治四五（一九一二）年四月二五日、桂一郎の実父斧一郎の大々的な葬儀の際、商豆は祭官の役を務めた。

このようにして飯泉家と商豆およびその一家との往来は頻繁となった。桂一郎は朝日家に日待祭といっては赤飯を持参したり、金穀がなかろうといっては義損した。一方、商豆は飯泉家に歌の指導といっては来たり、豊年祝としての村相撲があるといってはやってきた(38)。

以上、ここまで商豆の作風について、歌の中に人との交友、それと関連して冠婚葬祭など人生儀礼関係が多いという二点を指摘した。このことは商豆がただ単に村にいる、村の家にいるというだけではなかったことを表わしている。彼は村を歩き、歩いて考えていたのである。自分の目で直に見、自分の体で味わって歌を詠むことが多かったのである。

したがって商豆の作品には地域の景観や風物が多くあらわれる。例えば『朝日商豆歌集』前編では水戸、香取、成田、筑波山、江戸崎、香取郡寺内、鹿島、崎房などが登場する。

他の歌集においても同様である。

大宝の湖を見てよめる
けしきよきところとや見ん、いにしへを思ひいつれハ、悲しき水うみ
（『朝日商豆詠草』明治三一年初秋より）

旅しけるとき、筑波山を見てよめる
山たにも二並なるをかしの実の、ひとり旅にて日をそ経にける
（同右）

具体的な地名は出てこないが、次のようなものもある。

荒れたる畑を見てよめる

怠りの心ひとつをたねとして、しけりにしけるはたのくさむら
（『朝日商豆歌集』前編）

このように商豆の歌に、村および村々の景観や風物が多いことは、第一節でのべた彼をとりまく「豊かな」自然・生活の環境条件が大いに影響していよう。

そうした地域のことに関心を持つ商豆は古碑もたずねて歩いた。明治二〇年九月二一日付『茨城日報』[39]は「ふるきいしぶみ」と題した商豆の一文を掲載している。それは『常陸風土記』にある乗浜村（神宮寺村）の古碑（弘仁二年のもの）をたずね歩いたことや、かつて住んだ小野村に石碑（康永元年のもの）があることを紹介したものである。地域に生き、地域に生きがいを感じ、そして地域を動きまわる商豆の本領がよく発揮されている。

商豆の作風に関して、とくに目立つ第四点目として、自然体で気を楽にして実感を歌う姿勢をあげたい。もとより商豆はとりたてて功名心があるわけではなかった。歌壇や学界を牛耳ろうというわけでもなかった。虚勢を張って詠む必要もなかった。より「良い」歌を作ることが生きがいであった。

よって時には何気無いことや恥かしいことでも歌でさらけ出している。

や、寒くなりゆくぬれは、袷をきていてよと妻のいひけるにすまひて、ひとへ衣きて旅にいてたりけるに、いたく寒けれはよめる

吾妹子かきよといさめし言の葉の、今は身にしむ夕暮の風
（『朝日商豆歌集』前編）

水戸へゆきけるとき夜更て雨さへふるに宿とひわひてまよひけひるに、巡査高野正巳ぬしのあなひにて伊勢彦支店にやとりける時よめる

しるへする君かまことしなかりせは、雨にぬれ夜や明さまし

（『梅見の家づと』）

以上、本節では一定の年齢に達したあとの朝日商豆をおおむね年次的・世代的に追ってみた。念願かなって国学・神道の世界に入った章豆は神官として着実に一歩ずつ歩んだ。しかもその活動は他の神官に指導者として推挙されるほどであった。彼の作成した祝詞等は村人の生活と合致し、影響を与えた。また、彼の編纂した祝詞集は地域の関係者の教範とされた。だが、彼は間接的には神社・神官に対する「上から」の方針変更と再編成、および国学・神道界の変容等により、直接的には周辺の人々によってより安定的な職業（学校教員）の道へ転ずる。しかし、すでにかなり管理化された学校現場に、商豆は努力してもなじめなかった。教育に関して彼がなじめたのは自主性・自発性があり、「自由」の度合が高い、地域民による国学・和歌の会であった。この世界で彼は理論的な自著を用いて、国学・和歌を精力的に広めていった。村および村々を自分の足で歩き、考えた。そのために多くの人々と交流をした。時間があっても無くても放浪した。放浪して人と会えば酒を嗜んだ。しかし放浪しない時も酒を飲んだ。その歌は村人の関心と合致するものであった。また自然の姿勢で村のこと、幼いころからの豊かな村の景観や風物を詠んだり、村の古跡をたずねて歩くなど、地域をきわめて重んじた。そうした意識や姿勢で、より「良い」「自分」の歌を作ろうとしていた。

三　上京後の活動

すでに紹介したように、商豆は明治三三年四月に地域のエリートの学府・県立下妻中学校の教職となった。当初、一五円の月俸は八ヶ月後の一二月には二五円となった。翌三四（一九〇一）年一二月には「職務勉励ニ付金八円賞与」が出たが、それもわずか四年間で退職してしまったことも述べた。この間、「一日モ欠勤」しなかった。(40)退職のわけは定かではない。『続伝聞長塚節』Ⅱ（前出）の座談会では「ときの校長石井盈の作歌をさんざん酷評したことで気まずくなったものか、間もなく辞め」たとある。『ひさご集』（前出）は「時の校長某が公開の席上で、何うした失言か『教育勅語といふ奴は』云々と演説したので、翁は『ヤツとは何事ぞと』詰責して激論したのが、端なく一つの問題となり、翁はかやうな校長の下に於ては教職を執らぬとて先ず職を辞し、間もなく校長も亦た退職するに至ったといふことである」という。いずれも明確なことではない。ただ、この二つの話に共通しているのは管理職との対立である。やはり、このころの商豆はますます自らの人生観や教育観に強い信念と理念をもっていたこと、そして、かなり体系化された現場の管理体制になじめなかったのであろう。事実、この明治三〇年代は教育内容の整備・統制がほとんど仕上げられた時期である。

ところで、さきの『ひさご集』の叙述においていささか留意すべきことがある。それは商豆が「教育勅語という奴」云々という発言に激怒したというくだりである。すでに述べたように、この文言は確実な証拠に基づくものではないが、実は次のようなこの件とは直接関係のない商豆の作品のことを想起させる。

彼の作品に『朝日商豆文集』（六）という稿本があることはすでに紹介した。その内容はほとんど祝詞や吊文の類である。以下、項目を列記してみる。

1　常陸丸遭難者霊祭詞（明治三七年八月一日）
2　歩兵上等兵飯塚彦三郎君葬儀吊文（同三八年一月）
3　内田政助君を吊ふ文（同三七年九月二七日）
4　陸軍歩兵上等兵松崎国吉君葬儀詞（同三八年二月二五日）
5　建碑式文（同三八年二月二五日）
6　陸軍歩兵内田一等卒葬儀詞（同三八年三月五日）

7　弔文（同三八年三月一二日）
8　征露戦従軍兵士安全祈禱祝詞（同三七年四月二八日）
9　祈養蚕祝詞（同三三年三月二六日）
10　いはひのことは（同三〇年一二月一五日）
11　紀念碑建碑祝詞（同三六年一〇月一三日）
12　（榾の家集について、同三二年一一月二〇日）
13　鈴木行政大人（同三五年三月）
14　（亀田鵬齋について、同二九年九月二日）
15　日清戦争の絵巻のはしがき（一〇月二九日）

すでに、9、10、12については紹介した。ここで問題としたいものは1～8、15である。つまり一五点のうち、半分以上が戦争関係ということである。いうまでもなく日清・日露の戦争で戦死した地域の者への弔いであり、また安全を祈る祈願でもある。この未曽有の大戦争は地域の人々の心情と生活を根幹から大きく揺るがすこととなった。すでに述べたように筆者は地域の文化の形態を三つに分類したことがある。そのうちのひとつに「上から」の文化（官製文化）の存在を指摘した。これは時の政権・政府が政策に基づいて国民の精神・思想を誘導するものである。その文化政策は明治期の場合、第一波と第二波と二つの時期に分けられる。前者は一等国をめざした文明開化策であり、後者は中央集権的な再編を構造的に企てた国家主義政策である。前者は明治初年のことに対し、後者は明治三〇年ころ、つまり産業革命および日清・日露戦争のころのことである。その後者を筆者は「明治三〇年文化」とした。また、その文化は役場や学校や神社など、早くより国家の伝達機関と化したところを通して地域に入ろうとしたことも述べた。紛れもなく、朝日商豆にも明治三〇年文化はしのび寄ってきたわけである。商豆には地域の人々の無事帰還、あるいは安らかな永眠を祈る気持ちとともに天皇および国家への忠誠・献身の強調もみとめられる。とりわけ、後者に関する文言、例えば「まつ崎、玉にあたり死ぬのも吉（よし）」とか「君が為国の為に、薙れしばかり、世にほまれなる」（以上、４）といった類が目につくようになる。

そのことはさておき、下妻中学校退職後の商豆について追ってみたい。それはまさしく放浪歌人であった。そして明治四五年には家督を子息の鬼盾に譲った[41]。

ところが、商豆一家は大正二年、上京し、東京千駄ヶ谷に居を構えた。なぜ東京に住むようになったのか。『ひさご集』は「二男二女の仕官や修業の為」という。しかしこの時、商豆は家督を譲っていること、譲られた鬼盾はすでに一七歳の時（明治三三年）、東京電気通信技術伝習所に入り、卒業後、通信省に勤めていること[42]、もう一人の男児五十四は独学で外務省書記官の試験に合格していること、また長女無名は明治三四年五月に「産婆試験に合格[43]」していることを考えると、多少、疑問である。いずれにしても商豆は上京し、歌学を教授していた。そして、大正六（一九一七）年一月、商豆に日本弘道会より講師の依頼があった。彼の記した『ちり塚の玉』（大正六年）という記録によれば同月二七日に「をしい　がくしやが　うづもれて　をるとて　みぎの　おんかたがた　より　まづ　さの　しななを　めぐみたまへり」ということで使いの同会書紀本間和一より綿入れからあしだまで八品が届けられた。贈り主の右の方々とは貴族院議長徳川家達、侍従次長・日本弘道会長徳川達孝ら同会関係の華族六名である。同会の講師にふさわしい身だしなみが求められた。

かつて「よのひとに　ひかりみえねば　ちりづかの　そこなるたまは　しられざりけり」とうたった商豆は、今回は「ちりづかの　そこなるたまも　よのなかに　ひかりしらるる　ときはきにけり」と詠んだ[44]。

会誌『弘道』第二九九号に広告された「万葉及土佐日記講義会」の初会は二月六日、火曜日であった。場所は同会事務所のある神田区小川町二丁目一番地、テキストは『万葉集』と『土佐日記』、会費は一ヶ月金一〇銭であった。

以後、毎月第一、二、三の火曜日が会日とされた(45)。

二月六日の講義の日、商豆は同会副会長徳川頼倫自らが秋田で購入してきたという綿入れを渡され「じつに　ゆめのごとし　うれしくて　かたじけなくて　もったいなくて(46)」と感激している。また、三月六日の講義の際は同副会長が聴講したことを特筆している。

このように、地方の放浪の民・朝日商豆は国家主義による教化団体の日本弘道会で身なりをつくろい、華族ら上流の貴人とされた紳士に囲まれて講義をするまでに昇りつめた。その橋渡しをした人物がいるはずである。その人は商豆の有力門人で、援助者の一人の渡辺武助（華洲）なる者であった。武助（華洲）は嘉永五年、鬼怒川沿いの下総国岡田郡花島村（現常総市花島町）に生まれた。やがて外祖父の中島維昌や印旛県共立学舎に学び、一九歳の時、地元の大輪小学校の教員となった。さらに明治九年四月、茨城師範学校土浦分校に入り、卒業後の同一八年一月には水海道小学校長となった。そのかたわら、自由民権運動に積極的に加わり、立憲改進党員として奔走した。一方、小学校教員は同二三年に辞し、その年、「華洲塾」を開き、青少年教育に尽力した。同三二年、県会議員に当選し、下妻中学校水海道分校（やがて水海道中学校）の誘致や鬼怒川護岸工事などに活躍した(47)。

武助が出版に力を尽した『朝日商豆翁建碑記念』によれば商豆は「明治二十四年七月渡辺叙うしの招きに応じ講話会時よめる」と題し、次のように詠んでいる。

人知らす君か見立となるものは、我か古への学ひなり

このように、武助は文学結社（国文社）を創設するなど、地域の文学運動に尽した。また、教育勅語には大変興味をもち、西村茂樹の校閲による『勅語註解日本教育之基礎』や『奉読用勅語通解』（ともに明治二四〈一八九一〉年二月二四日刊）を著す(48)。西村茂樹といえば、明治初年には開明的啓蒙学者であったが、このころは儒教主義による保主派の重鎮として君臨していた。周知のように、西村は主唱する国民道徳論を究め、かつ広めていくために日本弘道会

を創設し、その初代会長となった。武助は地元において、心酔する弘道主義の普及につとめた。そして、その実績により、明治三五（一九〇二）年、同会二代目会長谷干城の推挙で常任委員として上京した。その武助がやがて商豆を招聘したのである。

まさに商豆は「明治三〇年文化」の仕上げ（熟成）の時期、そのメッカ（中心地）東京に引き寄せられていったといえよう。だが、それによって彼のすべてがそうした官製文化と化したのか、どうかは速断を許されない。また商豆にとって東京生活は快適であったか、どうかもわからない。例えば大正四（一九一五）年三月二一日には酒を飲み過ぎ、王子あたりの用水堀に落ち、ひと騒ぎを起こし、本人は病床に伏したというエピソードまでのこされている(49)。

しかも商豆は日本弘道会講師を辞してわずか半年後には生涯を閉じてしまう。辞世の歌は一〇〇首もあり、それははるか三二年前に詠んであった。彼の墓は妻の実家・姫宮の里の小高い丘にある。

むすび

本章ではひとりの人物を中心として、幕末から大正初年（つまり近代）における文化の歴史をかいまみようとした。とりわけ、地域（村落）における生活がどのようにして形成・維持そして発展せられたのか、ということについて、ひとりの人物を通して、とくに文化の側面から描こうとした。そのことにより、歴史の新しい見方・考え方になるであろう生活史研究（とくに筆者の場合、生活文化史研究）の一助となればよいと思った。そこまではできなくてもせめて人物史考証の一素材を提供できればというつもりで綴った。

第一節では、その人物が生まれ、育った環境・条件（それを「成育環境」とした）を重視した。それはひとりの人物がやがてひとつのスタイルを形成したり、あるいは一定の業績をあげるようになるのはその前提および周辺のことがきわめて重要であると考えられるからである。そのことは従来、人物史、教育史そして文化史の研究では全く欠落していたというほどではないにしても強調されることは少なく、まして実証されることは少なかった。むろん、その人物固有の才能・パーソナリティを否定するわけではない。だがその人物をとりまく成育環境を検証することは、対象とする時期がさかのぼれば、のぼるほど（とくに共同体規制などが強いほど）、かつ人物の年齢が若くなればなるほど必要であり、重視すべきである。具体的には茨城県南部（常総地方）、利根川辺の一見、平凡ながら自然も文化も「豊かな」農村に生まれた朝日商豆について、その親族、師匠、隣人を登場させ、さまざまのタイプの周辺の人々が彼を育てていたことを描いた。

次の第二節では、村あるいは村々にいる朝日商豆の文化活動のさまを追うことによって、村落と文化の関わりを一瞥しようとした。とくに、きわめて酒が好きで、瓢箪と杖をもち、ぼろの衣をまとって出歩くことの多い商豆について、次の観点から素描した。まず、仏門のしがらみから逃れ、念願かなって神官となった彼の足跡を検討した。一歩一歩、神官の位階を昇った彼は、地域の神官たちから教授役に推挙されるほどの実力をもっていた。その力をもって、地域の人々と接し、彼らの生活の要求を組み入れた活動をしたり、また地域の神官の範となる書を著すようになった。しかし政府の神道・国学政策変更が進む中、商豆の放浪癖を危惧する人々により、より安定的な学校教員の職を紹介される。そして、彼はそれなりに自己の持ち味を教育実践に応用するなどした。だが、彼はひとつの学校に定着しなかった。それどころか、せっかく就職した地元エリート中学校の教員職も放擲してしまう。それは彼の性格もあろうが、いうなれば当時の教育界が商豆をうけ入れなくなっていたのである。次に歌人としての商豆に焦点をあてた。彼は酒を媒介物とするかのように、自らの足でまわりの村へ、村々へと出かけた。そこで多くの、幅広い層の人々（とくに地域民）と交流した。人との交際をきわめて重んじた。また多くの人が教えを乞いに彼のところに集まってくるほどの力量を備えていた。そのことについては商豆が設立・関与した会や著した書のことを紹介した。さらに彼の作風について、村人の生活や関心といったものとの関わり、あるいは詠歌の対象、さらには作歌の姿勢という三点を中心に分析した。商豆は単に村にいたり、村々にやってくるだけではなかった。村を歩き、村で交わり、村の中で考えていた。地域、そして地域の生活のことを考えていたのである。

第三節では、晩年、とくに上京後の商豆を中心に扱った。村（地域）に生きてきた商豆ではあったが、明治末期になるといままでとは異なる面も見せるようになる。とくに国のために戦死した地元出身者への慰霊の活動である。そして、人の世話により上京した商豆はやがて国家主義的な社会教化団体・日本弘道会の講師となった。その地位と立場に彼は「ちり塚の玉」が光ることができたと喜び、また上流階級の人々とのふれあいに感激をした。折しも、当時は、明治三〇年前後に造山をはじめた近代日本の「嶺」が形を整え、君臨しようかという時期である。堅い言い方をすれば、地域および地域生活を構造的に国家に再編成しようとする独占資本主義と国家主義の体制がかなり進行していた時期である。いうなれば「明治三〇年文化」はかなり強力に地域にも入ってきたわけである。そしてそれを受けた商豆はその「嶺」が霊峰に見え、そこへ向って登りかけたことは確かである。しかし、だからといって、商豆のすべてが蚕食されたとはいいがたい。

注

本章において、本文や注釈でことわりのない引用資料は、さいたま市西堀朝日實家の所蔵文書である。

（1）昭和四〇年二月一日、商豆の子息鬼盾作成。
（2）龍ヶ崎市宮淵、朝秀光男家所蔵文書。
（3）これは最後に「みぎは、わがち、朝秀智織大人の、かきたまへるものなり、明治七年四月十七日、あきづしるす」とある。
（4）明治一〇年一月・同三六年八月『過去帳』。
（5）元治二年より『朝日商豆歌文集』（一二）。

(6)『新利根村の文化財集』文芸篇「新利根村の文芸」新利根村文化財保存会、昭和四四年。
(7)以上のほとんどは前掲注(4)『過去帳』。
(8)以上、『逢善寺の歴史』逢善寺、建築文化振興研究所、平成元年三月。渡辺荘仁『千妙寺』筑波書林、昭和五五年。
(9)『履歴書』、これは明治三七年作成、下妻一高所蔵のもの、同校教諭篠崎憲二氏発見。なお、下書きのもので六種類が朝日實家にある。
(10)以上は、『武田治左ェ門伝』龍ヶ崎市立歴史民俗資料館保管(同市内の高橋厚子家所蔵)。
(11)明治一七年一月一七日の書付(無題)によれば「天皇の醜の御楯にならさね」として命名したという。
(12)以上、前掲注(4)『過去帳』。
(13)前掲注(6)『新利根村の文化財集』文芸篇「朝日商豆先生に憶ふ」。
(14)明治三一年初祭より『朝日商豆詠草』。
(15)さいたま市桜区西堀、朝日直子氏談。
(16)富村登・富村次郎『鬼怒百話』富村登遺稿出版後援会、昭和四二年。
(17)『茨城新報』明治七年一〇月一二日付、東京大学明治新聞雑誌文庫所蔵。
(18)松村修平家は本宗道の河岸問屋。同人は安政元年一〇月一八日生まれ、昭和二年一〇月七日夜。明治二八年、同三〇年茨城県会議員。貴族院議員は同三九年より二期つとめる。
(19)稲敷市立江戸崎小学校所蔵。
(20)稲敷市羽賀、関川宇右衛門家所蔵文書、明治一九年九月三〇日付正澄宛、商豆書翰等。
(21)渡辺義雄『続伝聞長塚節Ⅱ』筑波書林、昭和六三年。
(22)前掲注(9)『履歴書』では明治二二年一一月に宗道尋常小学校就職、同二九年七月再び就職となっている。本文は茨城県下妻市立宗道小学校所蔵、宗道尋常高等小学校『沿革誌』の方をとった。そうでないとつじつまが合わない。
(23)慶応元年九月より『朝日商豆文集』(五)。
(24)東京大学明治新聞雑誌文庫所蔵。なお、引用資料中の一行目「宗道尋常小学校」の「尋常」は「高等」、もしくは「幕田孫作」は「杉田弥四郎」のまちがいである。

(25)『為桜会雑誌』第一号。下妻一高所蔵。前出篠崎氏より資料（複写）提供。
(26)前掲注（16）。
(27)昭和一六年一〇月二八日『商豆歌稿目録』。
(28)いせ作の短冊。
(29)『ひさご集』（本文前出）。
(30)前掲注（21）。
(31)下妻市本宗道、松本光男家所蔵文書。
(32)明治二九年九月より『朝日商豆文集』（六）。
(33)明治七年五月より『朝日商豆文集』（三）。
(34)東京大学明治新聞雑誌文庫所蔵。
(35)前掲注（31）。
(36)下妻市伊古立、飯泉正夫家所蔵文書。
(37)前掲注（31）。
(38)前掲注（31）の日記。
(39)前掲注（23）。
(40)以上、前掲注（9）『履歴書』。
(41)明治四五年『隠居届』、同「家督相続届」。
(42)『系図に記入された主な人々の略歴』（本文前出）。
(43)明治三七年七月一七日『無名録』。
(44)『ちり塚の玉』（本文前出）。
(45)同会では商豆による和歌添削も行った。一首金二銭である。
(46)前掲注（43）。
(47)以上、『水海道市史』下巻、水海道市、昭和五九年、『歴史みつかいどう』第四号、「明治教育の先覚者渡辺華洲」増田実、同年。

(48)　ともに、国会図書館所蔵。

(49)　前掲注(28)。

第3章　村落生活と和算

はじめに

和算とは「江戸時代に発達した日本独自の数学」[1]であるが、この分野の研究の潮流は以下の四つに大別できよう。

(1)算額の研究

近世の算学を究めようとする人々は、自己の編み出した問題を各社寺に額として掲げることが多かった。そのいわゆる「算額」は現存するものも少なくない。これらを精査した報告書・目録類はおもに各都道府県を単位として見うけられる。例えば茨城県は『茨城県算額集』(松崎利雄、ガリ版刷)、埼玉県は『埼玉の算額』(埼玉県立図書館)、千葉県は『千葉県の算額』(大野政治・三橋愛子)など、枚挙にいとまがない。また、この算額について、研究として成り立たせようとしたり、あるいは地域を越えて総合的にとらえようとする動きもないわけではない[2]が、目下は文化財報告的段階にとどまっているといっても過言ではない。

(2)算書の研究

算学に関わった者の中には算術をまとめたり、著述する場合もある。戦前、帝国学士院が全国の算書を蒐集し、印行した『和算図書目録』・『和算資料目録』はこの種の研究の頼みとなっている。また、この他にも山形大学の佐久間文庫、東北大学の林文庫・藤原文庫・狩野文庫・岡本文庫・新宮文庫などには多数の和算関係の書籍が収蔵され、目録化されている。

こうした算書を紹介・分析した研究としては、戦前では遠藤利貞の『大日本数学史』や小倉金之助の『日本の数学』、戦後では日本学士院の『明治前　日本数学史』が著名である。こうしたタイプの研究は、堅実に⑴その人物を紹介し、⑵学統を整合し、⑶算術そのものの業績を解明しようとしている。むろん、その点は評価できるが、しかし、今日にしてみれば有名な人物や書籍の紹介が主であり、あえていえば伝記・書誌紹介的といえよう。

⑶洋算との対比

和算を西洋数学と比較しようという研究もある。いくつかの労作を拾ってみると、森毅の『数学の歴史』、村田全の『日本の数学　西洋の数学』などがあげられる。これら数学者は西洋数学の立場から社会や文化の形成における「数および数学」への概念認識の過程を追及している。とりわけ、近代以降を対象に哲学・論理学的な立場から対比しているのであるが、いずれにせよ数学を一般的な歴史全体の中で位置付けていくのには、まだ時間を要し、現段階では観念論的である。

以上、三つのタイプは数学研究者により、その範囲と立場で考察されているために、数字・数式を駆使し、結果としては解法・レベルが問題の対象となり易い。また、その域を脱しようとしても流派論・観念論にとどまっている。加えて対象とする和算家が中央で活躍した者に限定されがちであり、かつ取り扱う資料がほとんど数学書のみであるため、きわめて実態論に乏しい。

⑷その他

こうした状況を打破しようとした研究もあった。まず特筆すべきは三上義夫である。氏は戦前より、各地の算学の子孫宅を採訪して歩き、そのつど千葉県なら『房総郷土研究』、埼玉県なら『武蔵野』、長野県なら『郷土研究　信濃』と郷土雑誌に調査の状況を報告した。この時期にあって地方算家に注目し、掘り起こしに努め、その成果を活字に遺した識見と労作は崇敬に値する。しかし、氏はこうした貴重な成果を論理化、あるいは総合化させなかった。あるいは当時としてはしえなかったのだろうか。昭和二二（一九四七）年に刊行された力作『文化史上より見たる日本の数学』にも直接生かされていない。

その七年後の昭和二九年二月、群馬県に住む丸山清康は岩波書店『思想』（第三五六号）の懸賞論文に入選し、「地方に於ける和算家の思想と生活」が掲載された。その表題からも読みとれるように、上毛の算家について、当時、急速に台頭した地方史研究（とりわけ社会経済史研究）を視角にとりいれつつ、解明しようとした斬新なものであった。しかし、同氏のその後の算学に関する発表物は算額紹介や人物略伝といった類である。その理由は同論文の結論の部分（和算への低い評価）に起因しているのかもしれない。

昭和五五（一九八〇）年、『数学セミナー』は「数学シンポジウム」を企画し、五本のうちのひとつに「江戸文化のなかの数学」を組み込んでいる。これはタイトルからも察せられるように江戸時代の文化における数学の位置・意義を見出そうとするものであり、まず数学者森毅が基調報告を行い、次に同氏に数学教育者・落語家ら数人のものが加わり討論をしている。数学というものを文化史の上で大きく問い直そうという試みは大胆であり、また個々の発想はユニークであるが、森の最後の発言「もうやめよう（笑）」、が象徴するようにサロン風の言い放しの座談会に終わってしまっている。

以上、かなり大雑把に和算の研究の経緯を追ってきた。ところで本章は何故に綴らねばならないだろうか。そもそも、数学を不得手としてきた筆者がそれに興味を抱いたのは昭和五七（一九八二）年、茨城県西をおもなフィールドとした明治大学の共同研究（日本村落の生活史）に参加して以来のことである。当初、最も衝撃をうけたことは近世村落の学問・教育を寺子屋・私塾のみでは説明できないことであった。しかし共同研究者の間からは地域の景観およびその変化が復元された。それに関連して河川改修や耕地の拡大の様相が描き出された。さらには幕末につれて、さまざまな人の動きが再現された。にもかかわらず村落生活の形成・維持・発展にとって学問・教育は無関係であったろうか。そのような疑問から再考し、資料を探求してみると、俳諧・武術・不二道・医学・和算など、さまざまの分野のものが目立ってきたり、さらには今日では全く無名な学者まで発掘された。いずれにせよ、近世村落の学問・教育は簡単には説けないことを改めて認識した。

本章では、かつての共同研究の場を中心に、とりわけ和算を通して見直したい。すなわち幕末維新期の下総（とくに干潟地域とその周辺）の和算を村落生活との関わりの中で論じていきたいと思う。

このような見方からすれば、あるいはすでに指摘した和算史研究の問題解明の糸口がつかめるかもしれない。とにかく、数学以外の立場から和算研究が袋小路に陥らぬように有機的に追うことに努めてみたい。

一　和算の普及

まず、最初に房総における和算の盛行ぶりを追うと、初期にあってはおもに領主レベルによる研究・応用が主流である。そのことは平賀保秀・村瀬義益・鈴木安且の幕府・藩への出仕などの業績から分かる。しかし、その後、石川弥右衛門・辻三作ら中央学者の来遊、あるいは逆に伊能忠敬の上京などと関係者の往来がみうけられ、それはさらに山口和・随朝陳・剣持章行らとの交流がますます頻繁になる傾向を示している。和算の発達は文化文政期以降、かなり顕著になる。その状況は算額の掲示数の増加からも明らかであり、このことはまた地域の和算家の簇生をも示している。こうした化政期の兆候は年々、顕著となり、ついには地元算家（とりわけ庶民）による著述の活発化となって表われてくる。さらに幕末維新期ともなれば、より一層逆に藩当局に招聘されたり（剣持章行ら）、あるいは公共事業に寄与する者（曽根静夫ら）も現われた。

次に表1によって房総における算額の分布を一瞥してみよう。ただし、該表は現存分であり、実際にはこれ以上に掲額されたことは確実である。数的には下総・上総・安房の順で北部ほど多くみとめられるが、とにかく、ここでは半島全域で掲額が盛んであったという事実を大事な点としておきたい。むろん、この算額数以上に多くの和算家が存在したのである。

表1　房総の算額分布（昭和四五年頃）

国	区域	数	国	区域	数
下総	千葉市	2	同上	八日市場市	2
	市川市	1		葛飾郡	1
	野田市	1		印旛郡	2
	八千代市	3		香取郡	12
	佐倉市	1		海上郡	3
	成田市	13		匝嵯郡	1
	佐原市	3		下総	1
	銚子市	7		（小計）	（53）
上総	木更津市	3	同上	山武郡	2
	市原市	1		長生郡	3
	君津郡	22		夷隅郡	2
	市原郡	1		（小計）	（34）
安房	館山市	1	同上	不明	2

（注）『千葉県の算額』をもとに作成。

以上は数量を中心にみた和算の発達状況であるが、次に質的な面に踏み込んでみよう。東総方面に和算を伝えた一人に辻三作正賢がいる。彼は「武江ノ産也。文化改正ノ春、総州銚子浦ニ来遊シ、飯沼村ニ寓居ス。数術ハ武江神谷子定令ノ門下ニシテ、関流算法ノ達人也。普ク諸生ヲ教導シテ其門葉尤衆シ。」と、下総東端の銚子に和算を伝えた功績が、文化三年四月に近隣の猿田村の関流五伝伊藤助司胤晴の『柴崎八幡宮額面算法解義』[3]によって紹介されている。この伊藤胤晴は遊歴者辻三作の学問を受け継ぎ、研鑽につとめ、『累裁招差法詳解』（文化二年三月）、『関流秘書極数潜題両伝』（同三年八月）、『関流秘書自約別約両伝』（同年一二月）などを著した人物である。そして、彼の門人は東庄地域（現香取郡東庄町）に存在するが、その一人、高部村宮沢理兵衛保知は農業の傍ら『円類五十題答術起源』（文化六年正月）、『精要算法』（同一二年一月）、『香取神宮額算解義』（同）、『下総国海上神

表2　花香安精の遺書

	蔵書	著述	その他	計
和算関係	写本96部 刊本46部 253冊	写本20部 36冊	写本40部 48冊	202部 337冊
暦法関係	写本15部 刊本3部 89冊	写本2部 7冊	写本7部 10冊	27部 106冊
合計	229部 443冊			

（注）・まだ追加される可能性が大きい。
・漢籍類は旭市立東公民館にあり（目録済）。

表3　花香安精の著作（確実なもののみ）

書名	時期	形態・数量	備考
算題愚考	文化5・4	写 2	
玉子明神額算解義	〃 5	〃 1	
算好案草	〃 7・8	〃	
関流點竄法	〃 13	〃 3	
算法諸書考源	文政2・11	〃 1	
惣社玉子大明神額面写	〃 11	〃 1	
宣明暦法歴私記	天保7・9	〃	暦学
精要算法解義	年不明	〃 6	
神壁算法術源解義	〃	〃 4	大作、師藤田嘉言への解義
続神壁算法解義	〃	〃 3	
算法解術	〃	〃 1	
算法	〃	〃	
算法天元式	年不明	写 1	

社柴崎八幡宮額解』（文政二年一月）などを地道にまとめていった。伊藤の門下にはほかに今泉村の石毛清十盛伝（生没不明）・今郡村の実川平蔵定賢（安永五年〜天保六年一〇月八日）がいた。彼らもおもに文化、文政期に利根川沿いの東庄地域で活躍したが、とくに後者は多くの門人を育てた。文政一一年の『惣社玉子大明神額面写』[4]（花香安精）には次のように記されている。

吾党実川定賢者　篤行乃士　性好数学　能窮関家秘蘊　旁通西洋之数術　諸約翦管　円理弧背　悉隠探賾　常以訪典子弟

同様のことは「東谷先生碑」（天保七年三月）でも「関氏之玄徴暦測之蘊奥　莫不通達　老而益精練　常人慕之」と称えられている。このように辻三作によって伝えられた和算は銚子・東庄を中心に栄え、一大グループを形成していった。そして、自らの手で徐々に和算書も作成されるようになった。

一方、その南隣には香取郡関戸村の高木長兵衛寿明（弘化年中没）がいた。彼は名主の傍ら算道の勉励・普及に尽し、『町見針術』・『当用算法記』（ともに年不明）を

算法點竄法	〃	〃	2	
額算解術	〃	〃		
鈎股百箇条本術并解義	〃	〃	2	
算題覚付表	〃	〃	1	
精要算法愚術	〃	〃	2	
別会題術解義	〃	〃	1	
方円算経逐斜解	〃	〃		
算法招差　算法翦管	〃	〃		合綴
算題苑下愚解	〃	〃		
雑術　通覧考源	〃	〃		
奇算並反別相場利足割	〃	〃		
算法五十条題	〃	〃		
関流伝書階級篇目	〃	〃		
関流御伝書所持覚	〃	〃		
数書目録	文化6・11	〃		
数学人名録	天保6	〃		
天保暦草	天保	〃	2	暦学

（注）・校訂は除く。
・署名のないものも多い（安精のものと思われる）、しかし除いた。
・門人によるものも除いた。

著した。その次子の安精（天明三年七月一六日～天保一三年五月一二日）は隣村・万歳村の名主花香家の養子となったが「椿園花香氏碑文」（天保一五年五月、万歳東福寺）には次のように刻まれている。

幼而好数学　受業家庭　及長周択良師　学點竄諸術於藤田　暦算推歩於石坂　西洋詳證術於内田観齋　数理之奥　無不窮極焉　子詳之於数術　非世之所謂闘巧衒術　以鈎名於当世（後略）

碑文中の家庭で業を受けたというのは父（前出）によるものであり、長じて後に教えを施した「藤田」とは関流五伝の藤田嘉言（江戸）であり、「石坂」とは天文学の石坂常堅（福山藩士）のことであり、「内田観齋」とは蘭学・関流和算・天文暦学の内田五観（江戸）のことである。いずれにしても、幼少より学問的条件に恵まれ、本格的に術を得ていった。彼の学問の成果のうち、算学・暦学関係の書籍を表記したのが表2であり、目下のところ、合計二二九部四四三冊の多量にのぼっている。そのうち、確実と思われる著作物について、編年で整理したのが表3である。なかでも『精要算法解義』（六巻）・『神壁算法術源解義』（四巻）・『続神壁算法解義』（三巻）は大作であり、また『玉子明神算額解義』や『関流點竄法』などは門人ら多くの人々に筆写されている。一方、彼の作品は至誠賛化流の中村時雨編纂『賽祠神算』（文化七～一〇年）などにも紹介されている。しかし、花香は孤高の学者として聳え立ったのではなく、彼の住む地域のために数学を応用し、さらに門人を育むことに努力していくのであるが、このことについては第二、三節で述べる。

この地方に剣持章行（寛政二年一一月三日〜明治四年六月一〇日）が遊歴しはじめるのは天保頃と思われるが定かではない。彼は上野沢登の農家に生まれ、生業の傍ら、中野谷村の小野栄重に通信教育で和算を受け、五〇歳の時、弟に家督を譲り、江戸に出て内田五観の門を叩き、一層、勉励し、「就中算法約術編中に載る所の新々零約術なる者は実に成紀の発明にして一奇の新法なり」[5]と高い評価をうけた。そして多くの著作を刊行して、その高説を披露して、ついに関流七世までになった。[6]しかし、その高名さ、識見ぶりを推し測る際に重要なことは門人達（とくにこの地域）との深い関わりである。そのことは剣持が鏑木村の門人宅で没し、同地に埋葬され、建碑されたことからも察せられよう。彼は没する直前の明治四（一八七一）年三月一八日まで、文久三（一八六三）年八月二日以来、遊歴日記[7]を綴っている。それは移動を中心とした足跡、収入と支出、出版のことなどが区別して記録されているが、まずはその一節を抽出してみよう。

（元治二丑年）

七月二日　出立馬を雇ひ万歳村十一町花香氏に着　茶漬振舞

夫より送りを得　同村大田町穴沢三右衛門至り止宿

十八日　　出立歩行にて送りを得　関戸村高木氏に着止宿

二十一日　出立歩行にて送りを得　鏑木村山崎氏に着止宿

文中の「花香氏」は安精の子の恭法（天保二年二月〜明治三一年三月）であり、大物代、のちには大蔵省権少属や第百四十四国立銀行（銚子町）の頭取などを務めた。[8]「穴沢三右衛門」とは同じ万歳村の地主であり、弘化三年には支配した安中藩より苗字を許可されている。[9]「高木氏」とは前述の高木寿明の孫（つまり花香安精の甥）にあたる道明

（天保二年一〇月二〇日〜明治一五年八月）であり、この時期にはすでに父のあとをうけて名主役を務め、傍ら剣持を師と仰いでいた。次の「山崎氏」は平右衛門青溪（文化一二年七月三日〜明治五年七月一二日）であり、鏑木村の名主の傍ら、剣持に学んだ。なお、剣持が没した門人宅とは同家のことである。表4は、さきの日記にみえる慶応元年の収入について、まとめたものであるが、この渡人とはすなわち門人のことでもある。また出版料出資者でもあり、剣持の寄留宅でもあった。むろん、前出の高木・穴沢・山崎もみうけられるが、とにかく花香安精らの世代からはひとつ若返っていることや算家の分布が広がっていることが分かる。

表4　剣持章行の遊歴日記にみる収入（慶応元年）

月日	金額	渡人		備考
五・五	一〇四孔	佐原	郡紋左衛門	
・一一	二〇〇疋	〃	八木善助	
・一五	一〇〇疋	大田部田	市原喜惣治	
・一八	三〇〇疋	銚子	深井安太郎	
六・一九	二〇〇疋	〃	田中言之丞	
〃	五〇疋		野崎治助	
七・朔	二〇〇疋	銚子	岡本吉兵衛	
〃	〃		宮崎倉之助	
〃	〃		飯田与輔	
〃	一〇〇疋		岡本重兵衛	
〃	二〇〇疋		津の国屋治兵衛	
・二	〃		植田幸太郎	
〃	〃		植田常治郎	
・一八	三〇〇疋	万歳	穴沢三右衛門	薬も
・二一	五〇疋	関戸	高木孝輔	
・二九	一〇〇疋	鏑木	山崎平右衛門	
九・七	五〇疋	万歳	穴沢三右衛門	薬も

　剣持の門人はこの比ではない。下総のおもなものだけでも香取郡一四名、海上郡五名、匝瑳郡六名、埴生郡一名、印旛郡一名、千葉郡二名、葛飾郡四名、相馬郡一四名である。彼はこれらの地域を大体、利根川沿いに東下し、東庄・銚子を経て、干潟地域に現われ、大寺・八日市場そして多古・成田に寄り、江戸に戻った。そして、しばしばの遊歴により算家は急速に増大していった。その間、多くの著書を刊行していくのであるが、とにかく大事なことは、それらのほとんどは門人、とりわけ高弟と目される人達によって編集されたことである。例えば代表作である『算法開蘊』（嘉永二年一二月）の場合も下総の原半五郎尚芳、上毛の中曽根慎吾宗郁が中心となり、校訂に当たっている。「是迄之諸算に見へざる新考之妙術を施し自説之説を述て其功を弁知せしむ。明弁詳密実に古今比類なき約術之珍書

也」と出版元（岡田屋嘉七）が宣伝した『算法約術新編』（文久二年八月）の場合もむろん自論も含むが、かなりの部分は門人の校訂によっている。以下、その人名を列記してみよう。

上巻…北総（青溪僑、高木孝輔道明、近藤作兵衛安精、飯嶋利兵衛利庸）常陽（坂巻又右衛門英永）
中巻…北総（恭窓勝）南総（齋藤四郎右衛門成憲、上代松一郎咸熙、木内重四郎正胤）
下巻…上毛（中曽根慎吾宗邡、田口文五郎信武）上総（掲碧修）

これらのことから、おおむね生家の上毛については里見村の中曽根宗邡が、東総のうち、銚子方面は原尚芳、干潟方面は山崎青溪が多くの門人を代表して、とりまとめをするなど活動していたことが分かる。しかも、この時期になると東総の銚子・東庄グループと干潟グループは接合され、共に一大学習運動の勢力となった。さらに剣持自身も逆に門人の力に刺激され、次々と新しい研究に取り組んでいったといえよう。

以上、本節では房総、とくに東総を中心に質量両面から地域における和算の普及と発展を追ってみた。従来唱えられてきた、近世中期以来の日本数学は見るべきものがなく、停滞してしまったという考え方に対しては、少なくとも地方あるいは民間レベルでは断定しがたく、むしろ逆の方向であったといってよい。

二　和算研究の実態

本節では、⑴村人はどのようにして和算に関わっていき、⑵どのようなことを学び、究めていたのか、ということを中心に検討していきたい。ところで、この問題については和算＝趣味的・非実用性という捉え方（とりわけ近世後半について）が有力である。つまり和算は和歌・芸能などのようにひとつの日本文化としてあったという考え、あるいは算額などを掲げ、難問・奇問を競う蛇道に走ったという解釈などである。そのことを念頭に、以下、資料に当たっていこう。次のものは文化末から文政初期の頃、東庄（笹川）の一農民によって書き留められた「算法智恵の海」[10]なる文書である。

寏（爰カ）に浅男とも相集リ聊カ算術ヲ眺んために、文化度之方位間数も不知らして萩原村根岸より中央迄の間数六尺縄を以六百六拾弐間ニ斗而須賀山村の根岸まで右縄ニ而六百七間ニ斗リ五十三間違ひ杯々新説の余り終にめんめんの愚に成事お（をカ）しらずして浦方掛りへ願出候程の浅智ゆへに乍憚浅男と唱へ而道乍居隣村までも事広まり玉ふ唱へに相成候得者聊カ的中ハ明日のてらすか如く禍ひの雲々も下に居ながらにして騒動す、何程拒み候而茂曇りなき心にとりてハ昔年延喜式ニ曰ク、無実の罪ハ是ならんと思へとも愚と賢しとハ生付の物なれ、算法乃教への意味ヲ不知られバ異見にも教しへにも及ぬ、鯉の滝登り水か（がカ）無けれバ浮雲ひもの哉々、相締め筆留致し門人衆へ稽古のために比後に至り算術にて致り算術にて致し亦絵図めんにいたし、ものさしにて道計亦は町見までにあらわし……

一、其算術ニ曰ク浅男とも相計り候六百六十弐間ニ六尺ヲ乗じて……

実にリアルに自分達の実生活の必要から算術を志向していく姿が描き出されている。実際、このようなごく簡単な動機から和算に関わった者が少なくなかったであろう。

文化三年四月、猿田村の伊藤助司胤晴は前出『柴崎八幡宮額面算法解義』の中で、師の辻三作について、文化元年春に銚子に来遊し、飯沼村に住んだことを紹介している触りはすでに記した。その続きは以下のとおりである。

夫レ銚浦ハ東海ノ輻湊ノ地ニシテ数艘ノ船舶出入シ、数千ノ民屋軒ヲ争ヒ、農夫商売漁人区々般々タリト雖トモ数術ヲ以テ世ニ鳴ル者ヲ未聞、今辻氏来テ数道ノ種ヲ播ス

中央学者の来遊が学問的雰囲気の地に適当し、開花することは前節で剣持章行などを例としたが、とりわけ該資料のように初期、そしていわゆる「町場」の場合はそうであった。

門人の伊藤胤晴は『初生日用算』（年不明）を著わし、後に見広村四郎右衛門ら近隣農民らにしばしば筆写された。簡単に項目を列記してみると、相場に関する事柄が目立つ。

・相場割　・相場小判之事　・割躍割増之事　・利足割之叓　・地方石盛取箇検見之事　・相場穿鑿之事

この頃、関戸村の高木寿明（前出、安精の実父）は『町見針術』や『当用算法記』（年不明）をものしているが、[11]ここでは後者の一部を抜き出してみよう。

今米拾俵四斗入金壱両ニ付壱石弐斗五升の相場に売之時代金何程と問

答日代金三両弐朱ト銭五百二十四文

術　拾表を置四斗をかけ四石と成を相場壱石弐斗五升ニ割ハ永三貫弐百文と成金に切て余り永七十五銭相場七貫文を掛を之但し場銭有ハ目を引之

いずれにしても米俵の相場に関する計算を算題としている。また子の花香安精は『精要算法解義』（年不明）において次のような作問をしている。

今万才村よりさゝ川岸迠米八斗ニ付駄賃百二十四文之万才村ニ而地はなしの相場壱石弐斗五升ニ買立之右駄賃を引岸相場何程ニ当ルと問

答日岸相場壱石弐斗壱升六合余ニ当フ

術　日銭を置場銭へハ目をすて百二十五文と銭相場七〆文ニ而割壱石弐升をかけ……

ここで注目すべきことは自村の万歳、利根川沿いの笹川河岸という地名の採用であり、これは地域の題材化である。この花香の甥の高木孝輔道明（前出、寿明の孫）や鏑木村の山崎青溪（前出）らが校訂者として中心となった『算法約術新編』（前掲、剣持章行著）にある下総門人分の題材を列記すると、次のようであるが、最初の二つがまとまっている（三件、他一件）。

・米相場　・桶周　・駄賃　・両替　・枡積　・周　・円積　・俵数　・新開地掘割

この傾向は剣持を中心とした『検表相場寄算』（安政三年）や『算法利息全書』（同四年）でもますます顕著となるが、重複の嫌いがあるので割愛する。また、これまで紹介した書の中には例えば「元金へ会席毎ニ月限利足算用ニ致シテハ不〻合ナリ、是法組ヨリ月限算用ニアラサルユヘ也、月限ノ理ニ拘ラス年限分テヨル方宜シ」（『当用算法記』）などと普及する頼母子関係のものも時々見うけられる。

これまでの事例で明らかになったように、和算は商品経済・流通の拡大とともに大きく普及していったのである。次に農業生産、あるいは土地開発の分野をかいまみよう。前掲の『当用算法記』（高木・花香）に下記のような題文が載せられている。

今農夫あり一日に転る事七畝耕すハ一日六畝之又種る事は一日五畝之　今老人の農夫一日に転耕種をいたす体身其田を作る事何程と問

農民和算家の面目躍如たる問題文であるが、日々の営農の中で数学を応用したのであろう。このことは同じ万歳村の農民であり、剣持章行と交わった穴沢三右衛門（前出）が丹念に仕立てた「大福帳」（安永一〇年・明治三年）「貢米作徳地引割立帳」（天保一四年〜）などの経営帳簿からも類推できよう。

大規模な土地開発の粗方はすでに完了していたのであるが、興味を示す地域和算家もいた。天保五年に『椿新田古来記』を読んだ東庄（笹川）の五十嵐光清は写本の最後に次のように記している。[12]

右者安永七年写本致罷在候共多書様又者算用違等有之碇与被難用追而実書被引合糺銘細ニ相仕置可申候

剣持章行と門人の著作では『量地円起方成』（嘉永六年六月）がきわ立っている。この校訂者は下総では原尚芳（銚子）・山崎青溪（鏑木村）・岩井豊勝（足川村）であり、上毛では中曽根宗邡（里見村）らであった。書林（平野屋平助）は次のように宣伝している。

此地に在て彼地への遠近を知るを先とし、夫より高低広狭及び形の大小眼力之及ぶ処、至らずして爰に詳らかにす、是円起方成陽生成の理を具し、其算速にして百的百中を得るの奇法之、且平仮名にて野外の量術並ニ算術を書記し……

同書は上・下巻を、のちに後編（全二巻）も刊行されているから、かなりの評価を得たものと思われる。また実際、剣持の有力門人金親昇一郎（文政四年一二月～明治二三年一月、万力村）は近隣の松沢野や小間子野を桑田として開墾し、養蚕の普及に精励したり、明治初年には利根川修堤を新治県に建言している(13)。

さらに隣郡の埴生郡小菅村の藤崎嘉左衛門（文化七年八月一五日～明治二四年九月一日）なる農民和算家は縮地術などに優れ、時期は不明ながら『量地測高』、『量地提要』など水準の高い測量書を著し、のこしている(14)。

次に前記した事柄・分野と重複する部分もあろうが、いわば日常一般の生活と和算のつながりについて、いささか触れておきたい。それにしても日用の稗益云々という文言を含む和算書は多い。また嘉永七（一八五四）年正月、清滝村の農民木内義徳が撰した『算法日用集(15)』の冒頭には次のように序せられている。

此集は初心之人稽古之本として日用の諸相場割并地方取箇等のあらましを載せて童蒙之便利とすや八算見一之術とても軽きにあらず、増て平法以上之術段におゐて執心其恙（定カ）に随て追々伝授すべき事より諸相場之事も其国其処の風に随て立相場にかわりあり、都て上方御国ては何十何百買へと壱両之相場を立直とすや壱分之相場をもって立直とする処も有、此辺は金壱両ニ何石何斗と通用する故土地之通用を以誌す……

一覧のように本書は初心者向けに、日用の事柄について、土地の状況を勘案して編まれたことに特徴がある。

隣村見広の嶋田常七なる一農民による『関流算術稽古之控』（安政二年正月）の算題項目を多い順に並べると次のようである。

・貸金利足（4）・梨と瓜の代金（4）・酒の升数と代金（4）・油の代金と数量（3）・醤油の代金と数

量（3）・桃の分配の人数と個数（2）・綿の代金（2）・梨と柿の代金（1、以下同）・米と大豆の俵数と石数　・木綿糸繰の糸数　・鰯の籠入数　・俵の運賃　・綿打賃　・立法一目瞭然、金肥となる九十九里の鰯など、ほとんどが即生活に役立つ事項である。

かの剣持章行と門人による『算法約術新編』の序文の場合も「此書日用要務之問数条を挙、是迠之諸算に見へざる新考之妙術を施し」ていると強調している。

このように、当初、地域民はごく身辺の村落生活の必要から数学の知識を求め、その後、地域の和算は内容の充実が顕著となる。応用分野の拡大とレベルの上昇をさしている。その背景には単なる算家の増加のみならず、商品経済・流通機構の拡大、あるいは農業経営や土地開発への再認識、さらには社会状況・日常生活の多様化といった現象などがあった。つまり和算は好事家に趣味的に関与していたとは少なくとも地域・庶民にあってはいえない[16]。ただし、和算が即実利学問としてのみあったわけではなく、基礎学問として位置付けられたり、また抽象化されることもあったことには注意しておきたい。例えば、文政四（一八二一）年四月二三日、笹川の林半兵衛直正は雨乞いのため「算題として村高を問」うことを諏訪明神にしたところ、翌日「御感応有て御恵」みがあった。そこで和算を「神恵稽古中へ広めたて」ようと決意している[17]。このように村落の和算は信仰など、地域共同体的なものともかかわり、維持・拡大されたことも見落すことはできない。

なお村役人層を中心とする地方支配と和算との関係については次節に譲る。

三　和算の教育事情

遺憾ながら、日本教育史研究の中で和算の占める比重はきわめて軽い。特殊な扱い、あるいは軽視、さらには無視されることもあった。そのような処置はやむを得ぬことなのか、あるいは開拓していくべき分野であるのか、ということも考慮しつつ、(1)和算家はどのような気概とか意識で教えようとしたのか、(2)どのような方法で教えていたのか、(3)どのような意義があったのか、という点を解明してみたい。

まず教育の気概・意識については、その厳粛ぶりが第一の特色としてあげられる。文化三年八月、伊藤胤晴は『関伝秘書極数潜題両伝』・『関伝秘書自約別約両伝』を著し、高部村（現東庄町高部）宮沢利兵衛らによって筆写されているが、両書ともに、開方翻変の部は追々授けるべし、しかし、今は門人にその器はいない、みだりに伝えるのはよくないと戒めている[18]。その後、万延元年七月一七日、米之井村の帯刀と治左衛門は宮沢利兵衛の嗣子伝兵衛に対して「町見術執心ニ付達而御頼申上候処、御門下ニ御加入」を許され、「起請文之事」でかたく誓わされている。

遊歴者剣持章行が鏑木村山崎青溪へ免許皆伝をする順序は次のようである。

・嘉永七年七月　第一見題免許
・安政六年九月　第二隠題免許
・同年同月　　第三伏題免許

もともと和算は学問教育において、より専門性・段階性が明確であるため、以上にみたような意識が指導者の胸中を占めたと推察される。

ところで従来の研究では和算教育は閉鎖的・ギルド的であるとされてきた[19]。そのことは流派への固執や秘伝などをいうのであるが、具体的例証が欠如しているために解釈に苦しむところである。花香安精（関流）の場合はどうであろうか。彼は『数書目録』（文化八年一一月）で『算法発端』以下、最上流伝書全五三部五三九冊を記しているが、当然、他流派にあっても注目すべき書籍としてあげたのであろう。実際、現存する彼の蔵書には宮城清行の『新編和漢算法大成』（宮城県）・会田安明の『算法天生法』（最上流）など他流派のものも少なくない。さらに天保六（一八三五）

年二月、安精は目にとまった算家を『数学人名録』として二四名ほど、書き留めているが「佐倉住　最上流鞍屋兵助胤陳」、「上総あを　会田門人飯高惣兵衛金持」らも含まれている。

一方、当時、巡遊する算家は辻、剣持だけではなかった。越後国水原の山口和が東総に現れるのは文化一四（一八一七）年一一月一日のことであり、当日は笹川村林半兵衛宅（前出）、翌日は今郡村実川定賢宅（同）に泊している。その二日には花香安精の題術を実川宅で見たり、玉子大明神の算額を写しとっている。三・四日は銚子に行き、松本村の塚本五兵衛利正（宮城流、『芝崎八幡宮奉納算法一条』を著す）の額を西柴崎村八幡宮で写すなどして、六日には鹿島方面に向っていった。ここで注目すべきは以下の三点である。(1)東総算学関係者は他地域の算家をさしたる抵抗なしに受け入れている。(2)そして遊歴者もその地域の優れた算術を学びとっている。(3)しかも対象が他流派のものであろうともそうしている。そして彼も「算者控」として、下総の場合は二六名、関流・最上流のものなどを列記している。[20]

次にいささか長文であるが、花香安精による『玉子明神額算解義』（文化五年）を掲げてみよう。

往年岩瀬秀永門人、算法題術四条を撰み、秀永これを鑒定して惣社社頭に献納す、其後伊藤胤晴門人実川定賢・石毛盛伝なる者、其題術文義欠て其理を別知しかたく疎味にして取用ゆるに足らさるゆへ、其題術を改正して同社に献納す、予も又伊藤門下二子の懸る所の其術路を探り起源を窺ふに初題二条、二之題、三之題の四術は、予か施す所の術に密合す、第四の術は予か術と比するときは同く二十九乗方開之といへとも、術中文義変異して繁長なり、然りといへとも予か施す所の術も果して足らざること必せり、其尽さゝるところは先生の鑒定を冀ふと云爾

文化五戊辰年孟春　下総国香取郡万歳村住

関流六伝　花香安精識印

上　藤田龍川先生

地域の算家同士が自己の流儀のみに走らず学問を通して競い合い、否定的に媒介していく、いわば自己教育・相互啓発を彷彿させる。それは確かに秘伝主義的な算学者も存在したであろうが、その点を今日、とりわけ和算について強調するほどのことではない[21]。

次に和算の教授方法について追ってみよう。伊藤胤晴の孫弟子、東庄青馬村の川津惣吉定明は「點竄指南」（文政四年一二月）で和算は「幼年ノ時ヨリ心ニカケ出精スヘキ物ナリ」と述べている。同じ頃、隣郡の花香安精は『関流點竄法』（文化一三年三月）に自叙を次のように綴っている。

今此書は諸算書に拠て、巻首に日用・売買・貸借の急務を記し、それより天元演段及方円・容術・招差・翦管・約術・諸法諸術の雑題に自問自答を加へ、関流點竄の妙法をあらはし、門生に示して卑きより高きに登るの階梯となす……

このことを具現化すべく、彼は『関流算学伝書階級篇目』（年不明）によって「寄算」から「円理起源密術乾坤之巻」まで修得の段階を一二九に分けている。それにより彼は万歳村の高山和吉豊昌・江鳩藤吉貞因、寺嶋雄司義陳、関戸村の高木恒八道賢、清滝村の古川重蔵長因、平山村の嶋田芳蔵演治、大久保村の佐藤治兵衛茂啓、舟戸村の渡辺金蔵寛利、冨田村の篠塚七郎右衛門忠因らの門人達を育成していったのであろう[22]。すでに指摘した算学教育上の気概・意識（厳粛性）はこうした学習の段階重視から導き出されているともいえよう。また、そうしなければより専門性の強い数学知識の獲得は難しかったのであろう。

それだけに逆に算学のリーダーの間では指導内容にさまざまな検討がなされたが、それは容易さと日常化・実用化につきる。後者についてては前節の『当用算法記』・『算法日用集』など、あるいは右の『関流點竄法』を想い起こせば関連して理解できるので省略し、前者の容易化（むろん日常化・実用化と表裏一体）のみを検討してみよう。文化初年、伊藤胤晴は『付問答術』において例題に地域の村名を含めながら、「簡易ノ捌術モアランカ弔モ又琢磨〆簡術ニアタリナハ追々可贈之先愚考ノ術能々勘考ヲ希ノミ」と注記している。(23)

こうした努力はますます続けられ、天保元（一八三〇）年、隣郡の押畑村（現成田市）の幡谷信勝（寛政八年〜安政七年一月）は『算法いろは歌』を作った。同書は嘉永六年に赤荻村（前同）の日暮佳成（生没年不詳）によって改訂されている。その「い」の部分を抽出してみよう。(24)

い　米一升之代百二十四文の時　両の相場を問

　答　五斗一升二合　〆四百文

一升の米代せんを　法にして両せん　割ば一両の米

但、左右の銭同じにして

幡谷信勝の孫弟子の後藤磯右衛門（天保元年〜明治二四年五月、押畑村）は明治一一（一八七八）年一〇月、『小学珠算五百題』を初心者・童蒙のために刊行している。その編集には文を短くしたり、俚言を加えるなど工夫をこらしている。

また近隣の飯田新田の飯嶋武雄（安永四年〜弘化三年七月二九日）は天保四年一月、『算法理解教』（初編）を上梓しているが、次のような序文を掲げている。

算ハ理外無別伝なれバ自なる道理を能得べく能得さすべし、其遠きと近きとの教やうによる事初学ハ殊に甚し……頑人のさらに知らぬも緒よりよく見て切毎に自得しツヽ次第に学て得られざるハなし、又得たる人の人に教ゆるに是を見てかく道理を得させつつ此順に教ゆれば狭く学て広く用ひらるゝなり……

そして以下、「一ノ切」から「二十二ノ切」まで学習の段階・順序を具体的に列記している。

弘化三（一八四六）年、佐原の照良先多啓（生没年不詳）なるものは同地の正文堂より『地方算法捷経略註』(25)を刊行しているが、「此書地方ハ近道かけ算八算割其歩を急に題して近道といふなり」と答術の簡便さを特色としている。

以上のように和算教育は内容の段階性・実用性とも関係し、解法の簡易化が関係者によって年々、推進されたといえよう。(26)

最後に問題点として気にかかることは、和算の教育・修得の歴史的な位置付けである。つまり大局的にとらえて、何のための質量の向上であり、また非ギルド・実用化・容易化であったのかという大きな問題である。事実、旧村役人クラスの文書・書籍には「算法地方大成」などの地方支配に関する算書を多く散見できる。また『地方凡例録』など、いわゆる「地方書」にも数術の記載を多くみとめうる。ゆえに当然、領主支配機構の整備と確立の過程で和算が発達したことは否定できず、そして支配の末端部に位置付けられた村役人はその修得を余儀なくされたのである。しかも、こうしたことは近世の早期から進められたことと思われる。

本章でしばしばとりあげた万歳村名主の花香安精の碑文には次の部分がある。

……誑誘愚民矣　以成己之功利之類　専用之実用急務　凡於農畝之務　自歩畝経界　土宜貢賦　以至播種耕耨培養収穫　無不精　究其事宜　苟事之有益于人者　開喩懇倒　啓胸露懐　推之於其腹中　賑窮乏撫幼孤　令其莫逃氓離散之患　是以稼不失其時　穡不謬其節　膏腴之地益肥　瘠鹵之田更闢　衣食有余　而民無不楽其業焉……

地域のリーダーとして、和算を村落の経営に援用している状況が明確に刻まれている。

その後、天保二（一八三二）年一一月、ほど近い松沢村の「芋掘名主」を自認した国学者の宮負定雄（寛政九年九月一〇日～安政五年九月二二日）は自著『民家要術』（天保二年）の中で算術教育の必要性を次のように訴えている。

諸芸は身の宝、之を習ふは生涯飯を食ふ種なれば即命の親なり……さて小児の芸は……算術は関流の點竄術を習はすべし、算術を学ぶ者は位算を能く明むべき也……書等よみ物かくわざや算術知らでは人の叶はざりけり

名主である彼にとっては、村落を蚕食する荒廃の状況を救済し、立て直す術として和算をも無視できなかったので

ある[27]。

ただし、こうした村落指導者の意識が、いわゆる「政治支配」的立場からの和算観と同等とは言い切れない。明治のごく初年の例ではあるが、万力村の金親昇一郎（前出）の碑文[28]には「明治之初旱凶遊至翁時為里正強請県官減田租」と事蹟が刻まれていることからも推測できよう。

その一方、というよりはかなり多くは各人・各家の生活の自立と向上のために、あるいは社会的変化への対応のために和算の修得・指南をしていた。図表化にはかなりの困難があるものの、この部類に属すると思われるものは今までとりあげてきた伊藤胤晴・花香安精・山崎青溪らを取り巻いた人々である。彼らは必ずしも上層民とはいい難いが、例えば花香安精の門人達のように共同して掲額したり、その内のひとり古川重徳のように和算塾を開設したり[29]、同じメンバーの渡辺寛利のように著述したり[30]、あるいは剣持章行の門人達のように共同出版に加わったり、さらに見広村・清滝村の農民のように社中を結成して学習している[31]。

それにしても、地域算家が自ら編んだ算術書の内容には支配に関わるものは少ない[32]。

以上、地方の和算の指導・研究が興隆していく背景には(1)全くの支配的立場というより、(2)村落のリーダーとしての意識の濃いものと、(3)各人の自立・向上のために教養としてのものと、多少のずれは階層的にあったと思われる。

むすび

誤謬を犯すことを恐れず、東総地域を中心とした和算家の実態を素描し、解明点をそのつど整理してきた。そして地域の算家が村落生活の中で、どのように学問をしていたのかを追ってみると、従来、数学者らによって唱えられてきた学説とはだいぶ異なる点が多いことに気が付いた。

第一節では、江戸中期以降の和算研究低下説に対して、質量ともますます向上・拡大化が図られていること、少なくとも地方・庶民レベルではそのことが明確であることを証明した。

第二節では、和算研究の実態を追ってみた。これも爾来、主唱されてきた趣味的・非実用論に対して、村落生活の必要の中から、しだいに経済面に、農業生産・土地開発面に、そしていわゆる日常生活一般へとますます和算が援用されていく経緯を指摘した。また、そのことは単なる実利面の採用だけではなく、村落の信仰などとも深く結びつく部分もあったことをも知り得た。

第三節では、不思議なことに今まで等閑視あるいは軽視されてきた和算教育史についてふれた。まず和算家はどのような気概・意識で指南に当たっていたかをみると、意外なほど厳正・厳粛な姿勢で臨んでいることが分かった。そのことは内容の専門性・階梯（段階）制の強さに依拠していた。次に教授の方法については、従来いわれてきた閉鎖性・ギルド制論は解釈に無理があり、正しい結論とはいいがたいことが分かった。指導はさきの専門性・段階性ゆえに順序・内容などもかなり吟味された。それだけに指導のテクニックは日用化・実用化と相まって容易さ、簡便化が研究された。本章の最後では当時の和算教授（逆にいえば修得）の目的を階層性とのからみで分析した。結論として地域民は領主的立場による支配手段としての和算への興味は極力少ないながらも、リーダーとして村落の形成・発展・保持を第一義とするものと、それよりは階層は下位で各自・各家の自立・向上をまずは重視していくのであった。こうした事情は全体としてみれば和算の発達を促す要因であった。結局、和算教育者は閉鎖的ではなく、多くの人を対象に厳しい姿勢で専門を段階を追って、わかり易さと実用化をめざし尽力していたといえよう。

なお、このあと明治期の洋算採択に和算家は直面していく。この問題については「明治期の和算」(33)と題して、別書で論じたことがあるので、参照されたい。

注

（1）高柳光寿・竹内理三編『日本史辞典』角川書店、昭和四九年。
（2）萩野公剛『算額研究史』（上・下、富士短大出版部）など。
（3）三上義夫「文化年中に於ける銚子並に近郷地方の数学（三）」（『千葉県図書館情報』第四六号）。
（4）三上義夫「文化年中に於ける銚子並に近郷地方の数学（四）」（『千葉県図書館情報』第四九号）。
（5）高橋周楨『近世上毛偉人伝』成功堂、明治二六年。
（6）田村丑十郎『吾妻郡先賢小伝』『上毛の和算』みやま文庫、「予山剣持先生碑」。
（7）旭市鏑木、平山忠義家所蔵文書、表題は欠落している。
（8）『干潟町史』干潟町史編纂委員会、昭和五〇年。自由民権運動で名高い花香恭次郎は恭法の養子である。
（9）同家は天保一〇年で約二五町歩を所持している。
（10）東庄町笹川、野口徳蔵家所蔵文書。
（11）実際には、子の花香安精が校訂している。
（12）東庄町笹川、五十嵐泰三家所蔵文書。椿新田は幾度も失敗のあげく完成した大干拓事業である。この規模の開発は江戸初期に地方巧者らによってなされた。この点で『海上町史』は参考になる。
（13）「蘆洲金親翁墓銘」。
（14）成田市川栗、藤崎惟徳家所蔵文書。
（15）伊藤胤晴の『初生日用算』をもとにしている。
（16）本章「はじめに」で紹介した三上義夫・丸山清康の著書、近年では浜田敏男「上州境町とその周辺の和算家の生活」（『実学史研究』Ⅱ）など。
（17）前掲注（10）野口徳蔵家所蔵文書。博徒として勇名をはせた羽計村名主の子の繁蔵も同人に数学を学んだ。
（18）「追々以訣可授与之」とか「門人不当其器妄不可伝之」などと、序文やあとがきにしたためている。
（19）本章「はじめに」で扱った小倉金之助の著書や『数学セミナー』など。
（20）『道中日記』。全国各地の遊歴は文化一四年四月から文政一一年一〇月まで六回に分けて行われた。松崎利雄「山口和『道中日記』抄」（『数学史研究』六六号）は参考になる。

(21) 例えば入門の際の誓約書には、他に伝授内容をもらしてはならない旨も記されている場合もある。しかし、これは学問や師弟関係をおろそかにしないためのひとつの儀礼であり、他の分野でも時々、見うけられる形式である。

(22) これらに溝原村の菅谷半蔵保道（高木道賢門下、安精の孫弟子）を加えた一〇名は文政一三年一一月、清滝村の龍福寺に掲額している。

(23) 実際、彼の著した『累裁招差法詳解』（文化二年三月、日本学士院写本）には「以使初学易暁之也」と序に記されている。

(24) この例は日暮のものより採録した。

(25) 千葉県立中央図書館所蔵。

(26) 前記資料からも推察できるように、和算教授は必ずしも学童ばかりを対象とするのではなかった。逆に学ぶ側にも年齢にとらわれることは寺子屋の場合よりは少なかった。そのことは今までみてきた実用化・容易化の成果とも大いに関連していよう。その結果、剣持章行は『算法開蘊』（本文前出）の中で「師なくして会得し安きやう」配慮している。また万歳村の寺島三四郎は『為独学手引算法』（寺島正家所蔵文書）を携用している。つまり和算の普及は就学機会を拡大させたといえよう。なお寺子屋教育などとの関係は今後、検討を要するが、赤羽千鶴「和算家の修学」（『信濃』第三八巻第二号）は研究の糸口となろう。

(27) 干潟地域に住み、のちに宮谷県に献言書などを出す鈴木雅之も『民政要論』（慶応年中）で数学教育の必要性を唱えている。また逆に剣持章行のように佐倉藩に講義のために招請されたり、山口宗勝のように明治政府の地租改正事業に協力を依頼される例は珍しくはなかった。

(28) 前掲注（13）。

(29) 清滝村のもの。自宅で算学塾を開く。

(30) 船戸村のもの。『算法六問答術解義』。

(31) 「観月堂社中」という。

(32) 逆に数学知識によって反権力闘争へ連続するのか、否かは今後の課題である。

(33) 『歴史論』第八号、昭和六二年。

第4章　明治前期の地域学習運動

はじめに

明治期の研究にとって無視できないのが、自由民権運動である。それだけにこの研究は、かなり深められていることは周知のとおりである(1)。そして千葉県の場合も、いくつかの事例研究が進められている(2)。本章は先行研究を意識しつつも、何々社とか何々会とあるものを即政治史、とりわけ、政策史的な角度では追わない。一般の村人は日々、どのように知識を得たり、教え合ったりしたのだろうか、またそれをどうしようとしたのだろうかということを地域の実態に即して追う(3)。

そうした問題意識で、本章では次の諸点に問題を絞りたい(4)。

(1)なぜ、なんのためにグループが設けられるのか(設立の目的の経緯)。
(2)どのようにしてグループの活動をしていたのか(活動内容)。
(3)どのような人達が加わっていたのか(構成員)。
(4)これらは、その後、どのようになっていくのか(終末や次代への変質の様相)。

このことにより、近世との関わり、地域のグループの性格と内容、さらに過渡期における再編成の問題に迫りたい。なお前代からの性学はこのころ、旧派（幽学直門派）と新派（新興の石毛派）に分かれて対立する中で「丹精奉公」をスローガンに精神運動となっていく。そのことを折々横目でにらみつつ、素描していきたい。

一　書籍および書籍会運動

書物を読むためには、まずそれを入手せねばならない。当初は個人的であったものが次第に共同して集めて読み、さらに読んだことを話し合い、機会があればその成果を実行したり、刊行物を出していく。さらに集めたものを保管する。本章では、そうしたものを「書籍会」とよぶ。むろん、こうしたことの一部分しか活動しなかったものもあるし、また会の名称もさまざまと思われるが、便宜上、このように呼ぶこととする(5)。

表1　千葉県の書籍会一覧

設立		所在地		
年	数	現在の郡名	当時の郡名	数
明治12年	4	千葉	千葉	2
13	3	東葛飾	東葛飾	1
14	12	印旛	印旛	2
15	12		下埴生	4
16	1	長生	長柄	2
17	1		上埴生	1
18	8	山武	山辺	4
19	1		武射	2
20	7	香取	香取	22
21	5	匝瑳	匝瑳	1
22	2	海上	海上	0
23	0	君津	望陀	1
24	0		天羽	5
25	0		周准	4
26	2	夷隅	夷隅	1
		安房	安房	1
			長狭	1
			朝夷	2
		不明		2
計	58			

注）東京大学明治新聞雑誌文庫所蔵の諸新聞・雑誌により作成。

千葉県下の書籍会運動の実態を調べてみると表1のようになる。目下の調査では五八を数えることができる。年次的にみると、明治一〇（一八七七）年ころよりあらわれはじめ、一四・一五年ころをピークとしている。分布をみると香取郡が最も多いながらも、全県的に普及していく。会員は一グループ当り、最低一六名から最高一五六名であり、平均すると五〇・七名となる。この表に関連する他のデータについては、紙数の関係で詳細には提示できない(6)。しかし、地域民は書籍に、そして書籍会に、だんだん興味を示していくことがわかる。

　こうした風潮にあって、干潟地域はどうであったのか。そこでまず簡単に、旧千葉県香取郡干潟町（現旭市）内の書籍についてふれてみよう。

　この干潟地域にはかなり多くの書籍が現存する。しかも近世末期においてすでに読書・出版が積極的であった。宮負定雄は平田篤胤の出版上木団体「進修会」の中心となったり、自らも「農業要集」（文政九年）などを刊行している。花香安精は算学・暦学関係の書を収集したり、自らも「玉子明神算額義」（文化五年）などを執筆している。平山家では「書籍貸借簿」（文化一〇年六月）や「読書録」（天保五年正月）を作成している。あるいは寺島家や東公民館所蔵の書籍にはいたるところに書き込みがある。こうした伝統はどのように生かされるのかは後に述べることとする。

　しかし、現存の書籍そのものの正確な数量的把握は難しい。一応、作成した資料所在目録の書籍の部分について分類し、集計すると次のようになる(7)。

⑴蔵書の状況。

　一〜五〇冊―一一戸、五一〜一〇〇冊―八戸、この程度は一戸で集めうる範囲である。一〇一〜二〇〇冊―四戸、二〇一〜三〇〇冊―一戸、三〇一〜四〇〇冊―三戸、四〇一〜五〇〇冊―二戸、五〇一〜一、〇〇〇冊―二戸、このくらいだと個人の場合は専門分野に興味をもったとか、村内の最上層のもの、あるいは複数（代々）によるものと思われる。一〇〇〇冊以上―二戸、これはもう組織的である。

⑵一戸平均の蔵書は二四一・一冊である(8)。

⑶分野別内訳は漢学関係が四三・四％で最も多く、次いで和学が二六・二％、教科書類七・九％、その他二一・五％である。

(4)刊年別にみると年を追うにつれ増加し、とくに江戸期には天保年間より急増する。[9]また明治期にも一層増加する。
(5)しかも、その中には地方本も相当数みられる。

二　蛍雪社の活動

本節では、この地域における読書・出版の高まりのようすを、先の問題意識（知識獲得の具体相）と観点（設立目的・活動内容・構成員）で事例を追うことにする。そこでまず、旧干潟町西地区にあって、同じタイプのものから扱う。

明治一三（一八八〇）年四月、万力村（万力学校内）に蛍雪社なる一社が設立された。同社の目的は結社と同時に結ばれた社則の第一条に「本社ハ有志各員共同醵金シテ普通ノ書籍ヲ講求シ、以テ読者ノ公益ヲ議リ、各自ノ知識ヲ拡張スル所トス」[10]とされているが、まさに書籍会の概念そのものである。

では、このような結社の直接の動機は何であったのか。この点について同年七月二一日付の具申書の写には次のように記されている。

今ヤ政府ト閣下ノ奨励ニヨリ各地纔ニ其子弟ヲシテ小学ニ就サシメサルヲ知ルニ至レリト雖トモ其レ将タ十四歳未満ノ男児ノミニシテ女児ニ至リテハ尚之ヲ就学セシムルノ実ニ寥々トシテ暁天ノ星ヲ見ルカ如シ、加之男児トモ十四歳以上ニ及ンテ既ニ小学ヲ退校セシノ後恬トシテ学ニ従事スルモノナク農商百工本業ノ途暇アルモ、或ハ膝ヲ抱テ諧謔ヲ談シ或ハ放歌シテ道路ヲ徘徊シ以テ貴重ノ光陰ヲ浪費スルノミナラス甚タシキニ至リテハ賭博ニ走リ女色ニ耽リ身ヲ謬リ家ヲ毀ル者天下滔々皆然一豈憐マサルヘケンヤ、是蓋シ他ニ事ナクシテ自ラ間暇多キヲ以テナリ、苟モ学問ニ従事シ古ヲ徴シテ今ニ監シ聖賢ノ道ヲ楽ミ乱賊ノ行ヲ恐レテ孜々汲々怠リナキニ於テハ独リ身ヲ修メ家ヲ斉フルノミナラス楽シテ以テ歳月ヲ送リ学ンテ以テ寸陰ヲ惜ム豈諧謔放歌ノ暇アランヤ豈賭博飲色ノ間マアランヤ……五期ニ金千円ヲ醵金シ普ク少年輩ノ縦覧ニ供シ以テ悪遊醜行ヲ避ケシメント欲ス

設立理由の第一点は修学率の低い女子の学識を高めたいこと、第二点は小学校卒業後の青少年の堕落化を防止したいことであった。ここで想起することは、第Ⅰ部第1章・第Ⅱ部第1章で述べた教育や文芸による荒廃立ち直りのための努力、およびその結果からあみ出された体系化・組織化の運動である。明治一〇年代ともなれば、周辺の民権思想による運動形態も参考にしたであろうが(11)、日常的には、常々自分の眼にうつる学力と風紀の問題を地域ぐるみで解決せざるをえなかったのである。そのことからすれば、この運動は近世以来の体験的苦悩・努力と新時代の知的水準の向上気運とが融合された運動と言い得るものである。

それだからといって、こうした意気込みと意義がすぐ官に受けいれられたわけではない。香取郡役所へ蛍雪社設立届を提出したのは明治一三年四月二四日、その書類が千葉県に差し廻されたと、同郡役所より連絡があったのは五月四日である。同月一四日、再び社員らは郡役所に請願に行く。この間にも、幹事長ら役員人事はスムーズに決定され、書籍も着実に収集されていった。そして意気に燃える村民は、七月三日「今ニ及ンテ開業ノ日ヲ延サハ却衆心ヲ損セン」と判断し、また「遷延指令ナキハ必ス是レ私立結社ナルロ以テ官ニ於テ差構フ義ニ非サルナリ」と解釈し、四〇余名で万力学校にて仮開業式を執行したのである。この日、多くの演説がなされたり、また社則までも議定された。一方、同日、郡役所からは其筋に催促したので追って指示するという、埒のあかない回答が達せられた。そこで幹事らは七月二一日、郡役所へ認可催促の具申書（一部前出）を提出した。その後段には「蛍雪社ハ素ヨリ政談ニ拘ハラス且純然タル私立ナル」こと、「其ヨリ教育ニ熱心シ抑蛍雪社ハ其名結社ニアリト雖トモ其実ハ教育ニアリテ政談ノ如キハ毫モ之ヲ為スモノニ非ス」と執拗に強調している。この非政談・教育目的という意識は会員により差異はあるが、全体的には、この結社の当初の性格をあらわしている。ようやく八月二日、香取郡役所より鏑木村戸長役場に内示があり、それにより三日に幹事・学務委員・戸長による連署状を同郡役所に提出し、認可された。この間の経過から、近世以来の成果と課題を引きついだ地域民の要求と行動に対する官側の否定と抑圧の姿勢がはっきりと読みとれる。

次に同社の変遷、規約、書籍等について、簡単に述べる。蛍雪社の基盤となる財政面は「五期ニ金千円ヲ醵金シテ」いくこととし、その計画は実行され、「昨十三年七月中第一期の醵積成りて開業せしが其後追々入社の者多きを以て尚ほ一層其規模を張大にし目今専ら第二期の醵積に取掛れり」[12]と報ぜられるほどになっている。質的にも充実され、とくに一五年七月の大会議では「雑誌ヲ社員百名ニ充ツルヲ俟ツテ刊行スルコト」[13]を議決している。また規模の拡大も図られ、同年九月には「すでに文庫を建築せんとして用材を取寄せたるよし」ということや、一六年一月には「新聞縦覧所をも設ケ彼是の間なく縦覧せしむる」[14]ということが紹介されている。

次に規約について検討したい。同社の社則は一三年の創設時のものと一五年の改正時のものと二つある。前者は全二〇条、後者は全一四条であり、若干異なっているので、双方の対比も兼ねて、活動の内容とその変遷を追ってみたい。まず、本旨は一三年の場合はすでに紹介したように、第一条に書籍を共同購入して読者の公益をはかり、各自の知識を拡張することであったが、一五（一八八二）年になると「本社ハ有志各員共同醵金シテ普通ノ書籍ヲ購求シ以テ学者ノ公益ヲ議リ各自ノ思想ヲ増加セシムル所トス」とあり、視野が広まっていく。その方法はともに第二条にあり、一三年は「社員ハ一和睦ヲ主トシ書中ノ疑義難字等相互ニ質問解釈シテ智識ノ交換進歩ヲ要ス」ことであったが、一五年になると、「本社ニ於テハ学術演説会及討論会講学会ヲ開キ且毎月一次雑誌ヲ刊行シ」と大幅な変更がなされ、雑誌発行の件も盛り込まれた。役員は一三年には「本社ハ社長一名幹事長一名幹事十二名以下書籍出納委員六名以下ヲ置くモノ」であったが、一五年には幹事長を副社長と改称し、整備された。あとは人数配分を若干変えた程度である。なお両年とも役員は選挙という新しい方法をとり入れている。入会は両年とも大きくは変っていない。「入社セント欲スル者ハ金一円以上或ハ金一円以上ノ現価アル書籍ヲ納付スルヲ法トス」（一三年）が条件であるが「本社ハ何物ヲ限ラス入社スルヲ得ヘシ」（同）とうたっている。以下、書籍の購入手続き・本局の場所・閲覧の規則・帯出の方法が両年とも同じように記されている。これらのことから、規約に漸進性がみとめられ、また改正により、さらに会員の視野の拡大・組織の体系化・内容の充実といった発展のあとがみうけられる。

では蛍雪社の書籍の所蔵状況にふれてみる。意欲的な会員らは、設立後一ヶ月で「書ヲ購求シテ四百冊ニ余リ別ニ納付ノ書ヲ合セテ八百余冊ニ至レリ[15]」という程であった。次年度以降、その購入数は減るものの二三年まで購入が続けられる[16]。その内訳は入手法別では購入本二一部九八冊・納付本七四部八四〇冊で、計九五部九三八冊である。分野別では漢学関係三八部六〇六冊・和学関係二二部二〇九冊・教科書一一部二九冊・翻訳書三部四冊となっていて、すでに述べた旧干潟町の書籍残存状況とも一致[17]している。漢学が多いのは、これが江戸時代から明治初期にかけての基礎学問だったからである。特色を示すのは次に多い和学・教科書類である。前者はこの地域および同社が前代から国学・和歌に、後者は同じく教育に関心が高かったためであろう。書籍のレベルは低くない。購入書籍名のリストをみると、一三年の場合は「通鑑綱目全書」・「日本政記」・「小学外史」・「大日本史」・「近世事情」・「明治国史略」・「史類名称訓」・「四書訓蒙輯疏」・「西国立志篇」・「国語定本」・「資治通鑑」である[18]。

次に、この蛍雪社に参加した会員について記す。表2がその全容である。分布の状況は同社の設けられた万力村が最も多いが、それだけではなく近隣一八ヶ村一〇一名と広範にわたっている。それを構成した会員の職業別にみると、最も多いのは教育関係者であり、次いで吏員等行政関係者である。例えば教育関係者は林彦兵衛（元寺子屋師匠・万力校）・林健治（前万力校、のちに郡議へ）・飯島松五郎（万力校）・椎名総三郎（大寺校）・金杉豊次郎（諸徳寺校）・古橋房吉（鏑木校）・金杉操（鏑木校）・小林謙斎（沖校）・高木卯之助（沖校）・金杉与右衛門（元寺子屋師匠・元家塾主）・金杉雅重（新里校）・高木喜助（諸徳寺校）・鈴木常三郎（万歳校分校）と計一三名にのぼり、干潟地域のほとん

表2　螢雪社社員の内訳

地域別		職業別		醵出状況				入会期	
旧村名	人数	職名	人数	金額	人数	書冊	人数	年月	人数
万力	38	教師(元·前·現)	12	15円0銭	1	138冊	1	明治13年4月	35
鏑木	20	学務委員	2	10.	1	50	2	13. 5	6
秋田	2	村長	4	5.	2	39	1	14. 5	1
米込	16	戸長	1	4.	1	37	1	14. 6	12
清和	3	副戸長	1	3.	3	26	1	14. 7	1
南堀之内	7	役場吏員	4	2.	13	23	1	15. 7	3
関戸	2	村会議長	1	1.50	4	19	1	15. 8	2
万歳	1	郡議	4	1.00	28	18	1	不明	41
八日市場	3	県議	1	0.50	1	15	1		
大浦	1	不明	71			10	1		
飯塚	1					7	1		
東田部	1					4	2		
泉川	1					2	1		
後草	1								
志高	1								
大寺	1								
新里	1								
南中	1								
(計)18ヶ村	101人		101人	42円	54人	388冊	15人		101人

注1)　旭市万力、林修一家所蔵文書「螢雪社沿革誌」·「螢雪社社員録」などより作成。
　2)　「職業別」のところは、1人1職業とした。なお、ほとんどの者は農業である。
　3)　「醵出状況」は1人平均、78銭、25.8冊である。書冊の項は他に2幅（1人）がある。

どの初等学校にわたり、かつ近隣の学校も含んでいる。また寺子屋師匠であった者もいたことから、前代からの庶民教育の発展がここに接続していることがよくわかる。こうしたことから同社の教育結社としての性格もよくわかる。行政関係者の代表的な者としては米本権右衛門（県吏）・山崎平右衛門（戸長）・平山藤右衛門（県議・正義の子）・鏑木儀左衛門（村会議長）らである。以上の人々からも察せられるが、同社の会員は前代から和歌・俳諧をたしなんできた人が多い。その代表は林彦兵衛である。

　なお、全体的には上層寄りの階層構成をなしている。例えば明治一三年四月二三日に公選された幹事の八名をあげると、平山藤右衛門（前出）・鏑木儀左衛門（前出）・石毛理左衛門（のち村長）・米本権右衛門（前出）・伊藤利右衛門（筆生、のち村長）・熱田新兵衛（のち郡議、和歌）・林健治（前出、のち郡議、和歌）・山崎平右衛門（前出）といった内訳であり、しかも社長には熱田新兵衛（初代、前出）・鏑木儀左衛門（第二代、前出）・平山演次郎（第三代、季義の子）といった者が就任している。

以上の主要メンバーのうち、実質上の舞台回し役となったのは林健治である。彼は林彦兵衛（竹丸・重義）の子である。嘉永六（一八五三）年一二月に生まれ、父に読み書きを習い、その後、鈴木雅之に国学と歌学を二年間、また平山小四郎（季義の弟・大橋訥庵門下）に漢学を二年間、伊能頴則に皇典学を二年間、さらに高野隆（作新校教員・県議・協和社社長）に漢学と上等小学科を学んだ。いわば地域の伝統的教育とこの時代の新しい教育の双方をうけたわけである。そうして明治一〇年、小学校教員試験の合格により父の彦兵衛の万力小学校に一等助教として奉職する。しかし、その三年後に辞職してしまう。その理由は定かではないが、その年、つまり一三年四月に蛍雪社を設立する。この行動が突発的なことでないのは、次の言葉によってわかる。

健治等素ヨリ此ノ（悪弊に染まった）少年輩ヲ憐ムニ意アリ嘗テ屢有志ヲ募リ普通ノ書籍ヲ蒐集シ儒士ヲ聘シテ講舎ヲ開キ以テ少年輩ヲ化育セント欲シ再三之企テ、終ニ成ラス……既ニ述タル如ク健治等嘗テ此挙ヲ企テタレドモ啻ニ学校ヘ書籍ヲ寄付スト云ヒ又ハ一両名ノ自由ニ書籍ヲ蒐積ストシテハ人気遂ニ集ラス屢ヲ企テ、又屢敗レタリキ矣

しかし、糾合に成功した彼は、幹事として社則の草案・結社認可の請願・書籍の収集、さらに開業式の準備と奔走する。むろん農耕に、あるいは土地集積にも当たっている。明治一七（一八八四）年には鏑木村外二ヶ村の戸長役場筆生に、一八（一八八五）年には同村学務委員に、二〇（一八八七）年には鏑木登記所吏員にと公務に尽力する。この行政への関心はさらに広がり、同二二（一八八九）年には古城村村会議員に、二三（一八九〇）年には同村助役に、二八（一八九五）年には同村村長に、三〇（一八九七）年には香取郡郡会議員に、そして三二（一八九九）年には同郡郡会議長に選ばれる。その間にも和歌を詠じつづけ、歌集「松の落葉」を刊行している[19]。没年は大正一一（一九二

三）年九月一四日である。

この健治の生涯を通しても、近世から近代への移行の状況と構造・結社への意欲と動機、役員の地位などが確実に読み取れる。

ここまで蛍雪社のことを追ってきたが、中間のまとめをしておこう。

(1)蛍雪社はまさに書籍会の定義を象徴するものであった。政談会というよりも書籍を通した学習会と教育機関の性格をもっていた。

(2)この会の設立の目的と動機は前代の寺子屋・私塾の師匠や歌人・俳人らの体験と成果を引き継ぎ、それをさらに質的にも量的にも一段と向上させようとしたものであった。

(3)しかし官は容易に認可せず、会員の意気込みとは対照的であった。

(4)認可後、同社は急速に発展していく。

(5)書籍は多量に、しかも基本的であり、程度の高いものが備えられた。

(6)その中心人物や会員は広範に分布している。職業・地位は上層寄りで前代と接している。

本節の最後に興揚社（明治一五年設立）について少し紹介しておく。この社自体も興味深いが、さらに蛍雪社と同じ村内にあった関係で両者の関係をも知りたい。

まず、興揚社の設立の目的は次のようである。

香取郡万力村の字新発田の小林謙斎氏ハ書画を能くし漢籍の力もあり詩文俳歌に長ぜし人にて、曽て数年間岩部学校に奉職せしが昨年中家事の都合にて職を辞し帰村せしに、同村ハ賭博の流行甚しく少壮のものにて一夕数百円を擲つの悪風あるを深く憂ふるのあまり、如何しても此悪風を改良せんと一策を考へ、夜学を興して次第に少壮の輩を誘導し終に興揚社なる一社を設け、数百円の金円を醵して書籍を購求するにいたりしかハ、彼の少年輩

も今となってハ従来の悪技をうちすて午（ママ、牛カ）背に読書する気運にいたりしといふ[20]

この一文にも、蛍雪社の場合と同時期に、近世以来の経世済民観がリアルに表現されている。つまり、伝統的な教育や文芸や読書を援用し、地域の問題をなんとか解決したいという気概であり、目的である。

次に会の活動をみると、順調に運営されたようである。そのことは次の資料からもわかる。

本県香取郡万力村の字沖にある興揚社と云へる社は村内有志者が申合して起したるものなるが、其社は数百円の金額を醵集し書籍を購求し、休課の日毎に社員等相会し文学を研究され来りしが、此程右本社を沖小学校中に設けられ益々勉励さるゝよし[21]

この「文学」という語が大変印象深い。また、文庫や新聞縦覧所が企図されている[22]。

今日のこっている社則は、明治一七年の「改正興揚社々則[23]」である。その目的は第一条に「……普通ノ書籍ヲ蓄蔵シテ衆庶ノ閲覧ニ供シ以テ智慮ヲ闡明スルノ幇助トスルニアリ」とうたっている。その方法は第二条に「（略）隔月第二ノ日曜日ヲ以テ社員相会シ学術演説会及ビ討論会ヲ開クベシ尤トモ時宜ニヨリ有名ノ弁士ヲ招聘スルコトアルベシ」としている。その他、位置（第三条・以下数字のみ記す）・役員（四・五）・入会の条件（六）・特典（七）・退会（八）・貸出と帯出（九・一〇）・書籍毀損（一一）・縦覧規則（一二）・監査（一三）・書籍購入（一四）・保管（一五）・懲罰（一六）・解社（一七）・社員の活動（一八）・会議（一九・二〇・二一）・費用（二二）・そして社則改正（二三）まで約されている。傍点をつけた数の条々は蛍雪社と比べて、全くの同文か、あるいはごく類似する文の部分で、約半分（一一ヶ所）もある。また他の部分も大きな変りはない。ただ若干、この社のほうが詳しい。

集積された書籍は四〇部四四三冊あり、さすが蛍雪社よりは少ないが、分野別の傾向は似かよっている。漢学関係は「日本外史」など一三部六九冊、洋学関係は「刑法治罪詳解」など一七部七一冊、その他五部三四冊である[24]。また、やはり貴重にして基本的かつレベルの高い内容のものが多い。しかし、蛍雪社の蔵書と一致するものは二部一八冊のみであり、両者の関連性を示唆しているようである。このことは両者の会員の重複性とも関係があろう。

次に構成メンバーをみていく。この趣旨に賛同したものは五一名で、蛍雪社と比べれば半分である。確実に居村のわかるものは一二名にすぎないが、そのうち万力村の者が九名を占める。あとは秋田村二名・栗源村一名である。そこでこの会員の分布は、蛍雪社と同村内にあったとはいえ、主に通称「沖」のほう、つまり北の根方から新田地帯をまたいだ、現旭市に隣接する南のほうの集落であったことがわかる。

職業は農業が多いのはいうまでもないが、やはり、さきの小林謙斎（前沢与校、のち沖校）をはじめとして金親昇一郎（元家塾主・沖校）・越川勲顕（沖校）・安藤定一（暢発校）ら教員の占める比重は小さくない。この小林とは第Ⅱ部の第1章に記した俳人黒亭要五であり、金親とは俳人煙霞亭蘆洲であり、その他黒亭如水（鵜野吉造、俳諧、のち村長）・煙霞亭喜月（越川喜内・俳諧）ら文芸に活躍している者も多い。また村落の指導者としては、以上の者以外に例をあげると、成田要作（戸長・のち村長）・秋本儀兵衛（前名主・戸長）・飯田昌次郎（のち学務委員や村長）・伊藤勇次郎（のち村長）・宮野昌平（のち県議）・伊藤卯之助（のち村議）・内田義松（のち村議）・斎藤清蔵（のち役場筆生や村長）・林平蔵（のち郡議）らである。ところで問題となるのは、上にあげた以外のメンバーである。そのうちの二名（林雄太郎と飯田亀之助）を除いては諸記録にあらわれない。少なくとも公職の記録や村内高額所得者名簿には載っていない(25)。大ざっぱない言い方をすれば、階層的にはより広い幅をもっていたのではないのか。その理由は、この西地区付近の村内階層に中農が多かったため、また中および下層の上位までも包みこんだ俳人が主力であるため、さらに一五年といえば蛍雪社も質・量的に発展する時期であり、全体的な発展気運があったためなどである。ただ蛍雪社とは会員が重複する場合もある。

ところでこの会の実質上の推進役はすでに紹介した小林謙斎である。彼は天保五年三月、万力村伊藤弥右衛門の次子として生まれたが、まもなく同村の小林吉左衛門（玄兆、私塾師匠）の養子となった。その後、香取郡神里村の篠塚好生に漢学を、さらに江戸で島田重礼に漢学、服部波山に画学を学んでいる。帰郷後、北宋画やとりわけ俳諧を学び、その宗匠となることはすでに述べた。明治一〇年岩部村暢発校分校沢与校の教員となるが、いったん教職を辞す。同二〇年八月万力村沖校に復し、三二年四月まで奉職した。大正五（一九一六）年二月に没した[26]。彼は林彦兵衛（天保二年生まれ）と同じ世代であり、その子の健治（大正一二年没）と同じ大正年代に没していて、前者とは文芸と学校教育、後者とは文芸と学校教員を辞しての結社活動といった共通項をもっている。

以上、興揚社を追ってきた。同村内の蛍雪社とは対立関係はみられないので、ここでは、先の蛍雪社におけるまとめに続けたい。

(7)また同村内の他の字に発展的にもう一社が設けられた。しかも両社は対立するものではなく、むしろ同類かつ相関的なものである。

三　好問社の活動

次に干潟地域の東部の代表として好問社の場合を、やはり設立の目的・活動の内容・構成員の三項目につき追ってみる[27]。

同社は明治一四（一八八一）年一二月七日に香取郡大久保村（現東庄町大久保）に設立された[28]。その準備は、新聞で「広ク社員ヲ募[29]」る手段も援用しつつ進められた。開社式の日、発起人の佐藤万太郎は来賓・社員ら多数を前に、次のように演説している。

衆知ヲ集メ衆力ヲ合シテ為ザレハ能ハザルナリ、小生偶々感スル処アリ二三ノ有志ニ謀リ一社ヲ開キ各自人民ヲシテ開明ノ何タルヲ知ラシメ自由ノ精神ヲ擢揮セシメンコトヲ企望ス……地方ノ如キハ文学未タ盛ナラス工芸未夕進マス自由民権未夕新興セス、其他ノ邦郡ニ後ル、モノ一ニシテ足ラス、誠ニ人民タルモノ一心同情拮据奮励安居ス可カラサルノ時ナリ、故ニ方今ノ先務ハ広ク知己ヲ世上ニ取リ協和戮力精議確討各其所見ヲ交換シ叺リテ多少ノ公益ヲ謀リ、至尊ノ恩遇万々分ノ一ニ酬ヘ奉ラン(30)

この「自由」とか「自由民権」という語をもって、即民権政治結社とするのは早計である。それよりも、地域の未開さを共同して解決していこうという意図に注目すべきであり、またここではそうした解釈に止める方が無難である。

当時の新聞もまた次のように設立の意思を報じている。

好問社と称する一社を組織さるる由なるが専ら該地方の人民卑屈にして民権自由の何たるをも知らす、中には偽民権の疎暴の挙動をなす者あるを匡正するの目的なり(31)

ことに「偽民権の匡正」という語からは、急進的な政治団体のイメージは湧かず、むしろ、教育（学習）結社に近い色合いすらする。だが、この社の目的と性格は、まだこの程度では断言できない。

次に、その活動状況をみる。その概要は次の新聞記事で多少わかる。

先年有志者相謀り好問社と云ふ一社を設け、毎月日曜日を以て学術演説討論論杯を為し、互に智識を交換し自治自立の精神を養成せんと頻りに熱心勉強せらる、趣なる(32)

表3は第二回（明治一五年一月一八日、於窪野谷村）の講談討論会の題目である。教育のことが三題もある。演者はいずれも教員である。その他、衛生を論じた平野南海は医師である。概して、自己の問題意識に即し、地道に演説し、討論しているようである。

「好問社仮規則(33)」は、明治一四年九月活版で印刷された。それは全文八ヶ条からなり、第一条には「茲ニ結社同盟スル所以ノ者ハ実行ヲ先キニシ名利ヲ後ニシ同胞ノ厚クシ休戚ヲ共ニシ以テ各自ノ安寧リ広ク有益ノ諸説ヲ採択シ頗ル処世ノ本分ヲ尽シ長ク邦家ヲ保愛スルニアリ」とある。そして「安寧リ」と「広ク」の間に朱書で「政治ニ関する

表3　好問社第2回演説討論会の題目

	演題・討論題	弁士・発議者
演説	女子は教育の基	宇佐美万次郎
	今年は昨年に非ず	佐藤万太郎
	衛生は開明進歩の主務	平野南海
	今日の急務は郡立中学を興すに在り	菅谷周祐
	今を照して古を鑑みよ	穂野実道
	知識は教育に由るの説	持田駿一郎
	主義を要する忽れ	飯田広造
	耐忍の説	菅谷照吉
討論	国の開明の域に進むるは智力と金力と孰れが急務なるや	平野南海

注1）『総房共立新聞』（明治15年1月16日付）より作成。
2）明治15年1月8日、窪野谷村にて開催。

事項を除く」とあとで挿入されている。同仮規則中、唯一の追加である。これは、先の「政談にあらず」という蛍雪社の文章よりはっきりした表現であるし、響きも重い。また先の佐藤万太郎の挨拶には修飾的とはいえ「自由民権」という語が使われているが、蛍雪社の林健治の言葉にはみうけられない。鮮明とはいいがたいが、好問社には前二社に比して、当時の政治的動向の影響が強いように思われる。とはいえ直接、政治活動を組織としてとり組んでいるわけではない。一方、書籍の集積はかなり行われている。先の社則の第五条にも「盟約金ハ本社ノ準備金トシテ貯蔵スト雖トモ止ムヲ得さる経費或ハ有用ノ書籍器械ヲ購求スルトキハ之ヲ以テ支弁ス」と定められており、このことは現に佐藤家にのこる書籍によって証明できるし、さらに次に述べる会員の学芸への関心の高さからも推察できる。

以上の事実から好問社の社会的性格は次のようであろう。

(1)この社は、この地域としては最も政治性をもっていた。

(2)それでもやはり、どちらかといえば学習および教育の度合いが強かった。

次に構成員について調べる。好問社の社員は総計一〇〇名といわれる[34]が、正確にはわからない。その中心メンバーは表4のとおり一九名である。この一九名について検討してみよう。まず、社員の分布は、社の設けられた大久保村の他、計一〇ヶ村にわたっているが、その多くは干潟地方の東部、いわゆる「神代郷」に含まれる村々およびその隣接村落である。その階層はやは

表4　好問社の主要構成員

役職	氏名	居住地	職業	生没	備考
社長	菅谷周祐	桜井	農業・元教員	嘉永2.7.9～明治20	発起人、家塾主ののち大久保校初代教員
幹事	○佐藤万太郎	大久保	農業	万延元.9.～明治2.12	発起人、自由党下総地方部幹事（明治15）
〃	平野南海（藤右衛門）	平山	農業・医師	嘉永元.6.～明治40.	東部医会や小貝野夜学会に参加協力、自由党員
〃	○上代麟五郎	東和田	農業		名主世襲のち神代村長、螟蛉塾門人
〃	渡辺佐左衛門	舟戸	農業		
〃	飯田広造	窪野谷			発起人、医学校設立運動推進
〃	○木内貞順	東和田	医師		
	○菅谷棗陰	桜井			発起人、父は医師
	○椎名愿治	大久保	農業	嘉永6.2.～大正4.	発起人、自由党員
	宮内富造	〃		安政元.7.～？	発起人、自由党員
	○宮内久米三郎	〃		安政6.3.～明治40.	発起人、自由党員
	飯田長兵衛	大友			発起人
	河連文之助	〃			発起人
	岡野重左衛門	万歳			発起人、自由党員
	菅谷藤助	〃	商業		発起人、結合会設立
	○高野金之助	桜井	農業	安政5.1.～？	発起人、父は副戸長
	穂野実道	舟戸	元士族		発起人
	宇佐美万次郎	平台	農業・教員	安政6.9.～明治43.	新町校や小見川校
	持田駿一郎	須賀	教員		寺子屋師匠ののち栄校へ、八日市場漢文会長

注1）「大久保小学沿革誌」・『非政論』（第2号）・「無逸」（第20、25、27号）・『総房共立新聞』（明治14年12月27日付）・『朝野新聞』（明治12年12月23日付）・「地引帳」（桜井村）・「好問社仮規則」などより作成。
2）「氏名」の○印は『北総三郡名家揃』登載者。

り学芸・行政など村内の指導者クラスである。教員は菅谷周祐（元家塾主・前大久保校）・宇佐美万次郎（新町校）・持田駿一郎（元寺子屋師匠・のち栄校）である。後述するが、佐藤万太郎は和歌にすぐれていた。菅谷棗陰は父にならって俳句・和歌の宗匠をした。上代麟五郎は若い頃より文学に興味をもつ人物だった。彼らはいわゆる地方文化人である。そしてこれらの者も含めて、役職上では重要ポストを占めている者が多い。例えば平野南海（のち村長）・上代麟五郎（元名主・のち村長）・菅谷棗陰（前戸長）らがそうである。[35]

この社の中心となったのは、やはり佐藤万太郎である。佐藤家は初代を庄司といい、八代目政久は米商も営み、家産を富ませ、中興の祖とされた。一一代目信孝は土地の売買や金銭貸借等[36]により経営の安定と上昇を図っている。その子の万太郎（一二代目）は万延元年九月に生まれた。彼も父の経営方針をうけ、それをさらに展開させた。ちなみに「金穀貸付帳」（明治一八年六月、佐藤万太郎筆）をみてみよう。これでは必ずしも貸借の全容はわからないが、それでも慶応四年より明治一九（一八八六）年までの分と彼の死後の明治二六（一八九三）年を足すと、五五九三円四四銭一五厘の金銭と一五三俵三石二斗八升九合の米穀を貸与していることがわかる。一八年改であるので、その年だけをトータルすると、二二六六円一八銭五厘の金銭と四三俵三石四升七合五勺の米穀である。これらのことから相当量の貸与をしていることがわかる。貸付の対象は万歳村の二九戸を最高に二八ヶ宿村一五〇戸にのぼっている[37]。佐藤家はおそらくは神代郷では最上層と思われる。大久保学校への学資金寄付額をみれば、明治八（一八七六）年の創立時には七五円（全体の二一％）、九年には一一三円二銭（全体の一八％）という高額である[38]。また明治二六（一八九三）年現在の地租金は五六九円余と地域では破格である[39]。小作経営の状況は明治二〇・三〇年前後のものと思われる「小作証紙相渡候」という小綴に一六ヶ村一七五名が記されていることから想像できる[40]。また佐藤家は幕末維新期から、代々和歌仲間の大久保連の中心だった。とくに万太郎は「寿筵吟藻」（明治一九年三月）を刊行しているが、その書中には自家の作品のほかに、他の多くのものものせられている。地域の人名をあげると、和歌の部では神山魚貫・伊藤泰歳・林重義・鏑木一胤ら、俳諧では桜居・如水といった人々で、地域における文学の交流の一端もうかがえる。ただ佐藤家が、直接学校教育にたずさわったかは目下のところわからない。いずれにせよ経営の安定と学芸の向上をめざす上層農であった。

万太郎と共に好問社の運営に尽力したのは菅谷周祐であった。彼は嘉永二年に桜井村に生まれ、家塾師匠をした後に大久保小学校初代教員となった。四年間、教鞭をとった後、明治一二（一八七九）年に辞し、営農の傍ら好問社の社長をつとめる。結社の経緯がさきの林健治に似ていることに気付く。

以上の会員メンバーの分析から、好問社の構成が蛍雪社や興揚社と近似していること、またこれらの会のメンバー同士、大なり小なり交流していたことがわかる。

いささか気になることがある。それは蛍雪社・興揚社と好問社は、だいたい学習・教育結社という同じ範疇にありながら、なぜ後者の方が多少、政治臭がするのであろうかという疑問である。ひとつは中心メンバーの政党への意識や系属の濃薄によると思われる。例えば蛍雪社の林健治は、どこにも所属しない。ただ彼の師の高野隆は改進党系である。小林謙斎からは政党の筋は全く見出せない。それに対し佐藤万太郎の方は、妻の実父の篠塚浅右衛門は自由党員である。篠塚はやがて自由党下総地方部の設立に参加し、やがてその幹事となる(41)。

地域性も原因のひとつにあげられよう。蛍雪社・興揚社のあった旧干潟町西地区に対し、好問社のあった東地区は街道筋にあたり、対比すれば後者の方が物資・人の交流の激しい所にある。そのことと中央の政治情報の伝達速度とが関係ないとはいえない(42)。

さらに階層構成も多少影響していると思われる。蛍雪社の会員が多い米込村は中農が多いのに対し、好問社の会員が多くいた桜井村・万歳村は分解が激しい(43)。分解度の相違が経世済民観（政治的要求）を育むことはありうる。ただしこの問題についての詳細な分析は、今後の課題である。

今までのことを、一応ここで整理しておく。

(1)干潟地方の東部を包みこんだグループは好問社であった。この社も近世以来の伝統をうけた学芸（文学・教育）と行政上の村内指導者によりリードされた。

(2)好問社は、蛍雪社・興揚社と同様に、若干、官を意識しつつ、それでも順調に着実に活動を続けた。

(3)好問社は、前記二社と同類の学習・教育結社であった。

(4)しかし好問社には、前二社より、この地域としては政治性があったほうである。

なお、これら各社の主要メンバーに性学徒はみうけられない。

四　その後の動き

明治一八年、蛍雪社と興揚社はある事件に巻き込まれる。それは一月九日、香取郡春海村にて斎藤照挙（海上郡成田村真福寺住職）が主唱した勧業党の第一回集会の際である。この会は近隣六社が団結したものであり、蛍雪社・鴻養社（興揚社）からは宮野昌平・林雄太郎が参加した。しかし会後、斎藤をはじめ会主ら三名が拘引された。その中に宮野か林が含まれていたかはわからない。またなぜ嫌疑をうけたのかもわからない。報道している『朝野新聞』(44)には同党は「善美なる政党を組織するの企なりと聞く」とある程度である。会議内容は教育と殖産興業のことであるが、メンバーが各社の中でも政党・政治意識を自然と高めている者であったからかもしれない。しかし、この後の両社の活動はいよいよわからなくなる。興揚社は明治一八年五月六日の同党第三回集会参加が最後の記録である。蛍雪社に関するものは林家にのこる日記では、明治二〇年五月八日の「東屋ニ蛍雪社幹事会アリ」(45)が最後であり、新聞記事では、明治二一（一八八八）年一一月の「県会傍聴委員（春海村も）を撰挙して何れも派出せしむる由」(46)以来、とだえてしまう。そして突如、明治四〇（一九〇七）年に蛍雪社に三冊の本が納付されている。このころの同社は、香取郡青年団古城村支団第二番第九番区連合分団の付属文庫「蛍雪社」として再登場している(47)。つまり同社は、半官制的な施設として再編成され、とりこまれてしまったのである。

一方、好問社はその後どうなったのであろうか。まず第一の危機は、まったく偶然、明治二〇年に中心人物の佐藤万太郎（二七歳）と菅谷周祐（三八歳）が没してしまったことである。佐藤家は弟の靖が万太郎の子・誠の後見人として家政を行う。そして同二二年一二月に、靖やかつての好問社の人々により「文教社」が設立され、月刊誌『非政論』が刊行される。その発行所の本局は香取郡良文村の無逸塾に移ったが、支局（有為社）は神代村大久保に置かれた。発行人は創立者の佐藤靖、編輯人は渡辺長次郎（東京）であった。この雑誌は同月（第一号）より同二三年九月（第一〇号）まで発行されている。一〇号で止まったのは発行停止処分のためであるが、その理由はよくわからず、同誌には「非政論第九号ハ洪水ニ遇ヘリ」と抽象的に表現されているにすぎない。第九号には「香取倶楽部の発会式」（大同団結運動系）があり、このことと発行停止処分は関係しているかもしれない。同誌は第一号では「文会詩会歌及発句会ノ依頼ニ応シ其会ノ文詩歌句等ヲ掲載スルノ特約ヲナスヘシ」としていたが、第七号からは「各地ニ行ハル、文会詩会歌句会及ヒ倶楽部等ノ依頼ニ応シ廉価ノ特約ヲナスヘシ」と「倶楽部」が入ってくる。この「倶楽部」は政治がからんだものであろう。

同誌はその第七号より一ヶ月五銭五厘の購読料を四銭に下げている。このことは、先の編修の変更と併せ、同誌の方向性の変化を表現しているのであろう。

とにかく『非政論』は発禁処分をうけた。そこで翌二四年四月に、さきの有為社より『朋友』が発行される。しかしこの発行人兼編輯人は神田村の菅谷元治に移っている。こうして佐藤家から発行体制は離れていった。やがて明治二五（一八九二）年一二月に文教社は再興され、『文教』の第一号が高木惣兵衛（笹川村）を発行人、平野藤右衛門（南海、上代村）を編輯人として刊行された。また支局の有為社も存続した。この月刊誌は四二号（明治二九年五月）まで発行された。

四三号より『文教』は『無逸』と改称した。ところが編輯人は菅佐原源次郎（良文村）、発行人は堤安五郎（佐原町）となり、それにより経営の手が神代郷より離れていく。この雑誌は政論にかかわらぬ評論、時代の風潮をうけた国文学作品、無逸塾の活動報告を兼ねた準公学の実践録を主とする体制的な内容構成であった。ただし一農村にあって、営々と第五九号（明治三〇年一〇月）まで発行されたことの意義は大きい。

この雑誌は第六〇号（同年一一月）を期して、誌名を『同志文学』と替え、発行所も同志文学社（良文村）とし、発行人をさきの堤安五郎、編輯人を竹内真太郎（良文村）とし、タイトルのごとく完全な文学雑誌となる。しかも同誌は九七号（同三三年四月）より本社を東京市本郷区に移し、支社を良文村に置くこととした。発行兼編輯人の竹内物吉も東京市麹町区の人であった。同誌は第一一七号（同三五年一月）が現存する最後のものである。

むすび

最後に、明治期前半に学校以外で地域民はどのように学習し、教育してきたのかという点について、まとめておく。

(1)明治初年、村民自らの手により、新しいことを組織的に学習し、教育し合おうという動きが出てきた。そうした会の性格はそれぞれ多少の相違があるが、やはり学習（教育）結社というものであった。ゆえに書籍にも強く関心を示していた。したがって単なる政治結社とか思想団体とはいいがたい。

(2)この設立の動機・経緯は近世以来の地域の苦悩と努力による伝統（寺子屋・私塾といった庶民教育、和歌・俳句といった文芸運動、およびそれらに伴う購入・貸借・出版といった書籍への熱中）に基づいている。それだけに現実性があり、地域と密着していた。

(3)そうした系譜のため、この新しい運動も村落共同体の中で文化・経済・行政における上層よりの者を中心にリードされた。それによって盛り上がり、質的にも量的にも拡充・拡大され、地域ぐるみとなっていった。それは官側の姿勢とは対照的な存在であった。

(4)そのことから、漸進改良的であり、それゆえに泥くささ・まどろっこさ・限界もみうけられるが、地域の先導的役割を果していく。その前向きの方向性は、幽学没後の性学の運動の方向性とは異なるものである。

(5)しかし、こうした自立的な地域の学習運動も弾圧により、大きく変質してしまう。あるものは消滅し、あるものは半官制的組織に編入された。またあるものは体制的枠組みによる評論・文芸・教育の雑誌、そして文芸誌と変更を余儀なくされ、それもついには中央の文芸・出版に吸収されてしまった。

注

（1）研究成果については「自由民権運動」（『歴史公論』第二巻第一号）や「自由民権」（『シンポジウム日本歴史』16）などにのせられている。

（2）石塚裕道「房総地方における自由民権の一考察」（『人文学報』第一七号）を先駆に、民権系の新聞を分析したものや民権運動家を調査したものなどがあるが、とくに神尾武則「千葉県の民権結社とその動向」（和歌森太郎還暦記念論文集『明治国家の展開と民衆生活』）は新聞を中心に調べ、全県を網羅し、大いに参考となる。

（3）学校教育以外の学習・啓蒙のようすについて、例えば第Ⅰ部の寺子屋・私塾や和歌・俳諧の場合のように扱っていく。むろんこうした社会教育には若者組とか貧民救済などもあるが、この時期の特色を強く表わすものをとりあげた。

（4）本文の⑴では近世との関連、⑵では系統性・類別性、⑶では中心人物・階層構成にもふれていく。

（5）つまり「本から何かを学ぼう」とするグループであって、いわゆる図書館ではない。図書館は明治五年、最初に公立のものが設立されたが、その後、行政ペースで吸収・合併・廃止が繰り返され、また運営も管理的、かつ高踏的でまだまだ定着しなかった。千葉県における全県的図書館は、明治二五年開設の千葉教育会付属図書館であるが、これも私立であり、県としては同四〇年の巡回文庫がはじめである。

（6）形式、蔵書の内訳などは別の機会に譲る。

（7）なお、洋装本はほとんど目録にとっていないし、また、とっていてもここでは除いた。

（8）「山川家は旧幕時代に蔵元を業としていた旧家でありながら家庭の蔵書は『唐詩選』『日本外史』程度のものでしかなかったのである」（前田愛「明治の読書生活」『言語生活』第二一一号所収）。

（9）これは天保年間の、この地域における教育や文芸の再編成と関係するのであろう。

（10）旭市万力、林修一家所蔵文書「蛍雪社沿革誌」（前編）、以下、このb項の説明においてことわりなきは同資料とする。

(11) 明治一二年には匝瑳郡椿村に、高野隆らにより協和社が設立されている。
(12) 『千葉公報』明治一四年三月一七日付。
(13) 『千葉教育会雑誌』第四号。
(14) 『千葉日日新聞』明治一六年一月二〇日付。
(15) 正確には八五二冊。
(16) それからは、とんで明治四〇年に三冊納付されているにすぎない。
(17) 「蛍雪社沿革略誌」(前編) にのせられているものと、それ以外のもの (社印のついている現存書籍・領収書にある書籍) を資料批判して集計した。
(18) 全体的には伝統的な「硬文学」とされるものが多いが、西洋のことを扱ったものもみうけられる。分野別では、地域の特色をよく示している。なお、こうした書籍保存のために書物楢笥や帳簿などが作成された (林家所蔵文書「蛍雪社払出明細帳」)。
(19) もっとも父の彦兵衛ほどの実績はのこしていない。
(20) 『千葉教育会雑誌』第九号。
(21) 『千葉公報』明治一六年一二月四日付。
(22) 『千葉日日新聞』明治一六年一月二〇日付。
(23) 旭市万力、林修一家所蔵文書。
(24) 同右。
(25) 明治二八年二月発行の『北総三郡名家揃』(同二六年調) にのっているのは同社五一名中、内田義松と飯田亀之助だけである。
(26) 小林謙斎の教育者としての活躍は、『千葉教育会雑誌』(第六一号) や『千葉新報』(明治二〇年八月一六日付) などで報ぜられている。
(27) 干潟地域およびその周辺には、蛍雪社・興揚社・好問社のほか協和社 (八日市場村、明治一二年)・朋友談話会 (郡村、同一四年)・結合会 (万歳村、同年) など、目下のところ計一七のグループがみとめられる。

(28) 大久保村は今日、東庄町となっている。しかし、この一帯は神代郷といわれ、干潟町とは同一生活圏である。しかもこの郷を構成する桜井村は、現在干潟町に編入されている。同村民の好問社に占める位置は高い。また万歳村の結合会も好問社とつながりが深い。よって大久保村を干潟地内として扱うこととした。
(29) 『総房共立新聞』（明治一四年一二月七日付）。
(30) 東庄町大久保、佐藤邦寿家所蔵文書「臨池草」。
(31) 『総房共立新聞』（明治一四年一〇月二四日付）。
(32) 『千葉日日新聞』（明治一六年四月一一日付）。
(33) 東庄町大久保、佐藤邦寿家所蔵文書。
(34) 『総房共立新聞』（明治一四年一二月二三日付）。
(35) 前掲『北総三郡名家揃』には、好問社一九名（主要メンバー）中、七名がのせられている。
(36) 旭市万歳、井上洋一家所蔵文書には佐藤治郎兵衛（一一代目）の筆による「預り申一札之事」（文久三年一月二三日）・「覚」（亥三月五日）・「借用金子証文之事」（文久元年七月・同二年一一月二二日・同三年三月一日・同年同月同日）の土地売買関係の文書がある。
(37) 記載のない村一ヶ所、名前のないもの三戸がある。
(38) 東庄町立神代小学校所蔵「大久保小学沿革誌」。
(39) 前掲『北総三郡名家揃』。
(40) 佐藤家の経営については、その種の資料がほとんど残存していないので、よくわからない。
(41) 『郵便報知新聞』明治一五年三月二五日付。
(42) 木村礎編『大原幽学とその周辺』（八木書店、昭和五六年）の第三編の五「『天保水滸伝』の世界」（藤野泰造）では幕末の博徒を扱っているが、その活動の中心はこの街道筋である。とにかく人の往来が多かったところである。
(43) 前掲『大原幽学とその周辺』の第三編の二「幕末期東総の社会経済的研究」（門前博之）、第四編一「明治前期の村落構成と性学門人層」（藤田昭造）は、これらの村々の階層構成を詳細に論じている。
(44) 明治一八年一月一五日付。

(45)　旭市万力、林修一家所蔵文書「金穀出納日記」。
(46)　『房総新聞』明治二二年一一月二九日付。
(47)　『香取郡青年団報』第一号。

第Ⅲ部　中央と地方の知的相関

第1章　近代日本法制・教育の開拓と精神

はじめに

宮城浩蔵を語りたい。近代日本の法制や教育を切り拓いていく行跡とその思想精神を論究するためである。だが人物、とりわけ個人の歴史を語ることは、一見容易なことのようで、実は大変むずかしい。さまざまな人物を研究対象としてきた筆者は近年、このことを痛切に感じる。その人物の心情や行動にどの程度接近できるのか、一方、その人物をとりまく環境や条件をどのように理解したらよいのか、といったことなどである。そのために筆者は人物史を研究する場合、具体的には次の三点を念頭に置くこととしている。

(1)その人物が考え、行動した事実を確認する。
(2)とりまく環境を視野に入れる。
(3)同時代人と比較する。

とりわけ第一点目の史実確定は人物史だけではなく、歴史学の基本でもある。この意識が不足したり、不安定であると、行論が成立しないどころか、間違いが拡大生産されてしまう。しかし、この史実確定ということは容易なことではない。実際にはどうしたらよいのか。そこで筆者は常々、「足と頭」（比喩的表現）を使うことを肝に銘じている。あるいは努力目標といってよいのかもしれない。このことは他の学問分野においてもそうかもしれないが、いずれにしても史実を確定するためには足を使って資料を探すべきである。しかも、自分の足で探すべきで、他人に依存してはいけない。歩けば歩くほど精度や確度の高い資料が見つかる。また足で歩くとその資料が作られた当時の雰囲気や状況がほうふつとする。ただし、歩きっぱなしでは成り立たないのであり、頭を使うことが求められる。客観化とか抽象化の段階である。学問の厳しさを痛感する。しかし、やはり、何といっても、足、つまり歩くことが基本である。筆者は以上に述べてきたことの指導や訓練を今まで受けてきたし、本章でも、そしてこれからの研究でも生かしていくつもりである。(1)

いずれにしても「足と頭（とくに足）」を使いながら史実の確定、さらに環境条件の重視、同時代人の比較という方法によって以下、宮城浩蔵を描いていきたい。そのようにしなければ、往々にして陥りがちな全くの単純な大学史、あるいは偏頗な人物顕彰論（宮城先生万歳論）に陥ってしまうと思ったからである。

以上の方法を念頭に置きつつ、宮城浩蔵の生涯をまずは出身地山形・天童時代、次に上京・遊学時代、中央にあり、法曹、教育者、政界人としての事蹟、さらにその間、出身地域との関わりを追及していきたい。

一　山形時代の宮城浩蔵

（一）誕生した頃

まずは宮城浩蔵の青少年時代を追究したい。そのことは単なる付けたり的なことではなく、その人物を解明しようとする場合の前提的、基礎的な必須の要件と思われるからである。確かに人には、それぞれ個人としての才能がある。

だがそれを助長し、開花させるのが家庭とか地域、あるいは社会といった環境である。このことは宮城浩蔵の場合も例外ではない。彼は嘉永五（一八五二）年四月一五日、羽前天童に生まれた。周知のように嘉永年間といえばペリーの来航である。正確には彼が誕生した翌年六月三日に、巨大軍艦により登場した。当時の幕府は厳戒体制を敷くとともに、一般庶民には事態の隠蔽策をとった。しかし、今日、各地方の農家の土蔵などからは当時の詳細な情報記録書や鯨の背にマストが立ったスケッチを発見することがある。多くの国民には知れ渡っていたわけである。またこの一大危機に際し、日本国中、騒然となった。だが、このことは崩壊であるとともに再生でもあり、混乱であるとともに活況でもあった。こうした、いわゆる動乱の時代の真只中に生まれたのが宮城浩蔵であった。

(二) 武田・佐藤・宮城の三家

宮城浩蔵の生い立ちを追い求めると、必ず、武田、佐藤家が関連して登場する。その訳は系図（図1）を見れば分かる。このうち、武田家とは彼の父の生まれた家であり、同家は天童藩医を業としていた。安政四（一八五七）年五月写とある「天童藩御陣屋絵図」(2)では家の構えは大きくはないが、「天童藩分限帳」によれば身分は中士に相当した。父の名は直道（玄々）といったが、幕末には緒方洪庵の適塾や伊東玄朴の象山堂にて蘭学を修得してきた。こうした外界、とくに「西洋」を見てきた実父の影響は大きい。その父の実家が天童の豪商・佐藤家であり、父の長兄伊兵衛直諒が継嗣した。佐藤家にとって特筆すべきことは山形で最初の病院である済生館を天童に設置したことであり、直道は同院医師を勤めた。幕末の商人層はたとえ農間渡世であっても情報の収集力や知的レベルの高い者が少なくない。ましてや佐藤家のように藩出入りの大商人であればなおさらである。なお、父・玄々の弟・直則は山形の豪商・長谷川家の養子となり、第八十一国立銀行頭取や第一回貴族院議員を歴任したことは有名である(3)。すでに察せられるように次男である浩蔵は宮城瓏治家の養子となった。その年は慶応元（一八六五）年五月五日のことであるので、満一三歳

図1　宮城浩蔵関係系図

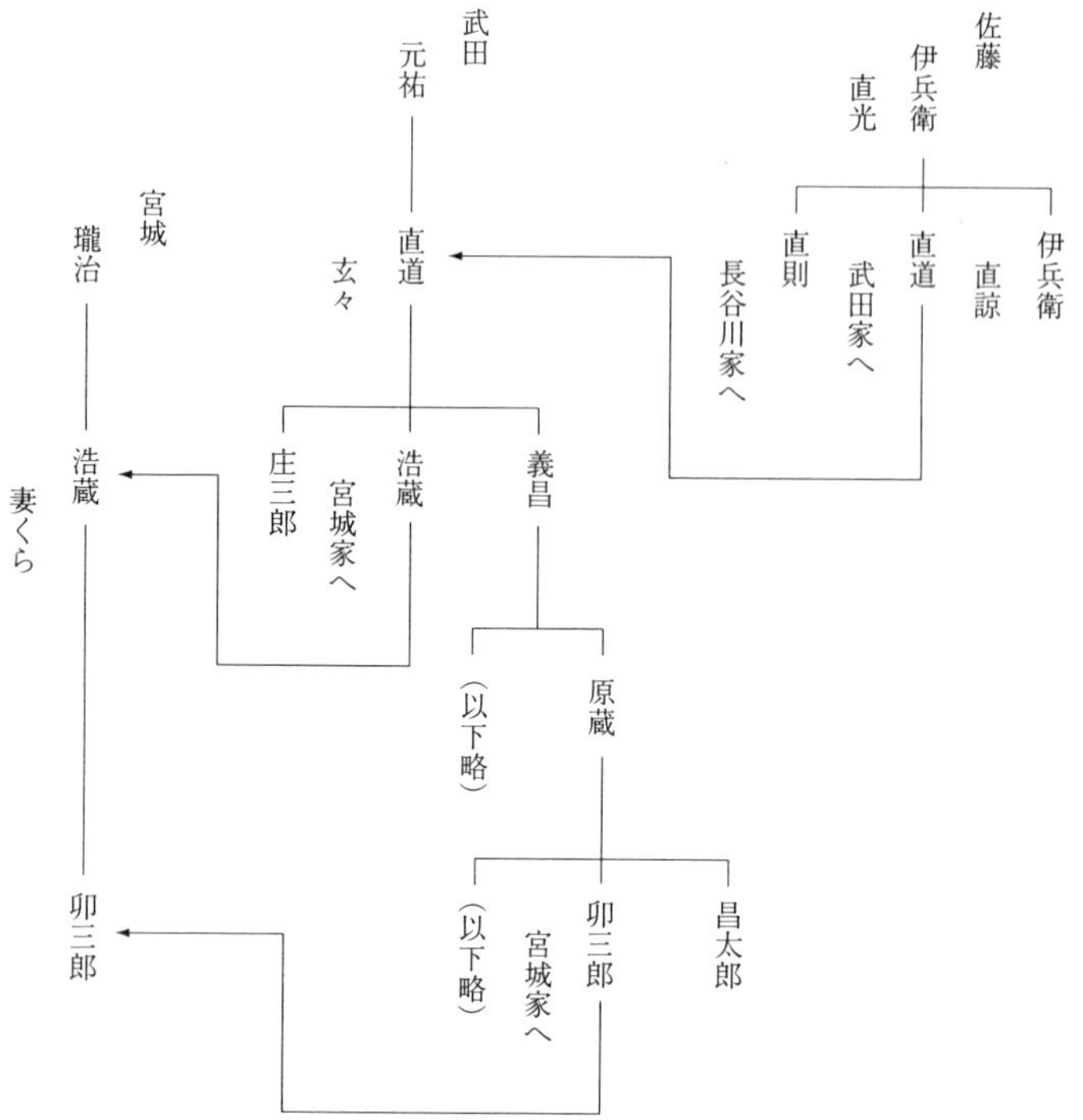

の時である。同家は中士の上位であり、藩の重役を務めることがあった。このようにしてみてくると、彼をとりまく家庭環境から進取の気運や開拓的な精神等が読みとれるのである。

（三）天童藩と吉田大八

士族、なかでも中士とはいえ、そもそも天童藩自体はわずか二万石であり、さらに領主は織田信長の系譜をひくため、常に幕府からは冷遇されていた。また、財政上、あらゆる方策を講じるものの、ますます窮乏を来していった。加えて戊辰戦争に際し、いったん官軍に呼応しながらも、奥羽越列藩同盟に屈し、結局、官軍に敗北、あげくは減封の処分を受けた。この間、藩のリーダー・吉田大八（中老）の切腹という大きな代償まで払うこととなった。この実力者吉田大八を師としたのが、若き宮城浩蔵である。当然、浩蔵もその家族もこの戦争に参加し、砲火をくぐり抜けている。この戦いののち彼は藩命により、軍事力に優る庄内藩で松江藩兵から英式の兵法を学んでいる。浩蔵が直接、自らヨーロッパを知るのはこの時が初めてであろう。帰藩後の彼はそこで学んだことをもとに率先して指導に当たっている。その意味ではこの一件はのちのヨーロッパ行の原点といってよい。

（四）天童の文教

天童藩の藩校・養正館は、文久三（一八六三）年七月に設立された。この設立は全国的にみればかなり遅いし、また設立契機も佐藤重剛という藩士の献納によるものである。しかし、その後「益々繁昌ニ相成」(4)っていった。とくに前出・吉田大八が三代目督学（館長）となるや、江戸の朱子学者であり自らの師でもある安積艮斎や同じく儒学者の山崎闇斎の学説を導入した。艮斎は実学主義をとり、かつ外交問題にも秀でた学者として名を知られていた。また吉田大八自らも当時としては新しい思想の勤皇学、崎門学を積極的に講じた。同校に学んだ宮城浩蔵は一二歳で学生のリーダーである書生頭となり、やがて都講（教授）の下で句読師を務めるほどであった。

一方、現在の天童地域は、藩校以外の教育も盛んであった。士族により設けられた郷学が存在した。嘉永二（一八四九）年、館林藩がその領地に設けた高揄《たま》郷学校がそれであり、ここでは、多くの士庶子弟が白石金峰教頭（館林藩士）のもとで学んでいる。また今日、『天童市史』中巻・近世編(5)をひもとくと、江戸後期から維新期にかけて、久野本村の星野有山等、九ヶ所の寺子屋が紹介されており、子弟への教育の関心の高さのほどを知りうる。また、明治二（一八六九）年二月、貫津村結城六右衛門によって設立された私塾・格知学舎の記載も注目に値する。さらに同書は会田安明の門流である寺津村の茂木安英の算学塾等をとりあげ、村山地方の和算学習の普及を証明している。同市史でも断わっているように、こうした寺子屋・私塾・算学塾はまだまだ発掘の余地があろう。だが、こうしてみると、幕末維新期、天童地域の文教が盛んであったことは否めないし、このことが人々を育てたことも事実である。

以上、本節では宮城浩蔵を生み、育んだ家族・家庭、天童藩とその師、および地域の文教といった成育環境の実態をかいまみたつもりである。

二　東京遊学、そしてフランス留学

(一) 貢進生として

前節では、宮城浩蔵をかくあらしためた事柄を中心に、その幼少年時代を追ってきた。本節からは、その後の彼の行跡の中から、彼自ら、主体的に自己を形成していくようすを素描していく。そうした彼の思想と行動において、そのエネルギーの根源となったものに「地域・地方」意識があげられる。彼は明治二年、藩主の命を受けて上京した。その目的は兵学の修得・研究である。その軍制に関して、当時の維新政府が軍事大国フランスを範としていたことにより、宮城が同国に関心を寄せていくのは当然のことである。しかも幸いなことに明治三（一八七〇）年七月二七日、奨学生制度とでもいうべき貢進生制度が布達された。天童藩の場合は一名割当であり、上京中の宮城が充てられた。ますます、出身である藩の看板を背う意識が高まっていく。そして、同年一〇月三日、当時、洋学、とりわけフランス学の第一人者、神田南神保町の自邸で私塾「共学社」を開設していた箕作麟祥に入門のための「一札之事」(6)を提出する。実際には箕作の勤務する大学南校で勉強していたという。因みにこの箕作麟祥は前記した天童藩校教師安積艮斎の門人である。(7)貢進生としての激しい勉強は想像に難くない。それは語学のマスター、そして諸分野の学習が打ち続いたからであり、同年から翌年にかけてと思われるが、宮城は「病ヲ養テ」(8)東京下谷竹町の病院に入院した。宮城が早世する原因のひとつは、この頃からの激しい学問にのためと思われるが、いずれにしても彼は藩を背負い、猛烈に勉学に励んだことは事実である。そのバイタリティーのもととなったのは、一言でいえば「東北主義」である。

『帝国議会議員候補者列伝』[9]は宮城を次のように紹介している。

君常ニ奥羽人士ノ強健質朴ニシテ事ニ耐フルノ能アルニモ拘ラス、毎ニ世人ノ嗤笑スル所ナル

筆者はかって、同じ東北、宮城県登米出身の佐藤琢治という人物を調査し、「初期明治法律学校と地域および学生」（『明治大学教職課程年報』No.16）としてまとめたことがある。彼は文久三（一八六三）年一月に生まれ、仙台で学んだのち、明治法律学校（のちの明治大学）に入学する。彼にとって「権利自由」を標榜する同校の校風が合ったと思われ、当時の自由民権運動に一層、関心を寄せ、時には郷里や在京の同志と連絡をとり合うなど、活動に邁進する。そして友人と結社をし、雑誌をも刊行するのであるが、発禁処分を受けてしまう。それほどまでに運動に没頭する理由は、彼が発起人となった東北青年懇親会による『東北青年自由新誌』の発刊趣旨に見出せる。

奥羽文運ノ振ハサルヲ慨キ……大ニ真理ヲ拡張シ専ラ東北七州ノ面目ヲ一新云々

のちに佐藤は仙台に帰り、『民報』という雑誌を刊行するなど、ジャーナリストとして活躍し、さかんに「東北主義」、つまり東北民奮起論を主張した。さらに、その論理はやがて東北に限定せず、九州等も含めた「自由」の同志と行動を共にせんという段階にまで高められていった[10]。

(二) 司法省明法寮における修学

明治四（一九七一）年九月、貢進生制度は廃止されてしまう。そして政府は一〇月に有為な人材を大学南校（のちに東京開成学校）に入学させる。ところが、一〇月に司法省が新設され、やがて法制官僚養成のための明法寮が開設された。宮城ら九名は翌年八月、同校に転じ、一〇月には授業が開始された。彼が二一歳の時である。同期生は二〇名。同校はフランスからの「御雇い外国人」であるボワソナードやブスケらの指導の下、かなり激しく厳しい教育が施された。八（一八七五）年五月には司法省法学校と改称されたが、ブスケは同月に同省に対して学業成績を報告し

ている（「報告書」東京大学所蔵）。それによれば三組に編成され、第一組が学力優等で将来性のあるものとされ、そこには宮城の名が見える。翌九（一八七六）年一月、ボワソナードは司法省に生徒全員の成績順位を報告している（「上申書」東京大学所蔵）が、その第一位に宮城の名が見える。

また同校の中では「明法寮の五人組」と称されるほど、とくに同窓の岸本辰雄・矢代操・磯部四郎・杉村虎一とは親しく行動した。宮城ら五人がつねに「溜まり場」としたのが新橋の料理店「常平社」であり、経営者の中村助九郎とその縁者の長直《おさ》四郎は何くれとなく宮城らの生活の面倒をみている。筆者が近年、鹿児島県串木野の長家の資料調査をしているのはそのためである。

（三）フランス留学

明治九年七月、司法省法学校を優秀な成績で卒業した宮城は翌八月、国費にて留学することになり、師・ボワソナードのフランスへ向かった。彼はフランス革命の余韻ただよう中、まずパリ大学において本家フランス法学を学んだ。その成績は今日、パリ大学学籍簿の中に見出せるが、優秀な成績であったことが分かる。また彼は法律学だけではなく、政治学に、またパリ大学のみならず、リヨン大学でも学ぶなど、意欲的に勉学に励んだ。こうした修学は「一命ニモ可関程ノ大患」(11)を招き、一四九一円もの借金をして、留学を延期するほどであった。彼の勉学はつねに闘病がつきまとうものであったが、このフランス留学を通して、外国法それだけではなく、政治学をも修得してきたことは意義が大であった。それに耐えられたのも、「東北主義」が根源にあり、それをさらに国を代表せんとする意識へと昇華していった結果と思われる。

三　その法意識と実践

（一）帰国後の職務

宮城浩蔵がフランス法律学士の称号を得て、帰国したのは明治一三（一八八〇）年六月二八日のことである。そして八月一九日には検事に、翌年には判事、一七年には法律取調委員、さらに一九年には司法省参事官と昇進していく。従来の修学経験を生かし、法典の調査・研究、そして制定にと実力を発揮していった。正しく「足と頭」を駆使し、勉学に、仕事に励んだのであるが、理論に実務が加わった意義は大きい。そしてこうしたことは彼が明治二三年三月に官界を辞するまで続けられた。このことと並行し、年々、彼は健筆をふるっていく。そのことは彼の著した講義録や著書・論文から察知できる（表1）。

表1　宮城浩蔵の著書（主なもの）

『刑法講義』（明治一七年五月）
『日本刑法講義』（明治二一年五月頃）
『日本治罪法講義』（明治二一年五月頃）
『法理学講義』（訳書、明治二四年一月）
『民事訴訟法正義』（明治二四年一二月）
『民法正義』（明治二四年一二月〜）
『刑法正義』（明治二六年四月）
『訂正民事訴訟法正義』（明治二六年八月〜）
『治罪法講義』（明治期）
『仏国刑法原論』（訳書、前同）

彼の学問思想論の特色は大きく二点ある。ひとつは実用論・有用論である。本節ではこのことを論ずる。『刑法講義』、『刑法正義』には「人類の智識」により得る目的物論が明確に著されている。つまり「学」とは「物事の真理を探知する」ことであり、法曹界では「自然の法理を研究する」ことである。「術」とは「学に依りて得たる真理を事物に応用する」ことであり、法曹界では「立法者が自然法を順序正しく編纂する」ことである。「実用」とは「已に真理を知りて応用し得るときは之を実地に施行する」ことであり、法曹界では「裁判官の如き之を実際に運用する」ことである。本書は刑法学を論じているため、学の重視は当

然のことであるが、注目すべきは「応用」や「実用」といった文言である。これらの事柄に対する注目、それと「学」との関連付けに宮城の学問的レベルの高さと広さをうかがわせる。であるから、彼は同書において逐条的註釈の形式で叙述したのである。『刑法正義』の緒言で岸本辰雄も「旧刑法直後において理論体系的なものより差しあたり役に立つ逐条解釈書が社会的に要求された」と述べている。このことから、宮城の法律実用論は人々の生活世界との密着化を意識していたものといえる。事実、宮城は『刑法正義』において、法の意義・目的の中で「生活機関を支配する」法の重要性を指摘している。とはいえ同書は単なる啓蒙書や翻訳書ではなく、多くの慣習・判例等を講究した、最高レベルの法律書であることはいうまでもない。

平成五（一九九三）年一一月一四日、山形市で催された宮城浩蔵顕彰記念講演会で森芳三氏は、筆者にとって興味深い事例を紹介されている。「宮城浩蔵と山形の時代背景」と題した講演の中で、東根村の岡田豊三をとりあげている。明治初年の地租改正の時、国有林下戻し運動が起こり、岡田は東京に家族ともども派遣され、陳情・請願に奔走した。そして明治二六（一八九三）年に訴訟を起こし、いったん敗訴、しかし同三六（一九〇三）年勝訴し、三〇〇町歩の返還に成功した。ところがその前に彼は病死、子息が明治法律学校に入学し、法律を学んだとのことであった(12)。このことに興味を持ち、明治法律学校の『普通生名簿』（明治二四年）をひもといてみた。岡田豊三は次のように記録されている。

明治二一年九月一四日入学、同二四年七月卒業
保證人　神田猿楽町一丁目三番地　樋口保
族籍　山形県北村山郡東根村　平民
元治元年一二月生

また、同校々友会『校友規則並表』（明治二四年一二月）には、「明治二十四年七月卒業　山形県北村山郡東根村甲

二十二番地」とある。さらに同会『明治法律学校校友名簿』（明治三一年一二月）には彼の名はあるものの、そこには「明治二十九年七月死亡」とされている。これらのことは森氏の指摘とは、いくつかの点で符号しないこともあるが、それでも大筋は合致する。筆者はこれを機会に早速、「足」を使い、岡田豊三、あるいは国有林返還運動の実態を追い求めたいと思う。しかし、ここで筆者が強調したいことは岡田はなぜ法律を、しかも明治法律学校で勉強したいと思ったのか、ということである。このことはおそらく郷里・村山地方出身の宮城浩蔵、そして彼の説く法律実用論にひかれていったのであろう。不用意な言説は避けるべきであるが、酒田の納税返還運動「ワッパ騒動」、あるいは天童の道路開鑿費徴収不服運動の「関山新道事件」に明治法律学校は関係ないだろうかと、いたずらに想像がふくらむ。

（二）「東洋のオルトラン」といわれて

ここでは宮城浩蔵の学問思想上の特色である二点目を指摘する。宮城は当時、「日本のオルトラン」とか、「東洋のオルトラン」と称された。オルトランとは宮城の師であるボワソナードの指導者に当たり、宮城自身もパリ大学で教えをうけた、刑法の大家である。その折衷主義はつとに有名である。この理論をごく簡単にいえば、次のようになる。道徳に背き、社会を害する行為だけが処罰の対象である。したがって、道徳に違反していたとしても、社会に損害を与えなければ罰しない。ここには為政者による恣意的、権力的介入を許さないという思想が根底にある。宮城はこの考えに影響を受けたわけである。宮城はルソーらの民約主義そのものではないが、人々は刑（法）のもとに平等であるため、「人民の既得権を害する」ことを禁じ、個人の生命・財産・自由・権利を守るべきとする強い意識を持つ。こうしたことから「権利自由の絶対性を確信していた態度が見られる[13]」という解釈がなされている。もし、法を犯したとしてもそれは国家ではなく社会が罰するものである。そのために自然に存在する共有物として文字化したものが法、つまり成文法であるとしている。したがってここから「罪刑法定主義」が主張される。この主義は旧刑法の第一編第一章の第二条が如実に表現している。

法律ニ正条ナキ者ハ何等ノ所為ト雖モ之ヲ罰スルコトヲ得ス

平たくいえば法律、とくに刑法では社会が成り立つ必要最低限を制定すべきであり、最も大切なことは人々の自由・平等・権利を保障することである。彼の法思想はこの個人を尊重する「自由・平等・権利」論によって貫かれていたといってよい。これこそ彼の学問思想の特色の二点目である。今日でこそ、「社会」とか自由・平等・権利という用語は当然のように使われているが、「百姓に権利などとはとんでもない」という風潮がまだのこっていたり、あるいは、「強い国家を築こう」という人々が存在していた当時の日本を想像すべきである。

だからこそ当時の刑法学者の中でも「宮城浩蔵の刑法学が、わが国最初の刑法学である[14]」と高評されるのである。それでも宮城は旧刑法（明治一三年七月公布、一五年一月施行）に不満であり、さらなる改正を求めていたのである。

（三）民法典論争と議会活動

明治二〇年代に入ったころから、宮城浩蔵の活動は一変する。その要因は政治・行政の変動である。直接、彼にとって、あるいは明治法律学校にとって深刻な問題は法典の編纂をめぐる一連の出来事である。つまり、それまでの刑法や治罪法、あるいは発布されたばかりの民法典に対する疑念、見直しあるいは施行延期の動きである。それは復活した自由民権運動に対する鎮圧化、それによる中央集権の強化、あるいは条約改正のための欧化政策に対する国粋主義の台頭と揆を一にするものである。具体的にはまず帝国憲法を制定・発布することと、商法の実施を中止させることであった。法曹界でその旗手となったのは「法学士会」系の面々である。つまり慣習法を重視する元田肇ら東京帝国大学（現東京大学）、英吉利法律学校（現中央大学）の「延期派」と宮城ら「断行派」は真向から熾烈な戦いを展開することとなった。そのため、宮城ら明治法律学校は、それまで授業料値下げ合戦等、対抗関係にあった同じフランス法学系の和仏法律学校（現法政大学）と手を結ぶこととなった。さらに両校の関係者は明治二四（一八九一）年二月二八日に「明法会」を設立、『明法誌叢』（明治二五年三月創刊）を刊行し、啓蒙・普及を図った。それだけではなく、翌二四年三月、宮城は幹事長となり、明治法律学校の教員、卒業生、さらに学生をも結集、法治協会を設立し、『法治協会雑誌』を刊行した。また同協会は各地校友の協力により、地域でキャンペーンを張っていく。例えば、明治二四年六月二二日、仙台市で学術演説会があった。中心となったのは卒業生であり、かつ地元の代言人である藤沢幾之進らである。同協会員が演説をしているが、その中には山形地方を遊説していた宮城も加わっている。[15] ここからは、学校、校友、学生三位一体となった熱気が伝わってくる。この「法治」、つまり法律による政治を強く打ち出したのは、断行派の東京帝国大学・穂積八束の「民法出デヽ、忠孝亡ブ」[16]を意識してのことである。事実、穂積の論文には「国家」、「忠孝」という文言が目立ち、宮城ら断行派のものとは全く主義を異にしていた。

ところで、宮城浩蔵は明治二三（一八九〇）年七月一日、第一回衆議院議員選挙に出馬して、当選した。本章ではその経緯を詳細に綴る余裕はないが、いずれにしても山形一区でライバルの重野謙次郎らを破り、堂々と高得点を得た。したがって彼は官界を辞職したわけである。そして政治の世界に身を移し、国会の場で断行論を主張、国家主義・官僚主義的な法典編纂論者に対して、先頭に立って戦ったのである。議場には明治法律学校講師（憲法担当）であり、男女同権論等を主唱する光妙寺三郎、同じく講師（民法・刑法担当）であり、刑事弁護論を提唱した磯部四郎、また明治二八（一八九五）年二月に「宮城浩蔵碑」文を物する中江兆民もいた。なお、中江はその碑文の冒頭において、お互いに相語ることはなかったとしている。そうではあっても、同志としての意識はかなり強かったのであろう。なぜならば、例えば中江兆民主筆『自由平等　経綸』の第一号（明治二四年三月刊）に宮城は「自由は天地の大経なり、平等は人類の大則なり」云々と、「祝詞」を寄せている。

また宮城は明治二三年九月二五日、代言人免許を得た。それは例えば前年には代言人試験委員を務めるほどであったので、難しいことではなかった。そして何よりも東京帝国大学が判検事を多く輩出していたのに対し、明治法律学校は代言人を多く輩出し、民間において活躍をしているという実績が宮城にその道を選ばせたともいえる。このことは例えば明治二二年度の明治法律学校在学生および卒業生の代言人試験合格率は四五％、以下、二三年度四四％、二四年度四二％という数字が証明している。宮城代言事務所は東京府京橋に開設された。さらに翌明治二四（一八九一）年一一月には大阪江戸堀へ代言出張所を開設するほどであった。官職を辞し代言業となった宮城に対し、業務上の依頼が多かったことを示している。ところで同年四月二五日、彼は推されて、東京新組合代言人会の会長選に立候補し、当選した。対立候補は渋谷慥爾であった。この選挙はいわば仏法派と英法派の戦いであり、このことからすれば、宮城の代言人業選択は法典断行のための手段であったともいえる。なお、この時、副会長には明治法律学校出身の丸山名政が就任した。

だが、宮城浩蔵はこの民法典論争のさなか、明治二六（一八九三）年二月一四日、わずか四〇歳一〇ヶ月にして腸チフスにより死去してしまう。これ以降、日本は急速に東京帝国大学を中心とした国家色の濃厚なドイツ法に基づき、帝国主義による国家体制を築いていく。しかし、宮城の遺志は旧刑法改正反対運動を引き起こし、また国権色とは対照的、つまり民権的学風を明確に明治法律学校に定着させることとなった。そして危惧された明治法律学校への志望者は一時より増加の傾向を示すのである。

四　その教育活動

（一）明治法律学校設立前史

昭和九（一九三四）年一月一三日付『明治大学駿台新報』にある第一回卒業生・安田繁太郎の回顧談によれば、宮城浩蔵らは司法省法学校卒業式において師のボワソナードから法律を普及させるのは諸君の天職であるという主旨の訓示を受けたとある。そのことが脳裏に焼きついていた宮城は留学帰朝まもなく「明法寮の五人組」の一人、矢代操の誘いにより、喜んで公務の傍ら法律私塾・講法学社の講師となった。矢代は留学こそしなかったが、すでに時習社で『法律雑誌』を刊行したり、日本講法学社(17)で講師をしており、この講法学社では教学の責任者をしていた。同校は和歌山藩内、法福寺の「風雲児」・「怪僧」と称された住職北畠道竜の設立になるが、また一方では同郷の政治家陸奥宗光に接近し、政界の裏面で活躍する人物である。また安田と同期の依田銈次郎の回顧談（『明治大学学報』第一五八号）によれば同校監事の大岡育造（代言人、のちに衆議院議員）は生徒との折り合いが悪かったという。また経営者同士も内紛があったようである。こうした学内騒擾等に嫌気がさし、宮城はまもなく同校を退職した。

(二)　明治法律学校の設立

講法学社に失望した学生のうち、いく人かは茂松法律学校に転校する。他の学生について、安部逊を発頭人とする二三名の学生の行動を同人の回顧談（『明治大学駿台新報』昭和八年一二月二日付）により、まとめてみよう。ついに明治一三年一一月、安部を先頭に新進気鋭の法学士宮城浩蔵宅を訪ねた。当時、宮城は麹町区上六番町三六番地（現在の東郷元師記念公園）に住んでおり、この時、彼は出かけるところであったが、鬼気迫る勢いの学生に応接し、学校を建てるまで自邸に通うように伝えた。ここで重要なことが二つある。まず一点目は学生たちが自らの意志で指導を願いに行ったことである。したがって、このあと、彼らは神田区小川町五番地の中山寛六郎家長屋（旗本浪人宅）に寄宿、自炊による自主学習をしつつ学校を開設すべく奮闘する。ただし、このところは、前出・依田によれば宮城に依頼しに行く以前に中山家の長屋で自主学習をしていたという（前掲資料）。そのために講法学社で事務を担当している齋藤孝治に協力を依頼し、同人も陰ながら協力を約束する。事実、この齋藤は校舎の獲得に奔走するのであった。

いずれにしても、明治法律学校の設立は学びたい者が自発的に、すぐれた指導者を求めることにより始ったわけである。二点目は法学を教授する側のことである。その第一に照準をあてられたのが宮城浩蔵であった。が、彼自身もかねてからその気があったことは、すでに述べた。彼は明日、友人の岸本辰雄と相談するとしながらも、学生の要望を前向きに受けいれている。なぜ東京府宛の明治法律学校開校願書が宮城の自宅になっているのかということも、この一件によって解明できる。この開校願は明治一三年一二月八日付であり、その日までに「明法寮の五人組」のうち、宮城、岸本、矢代の三名で設立者となることを確認し合ったわけである。当然、この願書には「権利自由　同心協力」を高らかに唱えた「明治法律学校ノ主旨」という趣旨書、および学則というべき「規則書」も添えられていた。また一方、齋藤孝治の努力により、麹町区有楽町三丁目一番地の旧島原藩邸上屋敷の一角に校舎を確保することができた（現在の有楽町、開校記念碑の一帯）。

ところで、本章冒頭にも述べたように、人物史とか自校史を叙述することは難しく、そのための一方法として他の人物や他校との比較を提案した。ここで簡単に明治法律学校と類似した学校の設立経緯を追ってみる。

①専修大学……明治一三年九月一六日、京橋区木挽町の明治会堂別館に開校した。創立者は相馬永胤、田尻稲次郎、目賀田種太郎、駒井重格で、アメリカ留学中に法律（英法）と経済二科による学校設立を約す。東京講法館、慶應義塾等の学生が編入した。

②法政大学……明治一三年四月に設立された東京法学社を前身とする。場所は神田区駿河台北甲賀町である。仏法による同社は伊藤修や金丸鉄による代言局と薩埵正邦の講法局により成っていた。やがて同一四（一八八一）年五月、この講法局は独立、「東京法学校」と改称し、一五（一八八二）年一〇月、東京府に設置願を提出した。校舎はやがて神田区錦町に移転する。

③早稲田大学……明治一五年九月、大隈英磨によって開校届が提出された「東京専門学校」は政治経済学科、物理

学科とともに法律学科も設置した。場所は南豊島郡下戸塚村である。同校の創立に参画し、法律学科の中心であった岡山兼吉は英法系であるが、神田移転案が入れられず、辞して英吉利法律学校の創立に加わった。

④中央大学……明治一八（一八八五）年九月、「英吉利法律学校」として増島六一郎を校長に約二〇名により神田区錦町の旗本屋敷を利用して開校した。東京大学法科卒業生を中心とする英法系の法律学校である。

⑤日本大学……学祖山田顕義は麹町区飯田町の皇典講究所に東京大学の穂積八束らを招き古代以来の法制を教育し、研究させた。それに新しい法学者を加えて、明治二二（一八八九）年一〇月に独立したのが、「日本法律学校」である。したがって皇典講究所は同校と國學院の前身である。

⑥慶應義塾大学……安政五年一〇月、福澤諭吉により江戸築地に蘭学塾として開設された。大学部設置を決めたのは明治二三（一八九〇）年一月のことであり、はじめてその中に法律科が登場する。教員は英法、仏法、独法さまざまであった。

また官立では明治一〇（一八七七）年四月創設の東京大学（のちの東京帝国大学）があった。同校がイギリス法からドイツ法へ転換していくことはすでに述べた。

やや宮城論からそれてしまったが、いずれにしても明治法律学校が誕生する頃、周囲にも法律の専門学校設立の気運が盛り上がっていたことは事実であり、東京大学を除いては設立・経営は容易ならざることであったことがいささかかいま見える。こうした中で、明治法律学校にとって特筆すべきことは、やはり設立に当たって、学びたい者が学び、教えたい者が教えるという学生と教員の一体感、つまり教育の本来の姿が明確に認められることであり、このことが後の明治大学を築きあげていく基礎となるのである。

（三）明治法律学校の教育・運営

明治一四（一八八一）年一月一七日、明治法律学校は専門学校として開校した。だが、その施設・設備はきわめて粗末なものであり、旧藩邸奥書院の大広間の畳をあげて、教卓と椅子を置いた程度であった。その程度でも借間であるため、月五〇円の家賃を払わねばならなかった。教員は創立者三人だけであり、全くの無報酬であった。宮城も含め、創立者は金禄公債証書を売り払っていた。それどころか彼は前記したように留学中、病に罹り療養費等のため公使館より一四七一円の借金をし、月賦で返納していた。彼自らも「当時非常ニ困難ナリシハ本校ノ財政ナリ岸本氏ニ予ノ如キハ洋行帰リノ一寒生ニシテ資産ノ為メニ苦マサルコト日トシテ之ナキハナシ(18)」と述懐している。そのため、しばしば岸本宅に集まり協議しており、今日、学内には当時の借用証書が残されている。さらに「権利自由」を教える明治法律学校は政府より危険視され、他の法律学校とは異なり補助金も支給されなかった。しかし、明治一五年四月、在校生有志は宮城ら創立者に感謝状を贈った。

入学は一六歳以上の男子、修学年限は当初、二年制であったが、明治一六年から三年制とした。授業はおもに宮城は刑法、岸本は商法、矢代は民法を担当した。非常勤講師の第一号は西園寺公望（のちの首相）である。彼は宮城らの友人であり、創立に当たり、何くれとなく協力し、授業では法論会を担当した。当時のカリキュラムを見ると、午前は八時から九時、午後は三時半から四時半、夜は六時から七時までとなっている。実は教員が昼間は職を有しているからである。福井県の一本田村（現坂井市丸岡町一本田）より上京した山田斂の回想録『晩成園随筆(19)』によれば学生は学校の近くに下宿、昼間は帰っていたという。そして、宮城らは講義がなければ法学研究、教材研究に明け暮れていたのである。第一回の入学生は前出の元講法学社十数名を含めた四四名である。当時の資料や回想録を見ると厳しい教育のほどが読みとれる。それを端的に示すのは定期試験評価の厳しさであり、卒業率の低さである。第一回生は卒業率の高いほうで珍しいくらいである。表2はその卒業生の名簿である。実は最初の職員である齋藤孝治は学生

表２　明治法律学校第１回卒業生（明治15年10月）

氏　名	出身	校　友（明治18年）	九　大（明治31年）	一　覧（昭和10年）
齋藤孝治	東京	○	○	○
河村藤四郎	佐賀	○（長崎）	○	○
依田銈次郎	兵庫	○	○	○
板橋善四郎	茨城	○	○	○
平松福三郎	三重	○	○	○
高橋安爾	宮城	○	○	○
寺田栄	福岡	○	○	○
百瀬武策	長野	○	○	○
安田繁太郎	岡山	○	○	○
吉井盤太郎	岡山	○（東京）	○	○
坂田周太郎	福岡	○	○	○
小野崎勇平	岩手	○	○	○
間野正雄	岡山	○	○	○
山口憲	福井	○（東京）	○	○
田部香蔵	広島	○	○	○
村上官治	福岡	○	○	
山谷虎三	岡山	○	○	○
根本行任	秋田	○	○	○
永尾作十郎	長崎	○	○	○
村上純	熊本	○（推）		○
安部遜	福岡	○（推）		○
		18名、推２名	19名	20名

注1）『明法雑誌』第１号（明治18年２月７日）は以上の21名、卒業とあり。
2）「校友」＝『校友規則並表』（明治法律学校、明治18年12月）。
3）「九大」＝『九大法律学校大勢一覧』（東京法友会、明治31年４月12日）。
4）「一覧」＝『明治大学一覧』（明治大学、明治10年７月15日）。
5）「推」＝推薦校友。

でもあった。そのことはともかく約五割弱の卒業率である。ところが明治一五年四%、一六年四%、一七年五%、一八年四%、一九年四%とひとけた台が続いていく。これは司法試験突破という大目標があるための厳しさと思われる。したがって学生は夢を持ちつつ、必死になって勉学に打ち込む者が少なくなかった。今日、元学生宅から見出されるすきまなく書かれた講義筆記ノート、あるいは席取り合戦のエピソード、さらには勉学しすぎて健康を害した話はそのことを裏付けるものである。また聴講生の中にはいわゆる「もぐり」の学生がおり、学校側でも苦慮しているほどである。このようにしてみると、初期明治法律学校は粗末な校舎とはいえ、新しい知識を情熱的・献身的に教える教員、それに必死になって学びとろうとする学生のようすが読み取れる。そして明治一九（一八八六）年一二月、明治法律学校は借地ながらも神田区南甲賀町に校舎を新築し、多くの志望者に応えようとした。

ところで、本節の最後で自由民権運動と明治法律学校との関係に触れておきたい。すでに述べてきたように明治法律学校はフランスの影響を受けた学校であり、国内政党では自由党に近い存在であった。したがって『明治法律学校二十年史』[20]によれば、政府関係者からは「共和党の黴菌」の学校と目され、スパイの学生が送りこまれた。西園寺公望は実兄の徳大寺実則内大臣より、同校から手を引くことを強要された。また、学則には学生の政治運動禁止の条目が盛り込まれていない。それどころか学生に対し、一時退校制の措置をとっている。この制度は学生が集会条例に抵触するのを恐れ、演説会等に参加する者には一時退学の扱いにし、集会が終われば簡単に復学させる措置である。こうしたこともあり、学生は政治運動にあこがれ、明治法律学校に入学する者も少なくなかった。しかも前記したように宮城はやがて政界に出馬することを考えれば、学内関係者の中では政治運動に積極的なほうであったと察せられる。しかし、全体としては、明治法律学校は壮士養成所にはならなかった。そのような教育はしていない。ただし、学外では教員、職員もそのようなことに関わっている者は少なくない。ましてや卒業生の中には弁護士、ジャーナリスト等を業としつつ、政治上の主義・主張を展開する者は多かった。しかも、よくよく見れば、同じ民権系とはいえ、自由党系もいれば、立憲改進党系の者もいた。さらには講師の中には古賀廉造のように国権系の学者もいた。

以上、本節では粗末な施設・設備ながらも献身的に教育に当たる宮城ら教員、明日を夢見つつ勉強する学生のようすをかいまみた。

五　守り立てた山形の人々

（一）地方・地域への注目

はっきり言えば、地方史はその名称のように地方をフィールドとし、主に歴史学の関係者が関わっている。一方、大学史は中央の高等教育機関が対象であり、主に教育学の人々が当たっている。両者は対立していないが、対極的な位置にあった。ところが、やがて明治法律学校の学生を調べていくうちに、何となく地方出身者が多いことを感じはじめた。ある時、宮城浩蔵を調査する目的で山形県天童市に赴いた際、同市三日町の阿部安佐家を訪ねることがあった。訪問目的は同家の祖父が明治法律学校に在学した時の資料を拝見することであり、講義筆記ノート、履歴書などが残されていた。なぜ上京しようとしたのか、その時、親は子供にどのように言ったのだろうか、帰郷後、学んできたことをどのように生かそうとしたのか。資料を見ながら、わくわくしたことを覚えている。そのことが契機となり、筆者は「地方史と大学史」というテーマを立てた。その後、今度は逆に大学はどのようにして地方学生を求めたのか、上京した学生はどのように学生生活を送ったのかということを考え、これは「大学史と地方史」というテーマにした(21)。こうした研究は、中央と地方の相関関係の中から近代日本、およびその教育の歴史を統一的に把握できるのではないかと思っている。またそのことによって、今後の大学や地方・地域のあり方の一端が見出せたらよいとも思っている。

（二）学生、「教え子」として

宮城浩蔵というと佐々木忠蔵の名を落すわけにはいかない。彼は宮城の死去に際し、その遺稿『刑法正義』に「先師宮城浩蔵先生小伝」をしたためている。筆者はかって天童市田鶴町の嫡孫・基子氏の全面的な協力により、資料を調査し、まとめることができた。ここでは紙数に制限があるので、ごく簡単に佐々木忠蔵を紹介したい。佐々木忠蔵は元治元（一八六四）年五月一五日、天童村に生まれた。彼の父の綱領は藩内の大目付をしたことがあるが、主に学務を司った。宮城浩蔵は藩校養正館において同人の教えを受けた。その後、綱領は明治期に入り、新設された天童小学校の初代校長に就任している。その子の忠蔵は同藩校、天童西学校を卒業後、明治一三年五月、前年開校したばかりの山形県師範学校に入学、優秀な成績で卒業した後は天童小学校の訓導に就任した。そして教育の研究や実践に業績をあげていく。ところが明治二〇（一八八七）年九月二二日、教員を退職する。上京し、一〇月一日、明治法律学校に入学した。ここで問題となるのは、なぜ彼はエリート教員の道をいともおしげもなく捨てて、東京の明治法律学校に入学したのか、ということである。ひとつには山形県師範学校同窓生の熊井戸政徳（天童藩元士族）、同僚の柳沢重固（同前）ら周辺の者が教員を退職し、明治法律学校などへ向かっていたからである。柳沢はのちに「余が郷関を出づる時には、当地方で評判の高かった、明治法律学校（現明治大学の前身）に入学する積りであった[22]」と回想している。事実、明治二四年一月現在における府県別明治法律学校の学生出身県を見ると山形県は第七位の九二名である[23]。またこの頃より、学校現場は国家による管理が強化され、教員は上意を伝達する存在にされようとしていたことも影響していよう。この頃は教員を退職し、進路変更する者が多い。だが、何といっても彼らの上京理由にとって宮城浩蔵の存在は大きい。藩費・国費によった、いわば遊学生として第一世代の代表とでも言うべき宮城は山形地方の青少年のあこがれであった。また、一方、宮城は郷里から上京する学生の面倒をよくみた。上京当初、佐々木忠蔵が宮城宅に下宿していたことはその好例である。明治法律学校入学後の彼の活動は簡単には筆舌しがたいほど、多大である。本務である学業を全うする傍ら、明治法律学校々誌『法政誌叢』や講義録の編集・出版を一任されている。さらには宮城浩蔵の衆議院議員選挙出馬に際しては渉外・事務のほか、新聞『山形日報』の編集長として東奔西走した。また宮城の意を受けて同郷学生の世話にも当たった。その彼は宮城の死に際し、さまざまな残務整理をしたのち、行政官として台湾に渡った。そこでは明治法律学校で学んだ法律知識を十分に発揮、とくに民政に尽力し、ついには『台湾行政法論』(24)をも上梓している。また同地では学術団体を設立、その指導にも当たっている。その後、天童町民の強い要請により、大正八（一九一九）年二月に天童尋常小学校長に就任、さらに九月には天童実科高等女学校長も兼任、自論を持った校長として地域の教育を先導した。また郷土史に興味を持ち、多くの著作を残した。さらにこの間、つねに明治法律学校、のちの明治大学に連絡をとり、協力をしている。

次に二つの会を紹介したい。表3は明治一四～三六年の明治法律学校校内生・校外生の府県別卒業・修業率の一覧である。校内生とは通学生、校外生とは通信教育生であるが、いずれにしても山形県の場合、両者の平均値四二・四％は全国第一位であり学業の修得率が高かったことが一見できる。その背景には「村山会」の存在が大きかったと思われる。同会は明治一四年四月、村山地方出身の在京者によって結成されたものであり、その結成には宮城浩蔵のサジェスチョンがあった。親睦と知識交換を目的として、隔月か三ヶ月に一回の割合で、常時三、四〇名が集合した。佐々木忠蔵は上京してまもなく入会、会計係を務めたのち、第二代目の幹事に選ばれた。同会が「東北主義」という気概に満ちた在京学生を一層、奮起させたのである。一方、天童には責善会という学術啓蒙団体があった。同会のことは阿部安佐家の史料『責善会規則』、『責善会筆記』、あるいは『責善会報告書』に詳細に記録されている。同会は二四年に「天童会」という類似団体と合併、「天童責善会」として一層、発展する。会員は第一類を会費を納める者、第二類は会費を納めない者（常時、参加できない者）とした。上京し、明治法律学校の学生であった阿部庫治や佐々木忠蔵らは第二類の会員である。しかし、例えば阿部の行跡を追ってみると、帰省の折には東都遊学体験を講演している。また彼らは東京に「支舎」を結成、郷里の本部に宛てて雑誌等を郵送している。なお、当然のごとく、宮城浩蔵も会員に名を連ねている。

本項の最後に山形法律学校のことを記したい。それは明治法律学校卒業生が帰郷し、地域に法律学校を設立する場

表3　明治法律学校府県別卒業率・修業率一覧（明治14～36年）

（%）

府県	校内率 卒業率	校外率 修業率	平均	府県	校内生 卒業率	校外率 修業率	平均
東京	11.9	33.3	22.6	山形	18.6	66.1	42.4
京都	19.1	37.6	28.4	秋田	11.4	42.7	27.1
大阪	19.9	30.0	25.0	福井	21.2	34.6	27.9
神奈川	12.6	41.1	26.9	石川	18.3	42.4	30.4
兵庫	20.1	38.6	29.4	富山	11.6	41.0	26.3
長崎	18.1	41.0	22.1	鳥取	8.9	39.3	24.1
新潟	13.9	40.1	27.0	島根	24.0	46.9	35.5
埼玉	12.3	41.9	27.1	岡山	15.1	44.7	29.9
群馬	20.6	46.2	33.4	広島	15.6	40.5	28.1
千葉	12.6	39.8	26.2	山口	19.0	40.6	29.8
茨城	11.6	35.9	23.8	和歌山	10.9	50.3	30.6
栃木	15.9	37.0	26.5	徳島	13.7	39.2	26.5
奈良	9.5	39.0	24.3	香川	10.8	39.4	25.1
三重	21.0	32.7	26.9	愛媛	13.4	39.4	26.4
愛知	16.5	55.5	36.0	高知	20.4	44.9	32.7
静岡	13.7	44.7	29.2	福岡	13.8	36.3	25.1
山梨	12.4	41.7	27.1	大分	18.2	50.4	34.3
滋賀	21.6	31.0	26.3	佐賀	14.7	32.8	23.8
岐阜	16.6	36.6	26.6	熊本	26.2	39.8	33.0
長野	8.8	35.7	22.3	宮崎	14.9	68.7	41.8
宮城	14.8	31.6	23.2	鹿児島	17.6	76.1	46.9
福島	14.6	33.3	24.0	北海道	14.3	43.4	28.9
岩手	10.9	40.3	25.6	沖縄	0.0	54.9	27.5
青森	14.8	61.4	38.1	平均	15.2	42.6	28.9

注1）拙稿「地方・学生よりみた初期明治法律学校」（『明治大学史紀要』第12号）より。

2）「本学学生及卒業者人員府県別」（『明治法学』臨時増刊第60号）より作成。

合が少なくないため、「学校を発掘する」というキャッチ・フレーズで各地を資料調査した際に見出したものである。明治二二年八月、宮城浩蔵の帰省に際し、山形千歳館で同窓会が開かれた。その席で山形法律学校の設立が企画され、地域在住の根本行任・武田原蔵が計画を推進することとなった。根本行任は秋田出身であり、明治法律学校卒業後、山形治安裁判所で判事試補をしていた。武田原蔵は宮城浩蔵の実兄・義昌の長子、つまり甥である。上京中は叔父・浩蔵宅に下宿、卒業後は山形県庁に勤務した。地元有力者らの援助により、事は順調に進んだようである。しかし、同校が開校されたという資料は目下のところ、見出せない。おそらく宮城の死により消滅してしまったのであろう。ところが、その後、明治三五（一九〇二）年二月に山形市で催された校友会支部で「法曹倶楽部」の設立が発議され、佐藤治三郎幹事や吉田守信を中心に法律の講話や普及がなされ、ますます山形支部と明治法律学校の交流が深まっていく。この佐藤治三郎は天童市長岡の現当主佐藤善三郎宅に生まれ、明治法律学校卒業後、山形県法曹界で活躍する。また吉田守信とは前記した熊井戸政徳のことである（現当主、上山市熊井戸信之氏）。彼は同校卒業後、山形県庁に勤務、のちに南村山郡長等を歴任する。

以上、本項では地方から見た大学、大学から見た地方、そしてその両者の関係を一瞥したつもりである。そこから、多少なりとも日本の近代化のようす、あるいは明治大学の進展の内実をかいまみたような気がする。

（三）地域在住の支援者

地域在住の支援者というと、例えば第一節で取り上げた家族縁者、あるいは前項で紹介した卒業後帰郷組の人々も含まれる。ここでは極力、限定し、衆議院議員選挙出馬における同士・支持者とする。同士といえば、やはり佐藤里治である。彼は西村山郡の海味村（現西川町海味）の豪農であり、宮城浩蔵より二歳年上である。元々は経済団体であり、立憲改進党系の「特振社」をバックにして明治二三年七月の第一回衆議院議員選挙に出馬した。当時、東村山郡も含めた山形県第一区は定員二名、しかも二名連記制であり、彼は宮城浩蔵と共に、立憲改進党系の羽陽正義会から立候補した。対抗馬には元天童藩士族で自由党系の山形「東英社」の代言人の重野謙次郎がいた。しかし、宮城は立候補者五名の中でも最高得点であり、佐藤とともに当選した。この場合、宮城の普段の言説からすれば自由党系から立候補すべきかもしれない。事実、当選後の彼の活動は不偏不党を強調しつつも、実際には自由党そのものであったからである。しかし、このことは両陣営ともに民権党という立場であり、選挙のために所属が分れたと解釈した方がよい。事実、同選挙の直前まで佐藤里治、重野謙次郎ともに大同倶楽部を設置していた。前記した宮城県の佐藤琢治が自由党から、いとこの首藤陸三が立憲改進党から衆議院議員選挙に立候補するが、普段は親交が深いことと同様である。この選挙の時、宮城浩蔵当選のために尽力した人々を列記してみる。垂石太郎吉（山辺村）、多田理助（大蕨村）、村形忠三郎（荒谷村）らであり、彼らはそれぞれの地域の有力者である。このうち、多田理助は恩師佐々木忠蔵との再会により一時、明治法律学校で学んだことがあった。

（四）教員として

東村山郡高楯村（現山辺町）出身で昭和六年に国際司法裁判所長に就任した安達峰一郎は、明治二六年二月一六日「弔宮城浩蔵先生文」の中で次のように述べている。

> 生ミノ父ニモ等シキ大恩アル亡師宮城浩蔵先生……先生ノ某ニ於ケルヤ、父ノ恩アリ、師ノ恩アリ、又先進ノ恩アリ

公費生の道を選んだ彼は司法省法学校、そして東京帝国大学仏法科を卒業（明治二五年）した。しかし、彼の「日記第一」[25]によれば、宮城宅を尋ねるなど、世話を受けている。そうした関係で東京帝国大学在学中から明治三二年一〇月まで明治法律学校で講師を務めていた。卒業した年の八月に結婚したが、その夫人・鏡《かね》の父は天童藩上士で、代言人であった高沢佐徳である。高沢は明治初年には山形の町に私塾・法律学社を開校、また東英社の結成に尽力、その後、山形県弁護士会長として活躍した。また明治二四年八月一九日付『山形自由新聞』によれば、明治二四年八月一七日、山形市小姓町丸萬座で学術講演会を主催した。演者は宮城浩蔵と安達峰一郎であり、盛んに法治協会の拡張を説いている。まだまだ地域にあって宮城浩蔵を守り立てた人は多くいる。宮城浩蔵が書生時代、「舌代」という書翰を送り、借金を願った相川理佐衛門（佐々木忠蔵伯父）にも触れたかったが、後の機会に譲る。

むすび

本章では、大体、次のような順序で宮城浩蔵を綴った。

「はじめに」の部分で、本章の目的は明治初年、貢進生として上京し、近代日本の法制・教育等パイオニア的な状況を出身地域とからませつつ追及するとした。次にその歴史上における人物の描き方に触れた。そこでは史実の確認、環境条件の考慮、同時代人との対比の必要を提示した。とくにまずは史実の確定の重要性を述べ、そのためには「足と頭」、なかんずく、「足」を使うことを強調した。

第一節では、青少年時代の宮城浩蔵を取り巻く家族縁者、指導者、さらには地域の文教といった環境、つまり成育環境を検証することにより、能力・才能を秘めた彼が開花していくようすを認めた。いわば育てられる宮城の側面を見とどけたのである。

第二節では、上京し、貢進生、さらには留学生として激しく厳しく勉学に励む宮城浩蔵の行動を追った。そして、その気概は「東北主義」に裏付けられることを発見した。

第三節では、こうした勉学によって得、さらに一層、究めていった彼の法学論の特色・特質にふみ込んだ。それにより、役に立つ学問、つまり実用・有用なそれを常に意識していたことが分かった。そして法律は各人が「権利・自由・平等」を獲得していくためにあることも知らされた。まさに「頭」を使う宮城浩蔵であった。そして、次にそのような彼の学問思想を具体的にどのように実践（有用化）していったのか、ということをかいまみようとした。ここには「足」を使う衆議院議員として、代言人として自説を主張すべく獅子奮迅の働きをする宮城浩蔵の姿があった。

第四節では、教育者としての宮城を素描した。ここでは学びたい者が学び、教えたい者が教えるという本来の学問教育が認められた。しかもそれは逆境にもめげず献身的あるいは情熱的になされていた。こうしたことは教育の自然というべきか本来の姿であった。

第五節では宮城浩蔵を介して、とくに中央（大学）と地方（山形）の関係を見た。中央に上京し、遊学し努力する地方青少年、地方を育てたいリーダー、郷里を共通項に共に学ぶ青少年、帰郷して中央で学んだことを生かそうとする者、そうした中央と地方の相関関係により日本の近代が出発したのである。宮城がその一翼を担ったことは間違いない。

以上のことから、宮城浩蔵は社会、その基の地域、その中の個人をベースにして、「権利・自由・平等」の有用化を図るべく、司法はもとより学問、教育、政治とあらゆる分野で全力を尽したといえる。とすると、われわれの耳にのこるものは、「自発と共同」、「中央と地方」（これは「大学と校友」と置き換えられる）、「必要・有用」、そして「権利・自由・平等」といったキー・ワードである。

注

（1）明治大学の創立者を例にあげてみる。それは平成八（一九九六）年一一月のことであったが、当時の企画室を通して、創立者の確定依頼があった。目的は完成予定のリバティタワーの一画に創立者の胸像を作製し、設置するということである。当初は、すでに明治大学の創立者は岸本辰雄・宮城浩蔵・矢代操が定説と思っていたので、ある意味では楽観的であった。

しかし、改めて資料を収集することとした。さまざまな所に足を運んだ。例えば学内の関係機関・部署はいうまでもなく、学外では文書は東京都公文書館、新聞雑誌は東京大学新聞雑誌文庫や国会図書館新聞雑誌コーナー等々である。また、多くの機関や関係者に問い合わせもした。ところが、資料によって創立者二人説から八人説までばらばらであった。それどころか、前記した三名とは全く異なる人名が記された資料もいくつか見出された。この場合、考えねばならないことは収集した資料の質や等級を確定することであった。もうひとつは「創立者」の概念を規定することであった。この二つを視座にして、回答書を作成したのであるが、結論は前記した三名を妥当としたのである。
（2）上士の高沢佐道作。
（3）同行の後身である山形銀行では今日、金融資料室を設置し、資料の研究や保存に当たっている。
（4）佐藤重剛『勤仕録』。
（5）昭和六二年。
（6）国会図書館所蔵。
（7）「門人帳授業録」。
（8）『法律政治講義録』第三期第四九号、明治二五年一二月。
（9）高橋忠治郎、明治二三年四月。
（10）近年、東北見直し論が盛んである。一例をあげれば、多くの資料を渉猟した河西英通氏は『東北――つくられた異境』（中央公論社、平成一三年）において「遅れた東北」という虚像を否定し、それはとくに近代以降、つくられたものと断言している。いずれにしても、「東北主義」を克服したいという気概が宮城の頭中に強くひそんでいたことは確かである。
（11）『太政類典』第三編。
（12）『自由の学譜』明治大学、平成七年。
（13）駒澤貞志・川端博『刑法正義』解題、明治大学、昭和五九年。
（14）木田純一「旧刑法と宮城浩蔵の刑法学」『愛知大学法律論集　法律』第六八号、昭和四七年。
（15）『国会』明治二四年六月。
（16）『法学新報』第一号、明治二四年四月。
（17）社主萩原隆五郎、神田美土代町。
（18）『法律政治講義録』第三期第一四九号、明治二五年一二月。
（19）帝国農会、昭和一七年二月。著者の山田斂は明治一八年一〇月入学。
（20）田能邨梅士、明治三四年六月。
（21）また近年では中央の大学で学んだ学生が世界で活躍したり、あるいは逆に日本の大学に留学してくるようすに興味を持ち

「大学史と世界史」として調査・研究をはじめている。「大学史と世界史」というテーマはまだ未知数であるが、ぜひ、解明したい。

(22)「温故知新（一）」『法曹会雑誌』第一二巻第一号、同会、昭和九年一月。
(23)『明治大学百年史』第三巻、平成四年。
(24)月日本物産合資会社、明治四二年九月。
(25)国会図書館所蔵。

第2章　明治期地方青年の遊学事情

一　はじめに

（一）大学史ということ

率直に言って大学史を語るには、まだ時間を要する。それは日本の大学史研究が本格化してあまり日がたっていないからである。本格化させるために牽引者となった寺﨑昌男氏は戦前の大学史研究は「か細く、むしろほとんどなかった」と述べている。戦前に比べれば、戦後、大学史研究の地位は高められた。同氏によれば一九六〇年代末の大学紛争が大学問題の「科学的・歴史的研究の必要をひろく知らしめ」、それにより大学史研究は「徐々に体系化し、同時に細分化しつつある」と昭和五五（一九八〇）年の時点で指摘している。つまり、戦後誕生した新制大学が制度の改革だけではなく、内容のそれを求める段階に入ったのが昭和四五（一九七〇）年前後であった。それにより学問教育のあり方が大きく問われたことは事実である。そして、そのことは大学史の研究においても同様であった。

さらに近年においては体制や価値観の大きな変革がなされている。まだまだ歴史の浅い大学史もそうした流れの真只中にいる。その若さを生かしつつ、いろいろと問題提起をしていくべきであり、またそれが許される存在である。

(二) 問題の設定

ところで、大学史の研究が奇異でないとしても、本章の「地方史と大学史」というテーマに違和感を覚える人は多いと思う。極言すれば地方史は歴史学の用語である。一方、大学史は教育学の用語である。両者にはどのような関係があるのか、と問われても仕方がない。さらに地方史はその語が示すように地方を扱う学問分野である。それに対して大学史は都市、とくに中央を扱う。地方と中央はあまりにも対極に位置している（そのため、本章では、あえて「中央」に対して「地域」より「地方」を用いた）。

そもそも筆者は地方史、その中でもとくに教育史とか文化史を追い求めてきた。今でもそうである。それが途中で大学史に職業として関わらざるを得なくなった。最初は調査、研究をする場合、地方史と大学史は別々にしていた。それがやがて、そうではない、そうであってはならないと思うようになった。この経緯は最近『大学史研究』第一六号で「大学史と地方史―夢みる明治青年を求めて―」と題して綴ったので、ここでは繰り返さない。[4]

ところで、同誌の題名は、上記のように「大学史と地方史」であり、本章の「地方史と大学史」とは違う。その違いも同論文において述べたが、本章に直接関係することなので、極く簡単に記しておきたい。筆者は「地方史と大学史」、「大学史と地方史」、そして「世界史と大学史」、「大学史と世界史」をひとつの研究課題として設定している。その場合、まず「地方史と大学史」は地方、いうなれば村からみた大学史を描こうとしている。具体的にいえば、なぜ彼らは遊学しようとしたのか。その時、親は子弟に何を思ったのか、などといったことである。さらに卒業後、郷里に帰り、学んできたことをいかに還元したのか、あるいはできなかったのかということでもある。このために主に地方の史料を中心に追っている。

一方、「大学史と地方史」は大学からみた地方を見ようとしている。例えば大学は地方青年に何を求めたのか、どのように対応しようとしたのか。また逆に上京した学生はそこでどのように勉強をしたり、生活をしたり、あるいは郷里とどのような関係を持っていたのかということも解こうとしている。そのために前者は主に大学内の資料等、後者は地域の私文書や伝記等を中心に追っている。なお後者は「地方史と大学史」と「大学史と地方史」が接する、というよりも重なり合う部分といえよう。

また今後の検討課題としている「世界史と大学史」、「大学史と世界史」の場合は、前記した「地方史」を「世界史」に置き換えると分りやすい。すなわち「世界史と大学史」はなぜ日本の大学に留学しようと思ったのか。また卒業後、帰国して、その修学経験をどのように生かそうとしたのか。「大学史と世界史」はまず日本の大学は何を彼らに、あるいは彼らの国に求めたのか。彼らは日本でどのような学生生活を送ったのかということになる。これらの資料は本来的には家文書、地域資料等の原文書が望ましい。しかし、資料調査は容易ではない。まずは比較的調査しやすい大学内資料から始め、やがて範囲を広げねばならない。できる限りの方法、例えば留学生の子孫の方々への調査協力依頼、あるいは国際交流相互提携校における大学史のセクションや大学史研究者との共同作業、さらには過去に留学生を受け入れた日本の大学同士によるプロジェクト・チームの編成といった共同研究をしなければならない。こうした展望をもって以下、「地方史と大学史」というテーマについて綴る。

なお、本章では、上京した学生のようす（本来は「大学史と地方史」のほうに含まれるが、前記したように「地方史と大学史」と重複する部分）も若干、含めて構成した。

一　千代川村のこと

（一）概況

本章でとりあげる旧千代川村（現下妻市、以下「旧」は付さない）は、茨城県結城郡に属した。いわゆる県西と呼ば

図1　千代川村旧村区分図

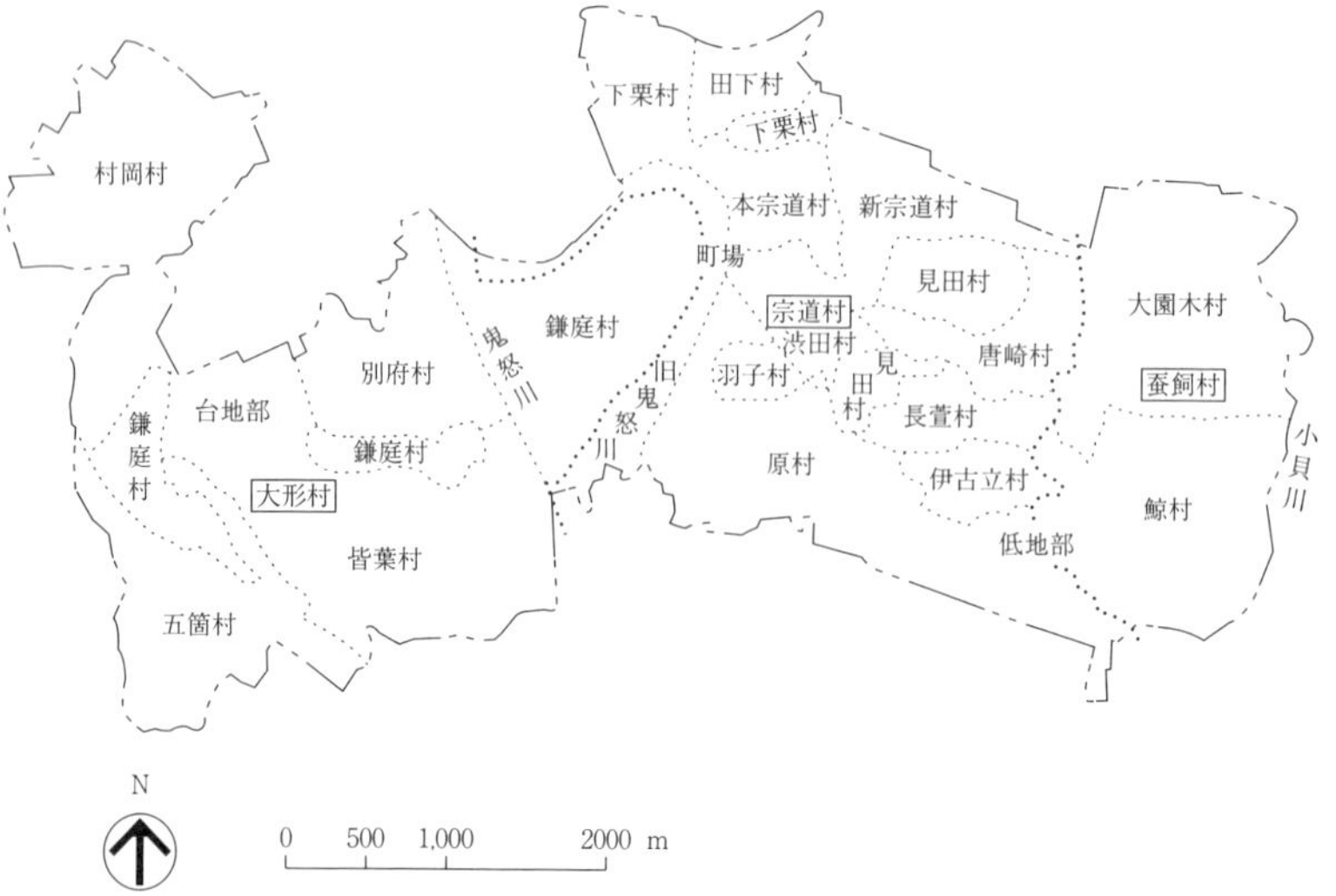

注）『千代川村農村総合整備計画書』（1999·3）（千代川村）の「旧村区分図」をもとにする。

れる地域の一角に位置している。江戸時代は下総国であり、支配関係は関東地方の他の地域と同様に錯綜していた。それが明治期になり、若森県、牛久県、さらに千葉県や茨城県の管轄を経て明治八（一八七五）年、一切、茨城県に所属した。江戸時代以来の一八ヶ村（現在は大字）は明治二二年の町村制により大形村、宗道村、蚕飼村、玉村となり、昭和三〇（一九五五）年、前記三ヶ村と玉村羽子・原地区により千代川村が成立した。平成一八（二〇〇六）年一月に下妻市と合併し、現在の下妻市となった。

同村は図1のように村内を鬼怒川と小貝川が貫流している。そして西側は台地であり畑地、山林が多く地域では「のがた」と称している。一方、東側は低地であり、田圃が広がり、「あくと」と呼ばれている。この地図を見ると、村内の中央部、鬼怒川に東接して湾曲部があるが、これこそ、鬼怒川の旧河道である。実は昭和三（一九二八）年から昭和一〇（一九三五）年にかけて行われた流路改修工事のあとである。水がよどむこの地形を利用して河岸場が設けられ、江戸時代以来、交通運輸あるいは商業、さらに明治期には郡役所をはじめとする行政の要衝として殷賑《いんしん》を極めた。そのことからすれば、千代川村域は台地部、低地部に加え、中央部の町場が形成されていたといえよう。だが、大正一一（一九二七）年の常総鉄道の開通、昭和元（一九二六）年の郡役所の廃止、さらに鬼怒川大改修工事による河岸場の消滅等により、かってての繁栄は見られなくなった。とはいえ、今日においても宗道地区は同村域の中心であることは間違いない。

（二）研究史

筆者が千代川村に関わるようになったのは、昭和六〇（一九八五）年八月一日のことであった。それは木村礎明治大学教授を中心に県西地域をフィールドとした「村落生活の史的研究」の一員として参加したためである。そして同年から一九八八年まで、千代川村母子健康センターを宿所に学生・卒業生ら多勢で合宿をし、資料調査を行った。そうした中で筆者は同村伊古立の飯泉正夫家を担当することとなった。それは調査対象地域、つまり宿所が隣町の猿島郡猿島町（現坂東市）に移っても千代川村、とくに伊古立通いは続いた。また個人的にもいくども資料調査に足を運んだ。そして結局、共同研究書『村落生活の史的研究』(5)では千代川村、とくに飯泉家の生活を執筆した。

当然、この研究に際し先行研究を検討した。だが、結論をいうと研究書はなかった。しかし、『郷土誌』（大正初年、宗道尋常小学校、毛筆）、『結城郡郷土大観』（大正一五年、黒沢常葉）、『宗道村発達史』（昭和一四年、宗道村）は研究や調査のうえで手がかりを与えてくれた。また村内鎌庭の渡辺悟郎氏（故人）は案内役をかって出てくれた。また同氏が昭和五八（一九八三）年三月から二五回にわたって『広報　ちよかわ』に綴った「千代川村の歴史散歩」も参考になった。

ところで、この研究を終えてまもなく同村から明治大学木村研究室に自治体史編纂の要請があった。調査・執筆陣三〇名のこの一大プロジェクト・チームは木村監修者（筆者はその下で編さん専門委員長）を中心に平成五（一九九三）年から村の全面的なバック・アップのもと、村史編さん室を拠点にして永年培った共同研究の方式で、村内をくまなく歩いた。「鍋の底を洗う」ような資料調査や聞き取りを行った。「日本一の自治体史を作ってほしい」という村の要望をうけて、村の人々の生活史を解明すべく執筆や編纂等に当たり、「普通ではない」自治体史書は五冊が刊行された。

(三)　教育文化事情

前掲『村落生活の史的研究』で筆者は千代川村の伊古立、そのうち、とくに飯泉家文書を用いて、幕末維新期における地域の教育・文化を解明しようとした。具体的には、(1)村の人々の生活と文化はどのような関わりをもっているのか、(2)景観は文化にどのような影響を与えるのか、(3)村の中の文化はどのような所で形成されるのか、ということをとりわけ私文書、紙文書以外のものを多用して、検討した。また同家にしばしば現われ、千代川地域の人々と深く関わった放浪歌人朝日商豆に興味を持ち、「村の中の歌人　朝日商豆」(『駿台史学』第九〇号)[6]と題してまとめた。ここではおもに、(1)時代や社会と人物との関わり、(2)生活と文化との関係、(3)地域の文人と公教育との関係を考察した。これらの子細を本章で綴る余裕はないが、以上のような地域事情、研究史をふまえつつ、千代川村における幕末維新期の遊学の実態をかいまみたい。

二　遊学の夢

(一)　反対する親——塚原周造について

弘化四(一八四七)年四月二〇日、現在の下妻市大園木(当時は大園木村)に塚原周造が生まれた。生家は代々、農業をつとめてきたが、幕末には多種の穀物を扱うようになり、その販路は近隣だけではなく、明治期には東京にまで伸ばしていった。[7]その繁栄を招いたのは、ほど近い小貝川や鬼怒川の河川交通、およびそれによる河岸場の形成があったことは否めない。こうした同家の経済事情が周造に修学の機会を与えたことも間違いない。また、こうした同家の商業活動が他地域との交流、情報の受信に一役かったことも確かであり、そのことが同家に知的関心を高めることとなった。父忠平が寺子屋をしていたわけもうなずけよう。[8]

『塚原夢舟公翁』[9]によれば、彼は三歳にして乳母に背負われて村内の寺子屋に行き、一二歳の時には師匠より、他に良師を求めるように奨められたという。また、この頃、彼は逆に寺子屋の師匠をするほどであった。その非凡さは、今日、大園木の飯岡幸家所蔵の周造少年作の漢詩（掛軸）によって分かる。そしてこの一三、一四歳の時、千葉金峰なる者が来遊してきた。こうした遊歴者は、とくに近世後期以降、利根川を中心とした常総地方に多く現われ、いわゆる常総文化圏の形成に貢献したといってよい。[10]また筆者は前掲『村落生活の史的研究』において、こうした遊歴者が地域で受容され、文化に影響を与える状況を考察した。そして、こうした村にやってくる文化を「横からの文化」とした。そのことはともかく千葉金峰は漢学者であるとともに、天保改革等の老中水野忠邦を補佐するなど役人としても著名であった羽倉簡堂（外記）の門人であった。周造の漢学の実力はますます磨きがかけられたと思われる。だが、この千葉金峰は突然、去ってしまった。そこでついに周造は文久元年、一五歳の時、書き置きを残して出奔、江戸で昌平校に入学しようとしたが、事が進まなかった。やむなく上野寛永寺に飛び込み、役僧に相談、そのアドバイスにより長老に面会、僧侶への道を決心した。しかし、父の知るところとなり、郷里に引戻された。

やがて彼は益見淡州の学塾の存在を知ることとなる。益見淡州とは昌平坂学問所の元書生であり、筑波山周辺を遊歴、上作谷村（現つくば市内）の飯塚家に住み、多くの門人に漢学を教授していた。今日、淡州の筆になる「見謝録」（月謝簿）に塚原周造の名が見える。[11]

またこの頃の周造の日記（無題：元治元年一〇月一日〜翌年一月二九日）[12]には自宅「勉強」の他に、しばしば「夜学」、

「作谷養生堂先生」「作谷行」といった文言が見うけられるが、このことは益見淡州の塾に通学していることを示している。ところでこの日記の後半、すなわち元治二年一月一一日のところには利根川経由で成田山に参詣し、翌日、佐倉の「佐藤先生門人千原勘市」を訪ねたことが記されている。そして、この次の日記「葩志梅」（元治二年正月二一日〜六月一三日）[13]には相変らず益見淡州の私塾に通学していることが記されているが、四月一二日、「岡本先生」に入塾すべく佐倉に行き、そして一四日には「入塾父子供興謁先生」とある。つまり父は医学修業を条件に遊学を許したのである[14]。

以後、彼の日記には「蘭字誦」といった文言が目立つのは、蘭語の勉強にいそしんでいたのである。結局、彼は佐倉順天塾に入学する。「佐倉順天塾社中姓名録」[15]には「下総砂子　塚原周造」とあり、彼は佐藤尚中に就いて蘭学を修業した。しかし、師事して一〇ヶ月くらいの時、尚中は藩主に随行して上洛することになった。そこで周造も江戸に出ることを決意、幕吏の寺田氏（叔父）を頼った。そして寺田姓を名のることにより、幕士以上の者しか入学を許されない幕府の開成所に入学し、英学を修めた。やがて元治元（一八六四）年春には同校の教授心得となった。その年の冬、西尾藩の資金援助の下、寺田氏の紹介で横浜在住のアメリカ人タムソンに英語を学んだ。幸いなことに同地のイギリス人牧師ベレーが万国新聞発刊することになり、その翻訳を依頼してきたため、収入を得ることができた。ところが、明治元（一八六八）年四月一二日、兄の和平が病死、帰郷した。父は彼にしきりに家督相続を迫った。やむなく家事に当たったが、そのかたわら、求めに応じて増戸慎吾なるものを指南していた。結局、弟の文造が家督相続をすることになり、同年一一月、周造は再び上京、神田小川町の箕作塾に入門する。同塾はかの有名な箕作麟祥による洋学の学舎である。

（二）遊学

すでに紹介したように、千代川村域の中央部・本宗道は鬼怒川の河岸場「宗道河岸」が形成されることにより、繁栄した。そこには有力な河岸問屋が三軒あった。そのうちに「中河岸」と称された森家がある。その繁昌のほどは現存する同家の色彩画からわかる。江戸時代の同家は持高三五〇石あまり、山林三〇町、高瀬舟七〇隻を有した[16]。幕末には名主、勧農取締掛等、重役を務めるなどした。同家の系譜を追うと、初代は善左衛門と称し、善一郎、清左衛門と続いた。そして四代目は次男の孫四郎、五代目は長男の隆介、六代目は四男の新三郎が継承した。

このうち、隆介に関する伝記や研究はいくつかある[17]。それらによれば彼は安政三（一八五六）年一〇月に生まれた。なお、後に衆議院議員となる黒駒（現下妻市内）出身の飯村丈三郎の自伝『飯村丈三郎伝[18]』に森隆介のことが登場する。すなわち飯村が明治二（一八六九）年正月二八日に入門した晴雪塾で森とともに学んだわけである。晴雪塾とは儒者として徳川家茂の侍講を務めた菊地三渓が開いた塾である。実は、菊地は維新の騒乱の中、難をのがれ、旗本としての采地である新宗道村に移り住んだのである。確かに『旧高旧領取調帳[19]』には「新宗道　菊地左兵衛　一六三石〇六四六」とある。その後、まもなく菊地は下妻町へ転居している。晴雪塾は新宗道在住のころから開設していたのかは分からない。いずれにしても飯村と森は下妻の同塾で机を並べた。その伝記には、森はお供付き、立派な羽織袴で小刀を腰にさして通学してきたこと、あるいはさまざまな御馳走の入った定紋つき朱塗りの弁当箱を持ってきたこと等々が語られている。このようにして、彼は地域にあって、初・中等の教育を授ったのである。

また『大日本名士伝』第一編によれば父新三郎は隆介が五、六歳の頃には宿泊する幕吏に面して進退動作の矯正を謀ったという。ところが八、九歳の頃には隆介は「益々遊戯に荒み常に地方の悪漢と交り……常に貴族的臭味を嫌忌し其交る所多くは下等の徒のみなり」というありさまで、ついに一六歳の頃は「極めて遊戯にのみ耽りて終に家産を傾」けてしまったという。このことから旧武士による倫理観の衰退、社会構造の変化、当時の青少年の視野の急速な拡大の実態等々を十分に読みとれよう。そうしたことは河岸問屋をし、名主・戸長等々を勤める同家の場合はとくに地域の中で直に大きな影響を受けたのである。また、こうした社会的な動きは隆介に民撰議院設立の運動を知らせることとなった。

その後の隆介の行跡について、前掲『大日本名士伝』第一編によって追ってみる。民撰議院設立の運動に関心をもった彼はその関係者と交わり、国事を談ずるようになり、ついに明治八年、郷里を出て、京阪に向かった。しかし宿志を遂げず、帰郷。一層、知見を広めるため再び一〇（一八七七）年一月、西南に向かおうとするが、西南戦争の勃発と弟の病死により成らなかった。彼が慶應義塾に入学するのは一〇年代である。[20]

（三）遊学のすすめ

塚原周造が生まれ育った大園木に近いところに、伊古立という大字がある。したがって、同じように低地部にあり、近世には伊古立村といった。そこに飯泉家がある。[21]同家は代々孫兵衛と称し、土地の集積を行ってきた。幕末期の孫兵衛は文化一四（一八一七）年三月一一日に生まれ、のちに名主となった。その職務に対する忠実ぶりは苗字帯刀を許されたり（安政元年）、地頭の家普請に献金をしたり（万延元年）、給人格をうけたこと（元治二年）などによって分かる。一方、土地集積に尽力し、家運を盛り上げていくのである。明治期に入ると公職も家督も譲り、神主となって神葬祭運動に没頭する。新しい時代に対応すべく先駆的な存在となった。だが、孫兵衛は明治八年一一月四日に死去、子の孫三郎はすでに嘉永四（一八五一）年正月に早世していたので、その子の斧一郎が家督を相続することとなった。斧一郎は同三（一八五〇）年一月一日に生まれ、伊藤清庵や梁川雪香に学んだ。これらの人たちは近隣の学者、もしくは遊歴者と思われる。そして、祖父同様、名主、戸長、そして連合戸長を勤めたり、若森県の窮民救恤、鬼怒川治水等に尽力したり、さらには旧地頭の永代扶助を実現させるなどした。また、商業行為に着目しつつ、家産の増大をも図っている。その斧一郎が政治に関心をもつようになった。現存する彼の最初の日記は明治一五（一八八二）年のものであるが、「自由党」とか「共立社」といった文言が登場する。自由党とはいうまでもなく板垣退助を党首とする民権系の大政党である。共立社とは常総共立社のことであり、その前身は茨城県において最初に結成された民権結社の絹水社である。常総共立社の結成は明治一三（一八八〇）年八月のことであり、その目的は常総人民の権利を保全し、幸福を進展させるためであった。「常総共立社人見県令ニ対スル一件決議」[22]（明治一四年）によれば、斧一郎はこの時、三役のひとつ、「通信係」として決議文に名を連ねている。こうした実績により、彼は明治二二（一八八九）年四月、宗道村の初代村長に当選、三期勤め、やがて同二五（一八九二）年四月に茨城県会議員に当選した。だが、その斧一郎は同二七（一八九四）年には県会議員選挙には出馬しなかった。同家の日記抄録集である『万年帳』[23]をひもとくと明治二六（一八九三）年四月一一日には、隠居した斧一郎は東京に移住するため、単身上京、家督は子の桂一郎に譲ったとある[24]。また同二七年の『懐中記』によれば、彼が住んだのは神田区猿楽町二丁目二番地とある。そこに一軒家を借りて、「筑陽館」と名付けた。恐らく、生家に近い筑波山の南にあることに由来するのであろう。桂一郎の筆になる「日記」によれば、彼はさかんに筑陽館に白米や味噌等の食料を輸送している。それだけではなく、多くの資金も支出した。そこでは賄人も雇っており、「日記」には女性の名前も登場する。この筑陽館は明治三六（一九〇三）年まで続けられたが、同年一一月一五日に斧一郎夫妻は実家に復帰した。問題は筑陽館開設の目的である。同二八（一八九五）年一月一日付で赤松新右衛門は豊田郡大形村人見益之助に年賀状[25]を認めている。この赤松とは同郡川尻村の名主であり、前記した絹水社の後身・同舟社（明治一三年四月結成）の社長を一〇年間つとめた。しかし、明治二三（一八九〇）年六月七日付『茨城日報』において、自由党や同舟社を批判した[26]。その背景には同家はもともと戦国武将・多賀谷氏の家臣を祖とする家柄であり、郡長や県吏といった官職を務めたことが関係していると思われる。人見家も多賀谷氏家臣といわれ、鎌庭村の名主であった。ところで、その年賀状には活字で「恭賀新年」と印刷されている。そして、次に赤松の筆で、目下、筑陽館に借寓していること、議会傍聴のため上京の節は連絡をしてほしい旨が記されている。とすると、同館は民権系政治団体、とりわけ甲午倶楽部の東京駐在所であったことが考えられる。ところが、それだけではなかった。実は斧一郎の次子は孫次郎といった。明治二八年三月に私立錦城中学校を卒業している。続いてその弟の良三も同校を卒業した。この学校はもとは三田英学校と称したが、同二二年四月に神田区錦町三丁目に移転、校名も錦城学校と改めた。同校設置の目的は主に高等中学、官立諸学校等上級学校への進学指導である。筑陽館と錦城学校はきわめて近い距離にある。というよりも斧一郎は神田区神保町という文教地区に同館を設け、子弟の教育を行ったわけである。なお、同館は単に自家の子弟だけの教育施設ではなかった。近隣子弟も下宿しており、今日、飯泉家に感謝をしている子孫がいる。また地元の子弟のためだけでもない。例えば明治三一（一八九八）年に刊行された『明治法律学校校友名簿』に同年七月卒業の蔵田重義の名がある。その住所は神田区猿楽町二丁目二番地筑陽館である。この蔵田は同校『学生名簿』（明治二七年八月一日〜同二八年七月三一日）によれば新潟県雑太郎相川町の出身である。

ところで、長子の桂一郎の場合はどうであろうか。彼は明治三年七月一三日に生まれた。その後、地域の公立見田小学校で修学したり、杉田弥四郎に漢学、民権家の林倬吉・木内伊之助に漢学・英学を学んだ後、同一八（一八八五）年九月一日、下妻町の茨城県第三中学校に入学、そして同一九（一八八六）年一〇月一日には本宗道の山川善太郎に英学と漢学の教えを受けた。その翌年一月二〇日には私立東洋英和学校の第三学年に編入、同二二年に中等科を卒業した。この東洋英和学校とは明治一七年一一月一日、東京麻布鳥居坂に開校し、英文学、哲学、理学、教学等を教授したミッション系の学校であり、校長はジョージ・カックランといった。

以上のことから、次のことが分かる。

(1)飯泉家の孫兵衛は家督を継ぎ、家政と公務のために精励した。

(2)しかし、明治の世になると家督を譲り、地域の神葬祭運動に力を入れ、新しい外気に触れようとした。
(3)次の斧一郎は、スムーズに家督を継いだ。そして家業に邁進しつつも、明治前期の自由民権運動に傾いていき、その間、戸長や県会議員や村長を務めた。
(4)斧一郎は子弟を進んで東京に遊学させた。それどころか、そこに育英施設を置き、自家だけでなく、他県の子弟にも利用させた。

ここで、事実ははっきりしている。東京遊学など考えもしなかった塚原治兵衛や飯泉孫兵衛、親の反対を押してでも出京したかった塚原周造、わずかの期間であったがとくに抵抗なく出京した森隆介、子弟を進んで遊学させた飯泉斧一郎、そのため、全く順調に遊学できた飯泉桂一郎・孫次郎・良三の兄弟等々の存在である。

さらに、これらの人々を比較してみると、次のようになる。

(1)塚原治兵衛（文化初年頃生）や飯泉孫兵衛（文化一四年生）はひとつの世代であり、遊学は考えにくい時代であった。
(2)次世代の塚原周造（弘化四年生）、飯泉斧一郎（嘉永三年生）、森隆介（安政三年生）は幕末、ペリー来航の頃に生まれ、世情がにぎやかになったころである。周造は家を出た。隆介や斧一郎は当面は自家にいながらも社会の動きに敏感に反応するようになった。
(3)そして明治一〇年頃になると隆介は出京した。さらに斧一郎は二〇年代になると自らの手びきで子弟を東京に遊学させたのである。
(4)こうした三つのステップが幕末維新期に村の中で急速に展開されたのである。

以上のような世代論ではなく、職業の面から彼らを追ってみよう。

(1)森家が中河岸の問屋をいつ開設したのかは定かではないが、慶安年間にはその存在が認められる。それにより財をなし、地位を得、近世にあって、むしろ武士や文化人が寄ってくるようになり、多くの教養を得た。塚原家も幕末には急速に成長した穀商である。つまり両家とも商業行為により、つねに目が外に向いていたわけである。

(2)一方、飯泉家は近世では精農型であり、森家や塚原家ほど急速に視野は広がっていない。しかし、それはやがて外界との関わりや商業行為への着目により、着実に広まっていった。

こうした事情は家の存する位置の上からも説明できる。

(1)森家は鬼怒川に接している。また塚原家は小貝川にほど近い。

(2)その中間に位置するのが飯泉家であるが、同家は低地部（「あくと」）の生産力向上、そうして経営の拡大に地道に尽力してきたし、なお一層励んでいたのである。

次に前記の景観と関連させつつ、これらの家の共通項を見出そう。

(1)それは何といっても景観と文化形成との関係があげられる。千代川地域は最初は台地部（「のがた」）に文化が形成された。しかし近世になると舟運の発達等により、中央部に町場が形成された。森家などが好例である。その後、低地部（「あくと」）が整備され、農商業が活発化するようになった。塚原家や飯泉家はそうしたことの代表的な家である。

(2)こうした景観の移り変りが、地域文化の拠点を移動させたり、活動を変化・変容させたのである。つまり、これらの家々に佐倉医学界の情報、あるいは自由民権運動等々、本節冒頭に述べた「横から」の文化が続々と入ってきたのである。

(3)とりわけ、そうしたことに村内上層部であるこれらの家は反応したわけであり、その機会にめぐまれていたのである。

（四）校外生・講習生

ところで、こうした遊学の動きは村内上層民に限られるのであろうか。現在、千代川地域の中央部に位置し、町場である宗道に隣接し、かつ、「大通り」が走る[35]原村の桜井善英家の文書を一瞥《べつ》してみる。まずは前掲『下総六郡名家鑑』によって玉村の欄を見る。これによると明治二六年一二月三〇日現在、戸数は二七七戸であり、玉村長小林高之輔以下、有力な三〇人の戸主が掲載されている。大字原の磯貝徳一郎の名も見える。同家は江戸期に代々眼科医を業としてきた。とくに一一代目の秀庵は幕府の御目見医師を務めるほどであった。徳一郎は同家一四代であり、一五代目の眼科医は徳三郎である[36]。その子の秀賢は明治一〇年九月二日に生まれ、同二六年二月玉尋常小学校を卒業後、五月に同校教授雇となる。しかし、二七年四月茨城県師範学校簡易科に入学、二九（一八九六）年七月に卒業した。その後の彼は途中、二年間の病気休職を除いて、昭和五（一九三〇）年三月三一日まで小学校に奉職した。とくに明治三四（一九〇一）年一一月、地域の宗道尋常小学校に訓導として着任、そして同三九年九月校長となり、退職まで同校に勤めた[37]。それに対して、同じ原の桜井道太郎は明治二年八月一一日に生まれた。しかし、同家は『下総六郡名家鑑』には載っていない。『茨城県紳士録[38]』は直接国税一〇円以上の納税者、衆議員議員選挙有権者を掲載しているが、玉村の欄に同家はない。彼は小学校を卒業後、隣村の若宮戸村小林高之助[39]に漢学と数学を学んだ後、母校の助手となった。その後の彼は教授雇、授業生、准訓導、訓導、あるいは校長と昇進する。そのために乙種や甲種の検定試験に合格し、次々と免許状を得ていく。またそれを得るために、東京学館、大日本実業学会、蒙求館、哲学館、早稲田大学の通信教育を受けている。さらに歴史及地理講習会、育成会、茨城県の講習会等にも足を運んでいる。つまり彼は遊学をする経済的なゆとりはなかったのである。だが、地域の中で必死になって勉強したのである。事実、この時期、このような人々も少なくなかった。

三　遊学後の進路

(一) 中央官界で功名

塚原周造は明治元年一一月、神田小川町の箕作塾に入学し、洋学を学び、さらに二月、慶應義塾に入学した。そして同三年四月、高知藩の英学教師として赴任した。勤務の場所は藩校の致道館であった。維新政治をリードしようという同藩は、先進的な教師を求めたわけである。四（一九七一）年になると廃藩置県が断行され、それにより五月に上京した。そして七月、文部省や大蔵省の依嘱によって英書の翻訳に当たった。その関係で五（一九七二）年一〇月大蔵省に入省、六年七月には同省駅逓寮に出仕することとなった。こうして中央官庁に定職を得た彼は官僚の道を歩む。その行跡を略記すると以下の通りである。

明治一五年四月　農商務省管船局長
一九年三月　逓信省管船局長
二四年三月　東京商船学校心得

この時代、彼は得意の英語を武器にさまざまな各国の海事法を研究し、それにより日本の同法の制定に尽力した。それらの実績により、日本の近代海事行政の基礎を築いたと評価されている。明治二六年四月、官界を去り、同年、帝国海事保険会社の創立に参画、その顧問となった。さらに同二八年に浦賀船渠会社を創立し社長となり、二九年九月には東洋汽船を設立し社長に就任した。この間、次のような業績も見逃すことができない。

明治一三年三月　日本海員掖済会設立
二一年八月　帝国水難救済会設立

また幼児からの才能を発揮して、『明治功臣詩集』(40)では塚原耕山の名で漢詩が収録されるほどであった。またおもに茨城にゆかりのある室町時代以降の画家を流派別にした『郷土画人日本画家系図一覧』(41)には文人画家として「塚原夢舟」の名が見える。

塚原周造は昭和二（一九二七）年九月一四日、この世を去った。彼の立像（銅像）は大正一四（一九二五）年、塚原周造氏海事関係五十年記念祝賀の時、制作され、今日、逓信総合博物館内に保存されている。彼の肖像画である「従四位勲三等塚原周造氏肖像」には功成り遂げた姿がうつし出され、昭和二〇年頃まで、郷土の生んだ偉人として郷里の蚕飼尋常小学校職員室に掲げられていた。

ところで、彼は出身地域（千代川）とは、どのように関わったのだろうか。むろん、実家やその縁者と個人的な関わりはあったであろうが、地域との関わりを示す資料は目下のところ、ほとんど見出せない。ただし、大正七年、茨城県育才会を設立し、県内の俊秀な学徒の援助に尽力したことは確かである。すでに述べた飯泉斧一郎の育英事業とは違う仕方である。彼は官僚として近代日本をリードしていたのであり、そのことからすれば、郷里とか出身地域というよりも日本の一区画として千代川を見ていたのである(42)。

(二) 政界へ

森隆介が慶應義塾で勉学するとともに、自由民権の風潮にも接してきたことは容易に想像できる。そして一一（一八七八）年、本宗道に絹水社を設立した。前述したように、これは茨城県では最初の民権結社であり、同年には同舟社とした。さらに一三年には常総共立社へと発展させ、地域の自由民権運動をリードしていった。同年には出京して有志らと国会開設の請願書を太政官に提出した。翌一四（一八八一）年は自由党の組織のために奔走、さらに東洋自由新聞の発刊にも関与した。一七年に帰郷したが、この年、加波山事件との関わりを問われ、一時、下妻監獄に拘引されたが、無罪放免であった。そして一八年二月の県会議員選挙で当選した。一九年一〇月には『常総農事要論』(43)を著し、地方の同士に頒けた。さらに二〇年には利根運河会社の創立に当たる。しかし、一二月保安条例により東京追放、郷里に帰った。この時、秘密出版の嫌疑により、水戸始審裁判所に拘引されたが、無罪となった。二一（一八八八）年郷里に帰り、常総青年会を結成し、雑誌『常総の青年』(44)を発刊した。二二年の大同団結運動では非政社論を主唱した。同年、自由党の準備委員となり、二三年一月の結党式では常議員となった。そして同年の第一回の衆議院議員に当選したが、かっての同志であり、次点となった赤松新右衛門の投票無効の訴訟により当選取消となった。その後の森について、「噫森隆介翁」(45)は「県政界の大長老」の死を哀んでいる。その記事によれば、森は代議士生活を続け、引退後も「十数人の、堅い信者」がおり、また彼自身も個人雑誌『純正昭和公論』を刊行していたこと、そして昭和八（一九三三）年二月二七日に死去する直前まで国政を憂慮していたことを紹介している。ところが今日、千代川村の森屋敷は全くの更地となっている。

ここまで見てくると、彼は政治の世界で活躍したことがわかる。そして東京と郷里の往復が実に多いことも認められる。その契機は東都への遊学である。しかもその活動は地域をバネとしつつも比重は徐々に中央、つまり東京へ移っていく。問題はそれらの活動の内容である。筆者はかって前掲『村落生活の史的研究』の「伊古立村」の中で、森の同舟社等の活動について、「横から」の文化のうち、地域に定着しなかったものの例としてあげた。地域の中で「背の高い」地域の上層民が「自由民権」と書かれたボールを受け、キャッチ・ボールをし合い、いつの間にか、そのボールがどこかに消えてしまったといってよい。また同書では、森の『常総農事要論』にも触れ、欧米の翻訳書に近いものと評した。もちろん、彼および彼らの活動の中には地域性を伴うものもあったが、総体としては、一過性的、エリート的、中央志向的なものであったといえよう。それゆえ、森の意識も、生活基盤も中央へと吸い寄せられていくのである。つまり地域を票田とした天下国家論者となっていったのである。

（三）家業、地域の公務へ

明治二二年東洋英和学校中学科を卒業した伊古立の飯泉桂一郎は、翌年、猿島郡境町の茨城県立農事講習所において農学を修めた。この頃、彼は二つの作品を綴っている。ひとつは『常総之青年』第一〇号（明治二二年三月五日）に掲載された「妄信する勿れ」という一文である。そこでは近来、諸宗が自らの勢力を占めようとしているが、新たに宗教に入ろうとする時は「虚心平気」をもって、よく比較し、「公明正直」なるものを選ぶべきであると主張している。ここで注目すべきことは彼が学んだ東洋英和学校はキリスト教系の学校ということである。しかし、彼は入信はしていない。ここには上京し外界を見ることにより視野を広げ、より高度な教育を受けることにより客観性を体得しようとした新しい青年の姿を見出せるのである。また、そうした新しい文化（キリスト教）を直に伝えようとしていないことは、地域の現実がそのように意識させたものかもしれない。もうひとつは明治二三年七月の衆議院議員選挙のころを描いた『政治小説　選挙之正夢』（草稿）である。村の名望家の娘の婚約者・清水潔は地元の小・中学校を卒業し、東京の専門学校に学び、帰村した。そして周囲の風俗・人情の低落を匡救しようとしている。それに対し、許婚者の秋山香は清水潔を想うあまり、心にあせりを覚えている。そうした中、農村でも帝国議会の選挙により人車の往来が激しくなっていくという内容である。この作品中の清水潔とは桂一郎自身、秋山香とは同二四（一八九一）年四月八日に結婚式を挙げる下新田の富農河原井家のこう（香）と考えられる。しかも、この選挙において、父の斧一郎は町村制によって成った宗道村の村長を務めていた。また親戚である川尻の赤松新右衛門は同選挙に立候補しており、桂一郎自身も応援のため遊説していた。したがって東京帰りの彼は地域の開明化のため、政治的な行動をしていたのである。

ところが、前述したように、彼は明治二六年に家督を相続することとなった。それ以後の彼および同家については前掲『村落生活の史的研究』の「伊古立村」に詳述したので、ここではごく概略を記す程度とする。つきつめていえば、これ以後の彼は、まずは家政に専心する。とりわけ「あくと」と呼ばれる生産力の低い同地にあって、養蚕業に注目、地域の中心となって、その振興に当たる。すなわち米穀の売買・養蚕・金銭貸出により家産の増大を父の斧一郎以上に図り、寄生地主化をめざしたのである。それがやがて明治三五（一九〇二）年頃になると彼は公務に関与をしはじめる。とりわけ同年六月四日に村長に就任してからは、それに関する用務が俄然増している。また江連用水、耕地整理事業、農会といったことにも東奔西走している。中でも彼のもつ耕地整理の技術は茨城県が注目をすることとなり、しばしば県庁に招かれている。これらの業績をひとつひとつ、紹介する余地はないが、いずれにしても桂一郎は地域にあって、地域のための近代化や発展のために力を注いだことは確かである。つまり彼の行跡を見ると、帰郷後の政治家への夢は、地域行政者へと変質していることが分かる。それは日本の近代が中央集権化する過程を体現するものかもしれない。しかし、そうであっても水利・養蚕や農業の組織化、圃場整備等々、地域・地域民に須要な事業に邁進したことは疑いもない。こうした事は彼自身の能力もあろうが、やはり青年時より村外を見てきた修学経験が大いに発揮されていると思われる。だからこそ、彼は帰郷後も外部の朝日商豆や杉山雲明ら文人、あるいは養蚕教師を逗留させるなどして交流を図ったり、そこから学んだりしたのである。そして彼は自らそうしてきたことを当然のように、子供達にしている。すなわち、長男の玄雄は下妻中学校、長女清瀬は土浦高等女学校と水海道・東京へ裁縫修業、次女二葉は水戸高等女学校と東京へ裁縫修業、次男佗夫は下妻中学校から慈恵会医科大学、三男武夫は慶應義塾大学に学ばせている。

（四）教員へ

桜井道太郎が遊学はできなくとも、校外生や講習生となり、次々と教員の資格を得るとともに、それにより訓導の地位に昇りつめていくようすはすでに述べた。彼は明治二二年七月四日、玉村役場より創立されたばかりの玉尋常小学校雇の辞令を受けて以来、明治四三（一九一〇）年同校退職、正確には同四五（一九一二）年玉村立実業補習学校訓導を退任するまで教育を全うした。退職に際し、村は三〇円の賞与金や記念品を贈った。彼は小学校教員を退職する前年でも理科・地理の講習（茨城県主催）を受け、修了証を取得している。そして完全退職の三ヶ月後、すなわち大正元年一〇月二七日に死去した。その死を悲しんだ玉尋常小学校の同窓生は合計二三円四七銭の香料を集めて弔った。桜井道太郎のように遊学できなくとも、そして上級学校に行けなくとも、自らの夢を果すべく、地域で最大限の方法で学び、地域の中で努力し、村の教育に尽力していた者も少なくなかった。そのことも近代であった。

四　「大学史と世界史」の提唱

（一）塚原周造と海外

ところで前節の塚原周造の業績にもう一点、加えるべき事柄がある。それは例えば、次のような出来事である。

明治二二年一月　万国海事会議委員としてアメリカに赴く

三三年　船舶事業のためマニラ・香港・中国南部を視察する

四一年　東京汽船会社の用務でアメリカへ赴く(47)

これに類する海外行はこれだけとは思われない。郷里における基礎学問（漢学）をもとに息をせき切ったように学んだ上京後の洋学（英学）修得、それを武器にした海事行政、海運経営はやがて大きく世界へと目を開かせることとなった。

(二) その後の飯泉孫次郎・良三

飯泉桂一郎の弟達について、若干、その後のことを記す。すぐ下の弟・孫次郎は錦城中学校に学んだということはすでに述べた。同家の日記によれば、彼は学校休業中にはしばしば帰郷し、家事に当たっている。そして明治二八年三月同校を卒業し、東京外国語学校露語本科に入学し、同三七（一九〇四）年三月に卒業した。同年四月二一日、陸軍通訳を拝命した。その後、昭和六（一九三一）年八月一五日免官するまで、おもに各師団司令部の通訳官の任務に当たった。そうした関係で主に中国に赴任することもしばしばあった。その下の弟・良三は同中学校卒業後、早稲田大学大学部法学科に入学し、明治三八（一九〇五）年に卒業した。その後、韓国政府財政顧問部財政官補、韓国宮内府財産整理局主事、東洋拓殖会社参事等を歴任した。退官後は財団法人南洋協会に関与した。昭和二年九月四日には宗道村青年会・在郷軍人会主催（於宗道小学校）の「地方発展産業振興講演会」において同協会主事・外務省嘱託の肩書で講師をつとめている(48)。また宇治武夫著『馬来語広文典』(49)には序文を寄せており、肩書は同協会の常務理事と拓殖大学教授となっている。

彼らは次男、三男という立場ということもあったと思われるが、その視野を積極的に海外に向けていったことは事実である。その歴史的な評価はともかくとして、やはり東京遊学、大学入学が大きな契機となったわけである。

以上、ここでは千代川地域出身の塚原周造、飯泉孫次郎・良三兄弟を通して、「大学史と世界史」というテーマに向って試みようとした。

むすび

筆者は、「地方史と大学史」というテーマにより、地域に即して、当時の中央の高等教育を見ようとした。さまざまな人物を扱ったため、やや大味な論考となってしまったことは否めないが、いずれにしても地方と大学、地方史と大学史の関係を日本近代史・日本近代教育史の中に見出したかったのである。そのために、現在の茨城県西部にある千代川村を調査・分析のフィールドとした。それにより分かったことの概略を、以下に記すこととしたい。

(1)遊学の熱気はそれ以前の地域における幕末維新期の教育文化の高揚によるものである。

(2)また、遊学の契機は地域にあって、景観、さらに家のもつ職業や社会的関わりによることが多大である。

(3)さらにそのことには世代の相違も大いに関係している。

(4)しかし、いずれにしても明治期になると息をせき切ったように遊学熱が高まる。

(5)上級学校卒業後はいくつかに類型化できる。

(ア)家督を他の兄弟に譲り、中央官界・軍部で近代日本の行政に尽力する者。

(イ)郷里を票田としつつ、中央政界で活躍する者。

このア、イの人々は地域との関わりはあまりない。あった場合は中央の自分に引きつけたケースである。

(ウ)以上の者とは違い、帰郷し、家督を相続し、家業と地域行政等に邁進する者。彼らは地域のリーダーとして遊学経験を生かしていったのである。

(6)ところが、中には家産がなくとも、遊学ができなくとも、通信教育や講習会を利用し、自己の目的を地域の中で地域のために実現させようとした者も現われてきた。

(7)また、とくに帰郷しなかった、あるいはしなくともよかった人々は海外へ進出する度合いや機会が少なくなかった。このことがまた近代日本の運命を決定付けることとなった。このテーマを筆者は「大学史と世界史」と名付けて調査・研究していきたい。それにより、地方史と大学史と世界史の三者の相関関係を知りたいのである。

このようにしてみると、(ア)や(イ)の人々は中央にあり、近代日本のため官界や政界で活動したわけである。その意味では彼らは天下国家を見ていたといえよう。そのバネになったのは東京遊学である。一方、(ウ)の人々は地方にあり、行政や公益事業に尽力し、地域の近代化に努めた。その意味では彼らは天下国家というよりも周囲の社会を見ていた。そうさせたのも遊学である。だが、やがて、結果として両者は縦に一本につながることにより分業化、協業化していくことも予想されるのであるが、このことは今後の課題としたい。

注

(1) 本章で用いる「大学史」とは、おもに大学史の調査・研究・公開のことを指す。
(2) 寺崎昌男・別府昭郎・中野実編『大学史をつくる』(東信堂、一九九九年六月)所収「日本における大学史研究の戦前・戦後」、『松山商大論集』第二一巻第四号転載。
(3) 同右。
(4) 大学史研究会、平成一二年。
(5) 木村礎編、八木書店、平成六年。
(6) 駿台史学会、平成六年一月。
(7) 同家所蔵文書中、寛政一二年の「村方様子大概帳」には農間渡世をしているものは書き上げられていない。
(8) 宮内亀松・吉見秀賢編『北相馬猿島西葛飾結城岡田豊田下総六郡名家鑑』弘文社、明治二七年(以下、『下総六郡名家鑑』とする)には蚕飼村の欄に「大字大園木九十四番地　平民農　塚原忠兵衛　嘉永五年生　所得税九円」とある。
(9) 塚原周造氏海事関係五十年記念祝賀会委員、大正一四年。
(10) 水海道の故富村登氏ら多くの研究者により調査や考察が進められてきたし、現在もなされている。
(11) つくば市作谷、飯塚勤家所蔵文書。同市齊藤茂氏の御教示による。『筑波町史』上巻(筑波町)。
(12) この年、父の忠兵衛は正月一五日に半紙二帖を納めている。また慶応四年のものには正月八日に忠兵衛が半紙二帖を納めている。また周造は四月一八日に半紙二帖と塩かま一帖を納めている。さらに明治二年のものには周造が正月一五日に半紙二帖と唐墨(カラスミ)一枚を納めている。このことからすれば、周造は上京後も益見淡州と親交があったと思われる。

(13) 下妻市大園木、塚原宏一家所蔵文書。
(14) 順天堂大学所蔵。慶応元年五月記。
(15) 砂子とは大園木村の坪名。なお、この入塾に際しては、尚中の知り合いである五木田松（水海道）の添状を持参している。
(16) 横瀬夜雨『天狗騒ぎ』改造社、昭和三年。
(17)『大日本名士伝』第1編「森隆介君の伝」、明治二四年。『茨城県五郡国会衆議院議員候補者小伝』「森隆介小伝」吉原謙蔵、明治二二年。『いはらき』昭和八年三月「森隆介翁」西村文則。『茨城県史研究』第九号「森隆介研究ノート　上」、相沢一正、昭和四二年七月。第一〇号「森隆介研究ノート　下」、同、昭和四三年三月二五日。
(18) 西村文則著、昭和八年、昭文堂。
(19) 関東編、木村礎校訂、近藤出版社、昭和四四年。
(20) 青木昭・市川昭・冨永融『常総の自由民権運動』崙書房　昭和五三年。
(21) 現在、この飯泉正夫家には近世文書八九点、近代文書六九七点、書籍八〇点、地図九点、計九四三点が残されている。本章でとくに断わらない場合は同家文書である。
(22) 茨城県筑西市倪猫島高松市衛家文書。
(23) 飯泉家所蔵の文書の特長は私文書の多さであり、このうち、日記は明治一五年から昭和一〇年まで、五九点ある。またこれらの日記を抄録した「明治弐拾参年拾月以降万年帳」（昭和二年三月）もある。
(24) 妻のちせ子は同年七月一四日に一緒に住む。
(25) 下妻市鎌庭、人見助雄家所蔵文書。
(26)『八千代町史』通史編、八千代町、昭和六二年。
(27) 第四区の有志による団体。明治二七年一月二九日結成。
(28)『錦城百年史』錦城学園百年史編纂委員会、錦城学園、昭和五九年。同校には普通科の他に速成専科もあった。
(29) 下妻市伊古立、飯泉正夫氏談。
(30) 明治大学所蔵。明治法律学校はのちの明治大学。
(31) 飯塚三五郎筆「見聞万覚帳」（見田東・飯塚靖太郎家所蔵）にも明治三四年の頃に「東京神田猿楽町二丁目二番地　筑陽

館　飯泉斧一郎宛」という記載がある。
(32) 明治大学所蔵。
(33) この学舎は明治一八年八月二九日付『自由燈』（見光新聞社）にある「常総義学」とは前記林らのものか、この山川のものかと思われる。あるいは両者は同一の学校かもしれない。
(34) 井上滝之助・長野弥『東洋英和女学院七十年誌』東洋英和女学院、昭和二九年。
(35) 『村史　千代川村生活史』第二巻地誌、千代川村、平成九年。
(36) 同右。
(37) 下妻市原、磯貝健家所蔵文書「履歴書」。
(38) 富岡福寿郎、柴合名会社、明治四五年、大正二年再版。
(39) 「履歴書」。小林高之助とは前出の小林高之輔のこと。
(40) 御子柴留三郎、東洋詩歌学会、明治二六年。
(41) 刊年不明、大内龍湖撰。小野崎克巳氏提供。
(42) 『塚原夢舟翁』塚原周造氏海事関係五十年記念祝賀会委員、大正一四年。
(43) 『茨城県史料』近代産業編Ⅰ、茨城県。
(44) 東京大学明治新聞雑誌文庫所蔵。
(45) 『いはらき』昭和八年三月六日付、西村文則筆。
(46) 東京大学明治新聞雑誌文庫所蔵、前記『常総の青年』改題。
(47) 『広報　ちよかわ』（平成四年七月号、「思い出のアルバム（一二）近代日本の海運を築いた塚原周造」）。
(48) 宗道小学校所蔵『沿革誌　宗道小学校』、森隆介も講師となっている。
(49) 岡崎屋書店、昭和一五年初版、同一七年三版。

第3章　初期法律専門学校の学生生活

はじめに

本章では佐々木忠蔵という人物を中心に論ずる。かつて筆者はこの人物について、『明治大学学園だより』（第二二四号、平成五年一一月一五日付）の「明大人の系譜」において紹介したことがある。この連載物の執筆順番に当たった私が数多くの執筆対象者の中から佐々木忠蔵を選択した理由は次の三点である。

(1)この連載、あるいはこの類の人物伝において取り上げられた人物は圧倒的に多くが学内関係者、とくに教員である。よしんば学外で活躍した者を取り上げたとしても卒業後のことを述べている。学校を成り立たせるひとつの存在である学生を対象としたものは今までなかった。

(2)従来、扱われた人物は有名になった者、目に付くような働きをした者が多い。そうではなく学内では無名であるが、当時、陰で支える存在であったり、地道に歩んでいた者もいたはずである。

(3)地方から上京したり、卒業後に地域で活躍する者が多いといわれる明治大学である（明治大学に限らないが）が、地方・地域をクローズ・アップした人物伝は今まで少ない。

その際、同紙の編集担当者は筆者のために最大限のスペースを割いてくれた。だがいかんせん、執筆の場は学校の新聞であるために字数や構成のバランスのうえで限界があった。そのサブタイトルに、「さまざまな可能性に挑戦した明治法律学校草創期の学生」と添えたように、佐々木忠蔵は一般の通学生として勉学にいそしむ傍ら、郷里のため、恩師のため、学校のために奔走する。その精力ぶりはとても同紙では紹介したり、分析しきれなかった。

このことが、本章で佐々木忠蔵を取り上げたおもな理由である。それに今ひとつ、わけがある。それはかつて「初期明治法律学校の学生と地域」という題名で『明治大学教職課程年報』（第一一号、平成六年三月）に明治初年の一学生・佐藤琢治について、「明治期青少年の進学動機」、「明治法律学校と学生・佐藤琢治」、「その後の進路」という章に分けて素描したことがある。その際、描写の仕方というか、分析の方法とでもいうべきもののひとつとして、同世代の複数の人物を比較しつつ、生きざまを追うことを示した。つまり同じような時期に生まれ、育ち、そして活動していく人物について、一定の事柄にそくして描いていく。それにより、当時の普遍性や共通項を見出していく方法である。本章でも筆者は多少、佐藤琢治のことを念頭に置きながら、綴ってみたい（琢治のことが活字になろうとなかろうと）[1]。

そこで、以下の論考でもなるべく佐藤琢治の分析の時と同じように、佐々木忠蔵の生地および幼少年時代と小学校教師時代といった、いわば明治法律学校入学以前、そして上京・明治法律学校在学時代、さらに卒業後のこと、といったように三つの時期に分けて綴る。

一　幕末維新期の天童藩と藩士佐々木家

天童藩の藩校は「養正館」という校名である。そして同校の設立時期は文久三（一八六三）年七月六日（開校式）

である。この開設時期は全国的にみれば早いほうではない。また開校に当たって藩が積極的に取り組んだということではなく、実は佐藤重剛という一藩士の個人的な尽力（すなわち校舎献納）が大であった。同人が記した『勤仕録』(2)には開校式の前日に「兼而申述候学校出来候ニ付、見分之上候上へ申上候処、御満足ニ思召」されたとある。同藩が藩校設立に遅れをとったのはなぜか。その理由は以下に述べるところの天童藩の実情に求められる。

図1は安政四（一八五七）年五月に天童藩士高沢佐道により写された同藩の陣屋図である。中心部の「御殿」に君臨するのは藩主の織田氏である。同氏はかの有名な織田信長の子孫である。しかし、その処遇には恵まれなかった。明和四（一七六七）年八月には関係者山形大弐の明和事件により、それまでの上州小幡（現群馬県甘楽郡甘楽町小幡）から、羽州高畠（現山形県東置賜郡高畠町）に移封を命ぜられている。さらに六一年後の文政一一（一八二八）年五月には天童移館となった。その天童移転は天保元（一八三〇）年にまで及ぶ大事業であった。その所領は天童およびその周辺の村山郡にあり、総計二万石程度のものであった。

以上の簡単な織田天童藩の紹介から察せられるように、同藩は幕府より厚遇されているとはとてもいいがたい。むしろ冷遇されていたといえよう。しかも天童移封後、藩財政は窮乏化していた。そのために藩当局は領内の豪農や商人に対して押借りをしたり、また家臣団に対しては引高制の採用をした。つまり、前者は上層農民あるいは城下商人から金子借用（実際は取立て）をしたのである。これも限界となると、同藩はかなり徹底して後者の政策を実施した。これはすなわち藩士の俸禄を差引くものであった。後にも述べるように同藩の藩士は家老クラスでも三〇〇石程度の俸禄であった。したがってこの制度の施行は家臣団の貧窮化（とくに下級武士ほど）を一層、顕著にした。さらに藩当局は絵師安藤広重の画をも藩財政の再建のために利用した。すなわち同藩は何らかの伝手によって得た広重の作品を献金者に対し与えた。むろん年貢米の先納（金納）も領内に命じた。しかし、これとても農民の貧困化に拍車をかけるとともに、彼らの不信感と反抗を招くだけであった。藩が最後に望みを託した経営再建策は当地方に広く生産さ

図１　元天童陣屋総図

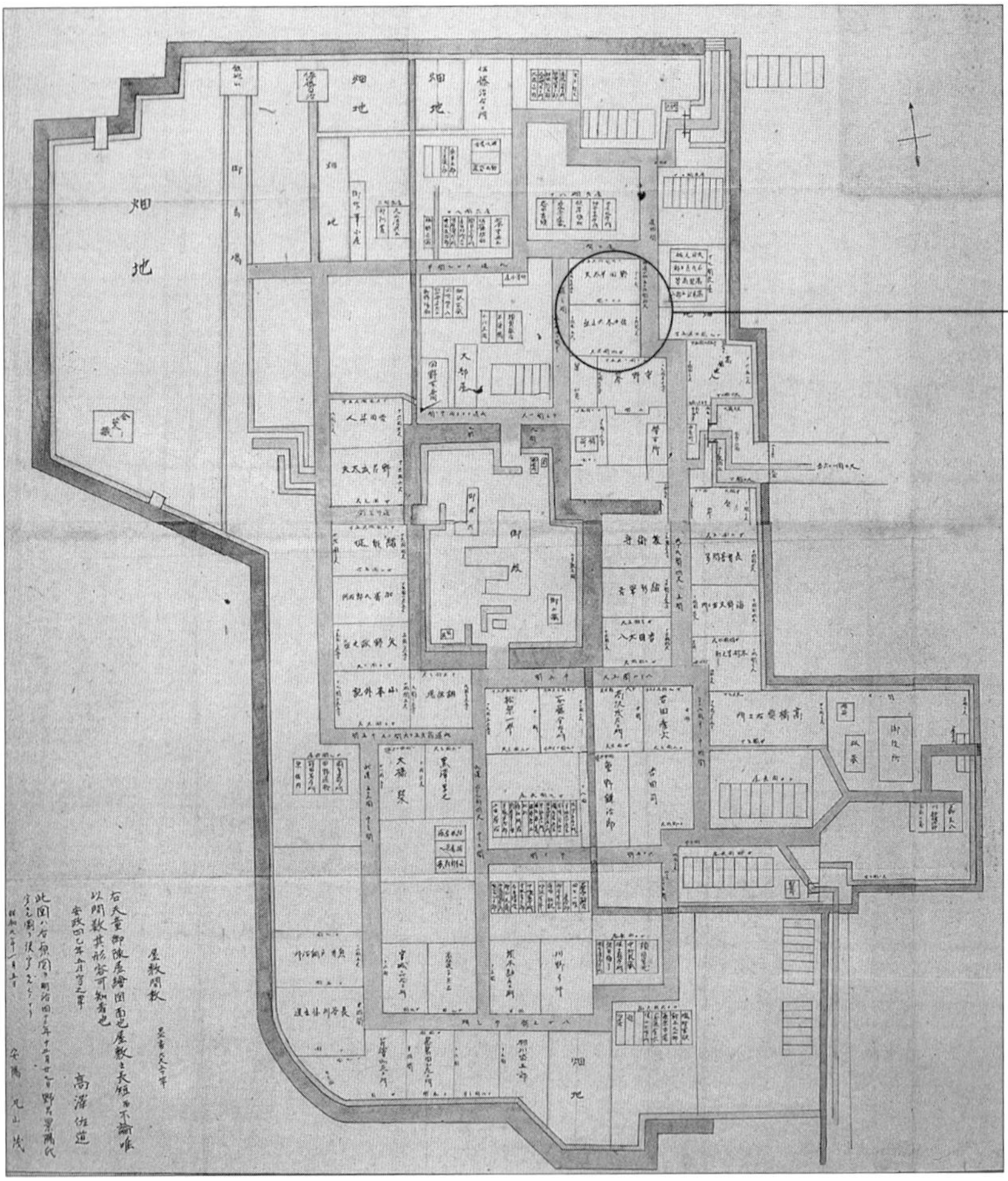

注）天童市立旧東村山郡役所資料館所蔵。

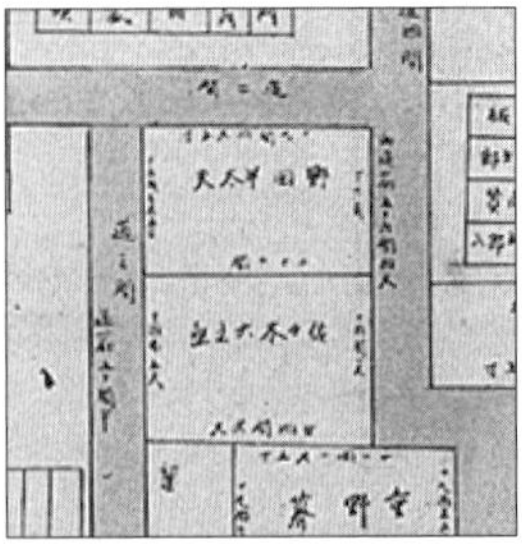

注）絵図上にみえる「佐々木六之丞」が佐々木忠蔵の先祖。

れている紅花の専売化であった。しかし、この面の商業・流通はすでに確立されており、藩が割って入ったとしても手遅れであった。こうして同藩の財政策はことごとく失敗に終わった。

加えて同藩を苦境に立たせたのは、いわゆる「吉田大八事件」である。この一大事件について、本章で詳記するほど、紙数に余裕はない。いずれにしても同藩が戊辰戦争において一貫した主義や立場をとらなかったこと、その結果として藩主に対する減封と隠居の処分、そして能吏として期待された家老吉田大八に対する切腹命令という犠牲を払うこととなった。この事件が藩当局はもとより、領民に及ぼす影響、なかんずく精神的な衝撃は甚大であった。

こうした天童藩の窮状は廃藩置県（天童県と改称）後も好転せず、結局、明治四（一八七一）年八月二九日、同県は山形県に合併させられる。

このような藩の一武家に生まれたのが、佐々木忠蔵である。彼について、第一の関心は学問を志す契機や動機である。だが、これまで記してきた幕末維新期における天童藩の状況だけから、忠蔵のそのことをさぐることはむずかしい。かといって幕藩体制の崩壊によって財産を亡失した士族が生きていく糧を学問・教育に求めたという結論だけでは、わりきれない。そこで、まず彼が生をうけ、育まれた佐々木家について、紹介する。同家の祖は藩主織田氏に付き従う形で天童に入府してきたと思われる。『佐々木家由緒書』は忠蔵の父・綱領（号北溟）の筆によるものであり、その祖父覚右衛門から綴られている。それによれば同人の出自は「本国近江、生国上野」と冒頭に記されている。織田信長の本拠地安土は近江であり、また信長の第二子信雄は一時、上野国小幡城主であった。このことから同家は代々、織田家の家臣団として従属してきたといえる。

ところで、織田家臣団にあって佐々木家の位置はどの程度であったのか、前掲由緒書を追ってみる。覚右衛門は父の左仲が病死したことにより、幼年より伯父・拓忠右衛門に預けられ、養育された。長じて宝暦四（一七五四）年一二月二七日に給人（一〇人扶持）を仰せ付けられた。さらに同一四（一七六四）年五月一三日には三人扶持が加増された。その後、御用人、用人役となり、覚政八（一七九六）年一二月三日には中老役（一三〇石）、翌年七月二五日には家老という重役となった。そして文化三（一八〇六）年三月二六日に隠居となり、同一〇（一八一三）年八月一〇日、八三歳にて死去した。次代の一角（宏綱）は寛政五（一七九三）年七月一一日、金七両四人扶持を充てがわれて以降、文化三年三月二六日の家督相続時には寄合席（江戸勤番）で一八〇石を有した。その後、文化八（一八〇九）年八月二一日には武器方を、天保七（一八三六）年正月一一日には大目付格を歴任し、万延元（一八六〇）年三月七日に八八歳で病死した。この間『御在所御用人御役控帳』(3)によれば、一角は天保六（一八三五）年四月一三日には諸礼指南役に任命されている。またその娘は用所等の雇いを申し付けられている（同年一〇月二五日、同一二年一二月二一日）。

次代を担った綱領のことは子・忠蔵による『先考北溟先生遺稿』の「先考略歴」の項に綴られている。それによれば綱領は天童藩家老相川理左衛門（号鼠翁）の次男として天保三（一八三二）年一二月に生まれた。幼名は六之丞、長じて覚兵衛と称した。また名を綱領とし、号を北溟とした。兄は相川理左衛門を襲名し、勝任と号した。織田信学代の嘉永二（一八四九）年正月一一日には七両三人扶持であった。家督相続をしたのは安政二（一八五五）年四月一一日であり、一五〇石取であった。文久三年八月には藩校養正館の都講と句読師を兼帯した。この時は藩内では知行取末席の地位にあった。戊辰戦争の際には出陣し、寒河江（慶応四年四月三日）等で戦った。そして同四（一八六八）年七月一〇日には大目付、一八〇石、さらに同年一〇月には庄内征討のため司令官として出発している。その後、東京に出張したようであり、明治二（一八六九）年八月には「東京御用骨折ニ付銀子三枚」をたまわった。そして同月二三日には小参事、翌三（一八七〇）年一月四日には五等官副長となり、学務史官を兼務した。当時、三七歳であった。忠蔵が筆写した『先考北溟先生遺稿』はここで終わっている。その後、綱領は天童小学校初代校長に就任した。没年は同二二（一八八九）年四月二八日であった。

このように近世後期から明治初年までの佐々木家の戸主の事蹟を概観してみると、忠蔵が生まれ、育った同家の家格は藩内にあって高位にあったといえる。ちなみに天童藩の『分限帳』(4)（万延元年）で、綱領がのちに就任する大目付をみると、一八〇人の家臣中、家老（四人）、用人（六人）、物頭（二人）に次ぐ序列であり、二人で当たっている。文久二（一八六二）年四月の『御家中分限手控』(5)では家臣一七九名であるが、万延元年のものと同様の序列と配当である。

なお、この万延元年の時、当主の佐々木六之丞は給人（大目付―郡奉行四人―給人三〇人）であり、文久二年の時の同角兵衛は知行取末席（給人二八人の次で一人）である。(6)一八〇石は万延元年のそれと照合すると、三〇〇石（二人）、二三〇石（一人）、二二〇石（一人）に次ぐもので、二人が配置されている。ただし、この時、六之丞は一五〇石であった。(7)

また前述、代々のプロフィールから佐々木家は藩（県）内の教育的役職についていることも目立つ。すでに紹介したように、例えば一角は諸礼指南役に、その子の綱領は藩校都講・学務史官・天童小学校長を務めた。

だが、すでに述べたところの天童藩の実情からも察せられるように、同藩家臣団の生活はとても裕福とはいいがたかった。佐々木家とても藩による引高が適用されている。そのことは『御在所御用人御役控帳』の天保三年一二月一日の条で一角が五分引されていることからも分かる。こうした藩の財政策は、例えば向いの高橋由膳家（第一図の高橋渡人家）に井戸水を底樋にて分け与えられるほどの家にあった佐々木家へも生活上、大きな影響を及ぼしたことはまちがいない。(8)さらに『先考北溟先生遺稿』によれば明治二年三月には「勝手向極難渋ニ付居屋敷返納御長屋拝借願之通被仰付候」という辛酸をなめることとなった。

ここまでは、佐々木忠蔵が生まれ、育った天童藩、およびその藩士であった同家の先祖代々を追った。その理由は彼を取り巻く成育環境を知るためであった。結果として分かったことは、天童藩は織田氏の系譜をひきながらも幕府からは冷遇されていたこと、そのこともあり藩財政および家臣の生活は窮乏をきわめていたということである。また、それに追いうちをかけるように維新期に起こった「吉田大八事件」は同藩および領民に精神上、大きな影響を与えた。このような条件と状況の中で、元治元（一八六四）年五月一五日、佐々木忠蔵は生まれ、学問を志していく[9]。綱領から手習いはもちろん、さらに専門分野である漢学の指南をうけたことはまちがいない。長じるにつれ、忠蔵は漢学の才能をいかんなく発揮していく。それはこの時期に素養が培われたためであり、ひいては先祖による学的・教育的関心の血筋を引くものであるともいえよう。

このように佐々木家、とくに忠蔵の父・綱領が深く関わった藩学について、内容に踏み込んで考察する。というのも、設立事情・建築状況等の外的側面についてはすでに述べた。しかし、それだけでは不十分と思われるからである。同校の人物を語る時に欠くことができないものとして督学の吉田大八の名があげられる。彼は幕末維新という動乱期に同藩の家老として勤王の立場から官軍寄りの藩論を主張し、実行する。しかし、周囲の奥州同盟論に押し切られることにより、藩の責任をとる形で自刃した。そのために「悲運」の家臣としてあまりにも有名である。ここでは彼の業績のうち、おもに文教面のそれについて綴る。武具奉行、そして准用人、軍事奉行人と藩の要職を歴任した大八は、やがて慶応元年、藩校養正館の督学を任命された。初代督学の長井喜間多が家老職をしたことを考えれば、同藩の督学の地位の高さが分かる。また、大八自身、督学就任以前に同校の命名に深く関与していることからも藩学教育への関心のほどが読みとれる。

「願勿是康小[10]」と先代督学（長井広記、喜間多の子）を江戸に送り、あとをうけた督学・大八の業績は次のようである。

(1)文武両道を奨励した。

(2)学風や士風の刷新に務めた（学問は従来の徂徠学派より程朱の学説とした。武芸は越後流から甲州流とした）。

問題はその学問・教育の内容である。それは端的にいえば、いわば経世済民・実学を強く意識したものであった。

そもそも彼の師は朱子学者の安積艮斎である。艮斎は郡山の出身であり、二本松藩々校敬学館の教授から、さらに幕府昌平黌の教授をつとめた。その学風は「経術を本とし、詩々に汲々せず」[11]、その学派は崎門派、勤王派とされている[12]。そのゆえに艮斎の思想はまた実学主義とも評価されている[13]。

たしかに天童藩学の学科は四書五経の教科書を中心とした、当時、ごく一般的な儒学であった。しかも開設当初は儒学のうち、古学派を学理とした。だが、やがて安積艮斎の影響を受けた長井広記・吉田大八両督学により経世済民的実学路線に数学が改変された。とくに「大八氏ハ文武ノ才幹アリ、長井氏ノ後ヲ承ケテ励精之に当」[14]ったという。また吉田大八が若き時より自邸で催した「放胆会」という討論会・学習会は会員だけではなく、自らをも一層、国事・藩政といった社会・時事に関心を持たせることとなった。さらに常日頃、読書においては「章句の末節に拘はるを嫌ひ、意義を明らかにするを旨とした」という[15]。以上のような安積艮斎譲りの大八の学問観・学習実践は同校のあり方に大きな影響を与えた。また逆に彼自身も同校によって培われた部分も少なくなかった。

しかし一方、こうした大八の明確な方針と実行力は伝統を重視する長老派、例えば重野募らを刺激した。そうした勢力の徒党化を耳にした大八は一時は督学を辞すことをも考えた[16]。そのことはともかく、吉田大八を中心とした天童藩校は近世にあって、貧弱な施設ながら活気を帯びることとなった。さらにいうならば同校は吉田大八が重鎮として勤王論により藩政改革に当る拠点的役割、少なくとも台頭の基盤的な位置としてあったといえよう。と同時に同校自体にとっては、開設面では他藩に遅れ気味であり、藩肝煎りとはいいがたく、体裁の上では小規模でありながら、この改革は教場の指導・研究面において斬新性を示したといえる[17]。

こうしたことが基盤となり、その後、同校ののこしたものは少なくない。まずひとつは制度・施設の面である。同校は明治元年四月、一連の戦役において焼失した。しかし、同年五月一日には一日町の自性院を仮教場として開校、さらに同二年には喜多郎稲荷神社側に移転・再建された。そして明治五（一八七二）年の学制頒布による小学校開設の際は天童西学校とされた[18]。このように戦火に遭うなど、被害も少なくなかったが維新の動乱をかいくぐり、地域の学校として引き継がれた意義は大きい。また人材育成の面も遺産として見逃せない。教師としての佐々木綱領についてはすでに若干ふれたし、次節でも小学校教員としての活躍ぶりを紹介する。その他、同校の教師・生徒らも学制により設立された天童地域の小学校教員となり、学問や教育に当たった者が少なくない。のちに上京し、明治法律学校を創設する宮城浩蔵は同藩校の書生頭であった。

ところで佐々木忠蔵は同校の教師はしていない。明治三年一月一日、六歳の時、生徒として養正館に入学している。それはいうまでもなく再建されたほうの藩校である。ゆえに、この時には吉田大八はすでに在世せず、よって彼は指南をうけてはいない。だが、忠蔵は大八を崇敬し、後年、『勤王家吉田大八先生』などを著す。その根源はこの少年時代の藩学にあった。ましてや忠蔵の父・綱領は大八とは親しい間柄であり、大八自刃の際は立合人となっている。

いずれにしても天童藩は名門ながらも弱小、かつ貧困であった。それは藩校の設立時期や規模などにに如実に示されている。しかし、同校の教育は実際的・実践的活動においては改革により功を奏した。そのような時期に忠蔵は遭遇したのである。

以上、本節では幕末維新期の一少年が学問を志していく契機や様子を家庭（先祖も含めた）や藩学に焦点を当てて、追ってみた。

二　天童の小学校と佐々木父子

すでに述べたように、藩校養正館の校舎は学制頒布により天童西学校（田鶴、通称「家中学校」）のそれに当てられた。同校の設立認可は明治七（一八七四）年二月一七日のことである[19]。天童県の廃止により、同県五等官副長兼学務史官を辞していた佐々木綱領はその約一ヶ月前に同校初代教員に任命された。また同年一〇月には元天童藩士族の長谷部広吉も仮教師として赴任した。なお、養正館二代目督学長井広記（秀吉）は学校の世話係に就任した。

同校は明治一二（一八七九）年三月一四日に近隣の天童東学校（小路、通称「山の学校」）や北目学校（北目村）と合併し、「天童学校」となった。この合併により、綱領は同校の初代校長となった[20]。そして、その部下には前出の長谷部広吉の他に、元養正館句読の芹沢幹風もいた。この佐々木綱領は天童学校長を最後に教職を退く。その時期は明治一八年二月のことである[21]。かれの小学校教育における業績はやはり学制期において初等教育の発足に尽力したこと、そして合併間もない学校現場のまとめ役をしたことである。

綱領の子・忠蔵は明治七年一月一日、天童西学校に入学した（既述）。つまり一年半余、通学していた藩校が天童県の廃止により廃校となり、その施設を利用して小学校が開校したからである。しかも同校では父が教員をしていた。これらの理由が、若干のブランクはあるものの、忠蔵を比較的スムーズに小学校に就学させた理由である。同一〇（一八七七）年三月三一日に同校を卒業した忠蔵は翌一一（一八七八）年三月二三日、同校の授業補となり、授業生の身分である父をたすけている。そして翌一二年三月一〇日には合併なった天童小学校の田鶴分校の授業雇となった（月給一～二円）。父は本校に勤務していた。

その彼が明治一一年一〇月一日に開校した山形県師範学校高等師範学科に入学するのは同一三（一八八〇）年五月一日のことである。入学の理由は同校が教員養成の専門的、かつ高度なレベルの学校であったからであろう。そうした意欲をかきたてたのは父が藩校では句読でありながら、新しい教育制度のもとでは授業生や准訓導に位置付けられたこと、あるいは藩校時代に父の同僚であった芹沢幹正（同じ田鶴町内、三四歳、幹風の弟）や石丸力雄（二八歳）が欠員募集をした宮城県師範学校に入学したこと、そしてこの幹正は帰村後、天童に開校された伝習学校校長に就任したことなど、身近な事柄と思われる[22]。この伝習学校は郡立の教員養成所である。同校の生徒募集は同年三月一日、東村山郡役所より郡内各町村に布達された[23]。そのために佐々木忠蔵も同校への応募について、考慮しなかったとは思われない。

結果として、彼は前述のように山形県師範学校に入学した。在学中の成績は優秀であった。そのため明治一四（一八八一）年九月三〇日、明治天皇行幸、同校臨校の際、化学の「天覧実験」をした。ところが、この実験は失敗し、一時、少年の胸を痛めるのであった[24]。そのことはともかく、忠蔵は選ばれて実験するほど秀でた存在であったことは確かである。しかも同一五（一八八二）年二月五日の卒業にあたり、「勉学秀逹[25]」により県から賞品を授けられ、表彰された。同校を卒業した忠蔵は同年三月三日、父が校長をする天童小学校に六等訓導の職務で配属された。その配置はとくに父が望んだようである。そのことはのちの昭和四（一九二九）年七月五日刊行『教育民報』（第二巻第九号）に吐露した「父の遺命に依つて戻つて天童に職を奉じた[26]」という文言からもわかる。もっとも「遺命」とはいえ、まだ父は在世しているので、懇望といった意味に近いものであった。天童に生まれ、一途に地元の教育に尽力してきた父・綱領にすれば、子の忠蔵が自分のあとを継承することは願望以上のものがあった。忠蔵は同年六月一九日には一等級上り、五等訓導となった。さらに同年一二月一四日には「職務勉励[27]」により金三円を東村山郡役所から受けた。その後の彼は師範学校出身の小学校教員として確実に地歩を固めていく。以下、その経歴を列記する。

明治一八年一月六日　山形県師範学校付属小学校勤務
　　二月七日　小学師範高等科卒業に擬定（山形県より）
　五月一四日　天童小学校勤務（三等訓導）
二〇年四月一八日　東村山郡小学校授業生試験委員拝命（第一回、東村山郡役所より）
　八月一一日　東村山郡小学校教員講習会議師拝命（第二回、山形県より）
　八月一二日　山形県より鳳月館玉篇一部受賞

この間、忠蔵は現場において教育研究に務めた。そのことは、例えば『教育報知』に掲載された教科書に関する彼の投稿から分かる。つまり同誌第六二号（明治二〇年四月九日）では「小学校の教科書」と題し、六つの観点から現行の教科書を批判している。また第六四号（同年同月二三日）では「小学校の教科書に（作文、習字、図書、読書を除く）仮名をつけて言語の通りに文章を組立つるの可否」という論題を提示している。それに対し、同第六八号（明治二〇年五月二八日）に鶴橋国太郎の「山形県佐々木忠蔵君の命題に対して一言を呈す」という記事が掲載されている。佐々木忠蔵の人生を区分すれば、このころの青年期は前期教員時代とでもいうべきであろう。そして、彼を通して、次のような地域の教育の動きがみとめられる。

(1)地域において新しい時代を象徴する職業として学校教員は第一にあげられた。

(2)前代に公的・制度的な教育機関であった藩校は施設の供与、初期教員の輩出など、何らかの形で強く、太く次代に連続する。

(3)その士族出身教員とても、早くも明治一〇年代（第一次小学校合併期あるいは独立施設建設期ともいえる）には師範学校出身者が登場してくる。

(4)教員として就職する際、父をはじめとする家族、および周囲の影響がかなり大きい。

以上のうち、筆者がとりわけ二番目にまとめた藩学の連続性は強く印象に残る。近代公教育の発足を解明するために、今後はいままで以上に藩校に注目すべきと思われる。

三　上京と明治法律学校

旧藩の武家に生まれ、師範学校をおえ、地域の中心校に勤め、その学校では元藩儒の父に仕え、さらに母校の師範学校の教員経験を持つ佐々木忠蔵はまさに地元教育界の若きエリート教師的存在であった。彼の将来は前途洋々たるものがあった。その忠蔵が明治二〇（一八八七）年九月二二日、教員を依願退職したのである。彼は完全に退職してしまったのである。そのわけは何か。なぜ、この時期に退職したのか。その後、何をしたのか。

実は彼は同年一〇月一日に東京の明治法律学校に入学した。[28]彼は退職理由については何も語っていない。わずか『履歴書』に「自己便宜」とだけ記してある。またまた疑問はわく。なぜ上京したのか。まぜ明治法律学校に入学したのか。なぜ法律の勉強にめざめたのか。まっさきに気にかかる現実的な問題がある。つまり山形県師範学校就学に対する義務である。しかし、同校では在学二ヶ年の者の小学校教員奉職は三年間であるので、[29]忠蔵の場合、これは満たしている。

ところで忠蔵の同僚に柳沢重固という教師がいた。柳沢家は天童藩士である。万延元年の『分限帳』で柳沢姓を追うと一軒、「柳沢勘助」という人名が見うけられる。小頭で高三両三人扶持とある。文久二年四月の『御家中分限手控』には役高は記されていないが、中位の徒士目付席に「柳沢弐蔵」、下位の小頭に「柳沢寛助」の名がある。これらのものが重固本人、もしくはその一族とも思われる。彼は明治一一年一〇月一日、山形県師範学校に一期生として入学した。そして同校を卒業した一三年三月には天童学校に赴任した。佐々木忠蔵が同師範学校をおえて、同小学校に着任したのは一五年三月である。そのことはすでに述べた。前出『日誌』（明治一五年分〜一八年分）によれば明治一六（一八八三）年一月一一日現在、校長佐々木綱領の下、五等訓導として柳沢重固・佐々木忠蔵の両名が列記されている。その柳沢は同年七月をもって教員を辞職した。そして彼は法律学の修得をめざし、山形県天童から栃木県宇都宮まで歩いた。同地で代言人をしている兄の世話で、さらに人力車、貨物船と乗り継いで上京した。その後、柳沢は陸軍に出仕する芝の叔父宅に寄食し、漢学塾尚方学舎で漢籍を学んだ。そして司法省法学校速成科（三年制）の官費生として入学した。明治一九（一八八六）年一二月、卒業と同時に判事試補に任命され、ならわし通り郷里山形に近い福島始審裁判所詰となった[30]。

また忠蔵の親族に相川勝蔵という者がいた。その相川家は天童藩士としては給人席など、上位にあった。忠蔵の父は同家理左衛門の次男である（既述）。天童藩『分限帳』（前出）によれば「御給人　一高七拾石　相川岱五郎」というものが長兄（忠蔵の父・綱領の兄）であり、勝蔵はその子である。ということは勝蔵と忠蔵とは従兄同士である。その勝蔵は明治一〇（一八七七）年七月の司法省法学校速成科生募集に応じ、同一二年九月に卒業した。そして判事の道を歩み、最終的には水戸の裁判所で勤めを終え、隠居している。その間、明治二六（一八九三）年四月には無試験免許により代言人としても認められている[31]。なお、前記した相川理左衛門（鼠応、忠蔵の伯父）に対し、かの宮城浩蔵は書生時代、「舌代」と題した書翰を送り、借金を願うこともあった[32]。

万延元年の天童藩『分限帳』によれば熊井戸政徳という者がいた。熊井戸家は大目付役八〇石の役高である。政徳は文久二年八月二六日に生まれた。幼名は千代松といった。明治三年一月から同八年七月までに天童藩校養正館に入り、佐々木綱領について漢学を修業した。その後、変則中学（同八年七月〜同一〇年一二月）や仙台黒沢翕塾（同一〇年一二月〜同一一年一〇月、漢学塾）に学んだ。そして同一一年一〇月、山形県師範学校に入学した。同一三年一二月一八日に卒業し、種源学校訓導を拝命した。しかし同一五年一一月、上京、明治法律学校に入学した。なお、この後、彼は一八（一八八五）年一二月に卒業し、司法省を受験したが、結局、山形県属となり、山形市に住み、姓名も吉田守信とした[33]。

このように忠蔵のごく周辺に目をやると、彼の教員退職一件は全く唐突なこととは思われない。職を失った士族が従来の意識（支配・指導）と智識（藩学学習）を保持し、方便（あるいは元手）として地域で生きていくためには、教員が最適であった。周りの皆もそうした。また、そうせざるをえない面もあった。だが、それでは十分ではないと思った者もいたのである。

そこで、もう少し忠蔵の身辺を拡大して、みてみよう。周知のように天童にほど近い県都山形には自由民権運動の風潮の中、明治一四年一月、山形法律学社が重野謙次郎を中心として設立された。重野家は天童藩の家老職を務めた家柄である。彼は東京の講法学社で大井憲太郎のもと、法律学を修めた。そののち、郷里の隣町山形で法律を中心とした民権結社を設立したわけである。彼はそれを基盤にして、自由党員として県議会に進出した。なお、同社は同年四月二八日になると社長に高沢佐徳を選出した。そのため、重野は分立して、五月に東英社を設立した。この高沢家も重野家と同様に天童藩の上士であり、同人は明治期には代言人をしていた[34]。この法律学社の存在が忠蔵になんらかの影響を与えたことはまちがいない。ではなぜ彼はこの時、山形法律学社で法律を学ばなかったのかという素朴な疑問が浮ぶ。確かに同社は法学を教授することも活動の目的としていた。しかし、このころの忠蔵は師範学校をめざしている頃であった。また同社には法学を教授する教師も存在したが、専門学校ほどの力量を有する本格的な学校ではなかった。

前出の柳沢重固は次のように述べている。「余が郷関を出づる時には、当地方で評判の高かつた、明治法律学校（現明治大学の前身）に入学する積りであつた[35]」。

すでによく知られているように、この明治法律学校は明治一四年一月一七日に岸本辰雄・宮城浩蔵・矢代操の三名により設立された。この宮城浩蔵は天童藩士の出身である。彼は当時、すでに司法省に出仕する役人であったが、刑法学者としても著名であった。しかも宮城の長兄・武田義昌は明治一一年に前記した山形法律学社系『山形新聞』社長に就任したり、のちには福島裁判所長となるなど、やはり法律に関与した人物である。この宮城、あるいは前出・重野謙次郎らは天童およびその周辺地域にとっては先駆的存在であり、同地域への影響力は多大であった。彼らは天童藩時代より東京等、藩外に在住・在学の経験を有する。重野の場合は維新期、藩命により東京遊学をしているし、また明治九年一〇月にも東京の講法学社に学んでいる。宮城も長ずると藩の命令により庄内藩に赴き、雲州藩士から英式兵法を学んだ。そして明治二年、藩命により東京で兵学を修めるために上京した。そして三年一〇月、吉田大八の親族専左衛門（のちの図南）を保証人として共立社（箕作塾）に入門した[36]。このようにしてみると、重野・宮城らは「第一次上京組」とでもいうべきであろう。この組の場合はたとえ貧困藩県であろうとなかろうと藩校等で育成され、改革精神旺盛な士族が多かった。彼らは藩命・県命で上京した。したがって彼らの多くは藩邸などで暮した。そして藩外の多くを知り、そのまま東京に在住するか、郷里の都市部で活躍した。まさに地域にとってはパイオニア的存在であった。

それに対してこの佐々木、あるいは柳沢らは「第二次上京組」である。彼らは明治二〇年代から三〇年代はじめに、第一次上京組に影響を受けて上京した。士族もいたが、平民の者もいた。なお、このあとの「第三次上京組」は明治三〇〜四〇年頃、一般庶民を中心として現われる。彼らは産業革命に影響された人々である。

兄を法学関係者に持ち、自らもその第一人者である宮城浩蔵、その宮城が創立した東京の本格的な法律専門学校である明治法律学校、宮城が在藩時代に師であり、上司であった佐々木綱領（忠蔵の父）、綱領と親密な吉田大八に寵愛された宮城、宮城の保証人となった吉田一族、大八を尊敬する忠蔵、と考えてみれば佐々木忠蔵の上京理由がわかる[37]。

ところで、彼が入学する明治二〇年前後の明治法律学校を概観してみる。校誌『明法雑誌』第二六号（同一九年一二月二〇日）によれば、明治一七、一八年頃、明治法律学校生徒は中年以上の士族であるという。この時期、続々と士族が上京する様子が想像できる。翌一九年一月には同校はそれまでの法律学部に加え、行政学部を独立・増設した。それは同誌第一二号（同年一月一〇日）によれば官吏をめざす者が目立ってきたためという。この年、九月には予科が設置された。そして、ついに一二月一一日には有楽町から駿河台に校舎を新築・移転し・派手やかに開校の式典を挙行した。さらに同二〇〜二三年は、記念誌『明治大学史』が自負するように明治法律学校「隆盛の頂点」であった。

同誌によれば、同校は新築したばかりの明治二〇年一月にすでに「学生の椅卓に就く能はずして佇立する者」もいるという。同年九月には講法会を設置し、正規学生以外（のちの校外生）にも講義を開放した。翌二一（一八八八）年八月には校長・教頭制をしき、前者に岸本、後者には宮城が就任した。また同年一二月には新たに設けた予備科にて普通学を教授し始めた。さらにこの年から翌年にかけて、第二・三・四・五と講堂を建設していった。講堂とは講義をする教場のことである。以上のことは図2により入学者数を一覧すればよくわかる。創設期にありがちな不安定性も見うけられるが、全体としてその数は伸びている。

このような私立学校（とくに明治法律学校）の台頭に脅威を感じた政府は私立学校に対し増税を課したり、学校同士の分断を画策するなど、私立学校撲滅策に乗り出した[38]。

ところで、もう一度、第Ⅲ部第1章の表3「明治法律学校の府県別卒業率・修業率一覧（明治一四〜三六年）」をみたい。こうしたデータ処理のほうが単に府県別学生数を多い順に並べていくよりは就学の状況をリアル、かつ的確に知りうる。というのも単純学生数に対しては府県の府県の人口、学齢者数、小中学校の生徒数、さらには府県の合併事情などをも勘案しなければならないからである。それでも一応、同表の基礎表となった「本校学生及卒業者人員府県別」（『明治法学』臨時増刊、第六〇号）の明治一四年一月〜同三六年七月の「校内生及校内生タリシ者」欄を見る。第一位東京府を筆頭に長野、新潟、福岡、岡山と続く。だが、今日の都道府県の名数と一致するようになる明治二一年の小学校学齢者数を、同年の『文部省第十六年報』をもととした表1で追ってみる。最も小学校学齢者が多いのは兵庫で、以下、広島、愛知、長野、岡山の順である。東京も第八位、福岡も第一四位と上位にある。学齢者の多い県、つまり就学対象者の多いところに明治法律学校入学者が多いのはあたりまえである。では表1にもどり、この明治二一年に学齢者が全国平均（四七府県中、第二四位愛媛……六万六一一五人）より下位の山形県（第二八位）について、校外生修業率をみる。実に六六・一％と全国第三位である。とりわけ学齢者第四三位の青森県は校外生修業率六一・

図2　明治法律学校入学者・卒業者および司法試験合格者の人数

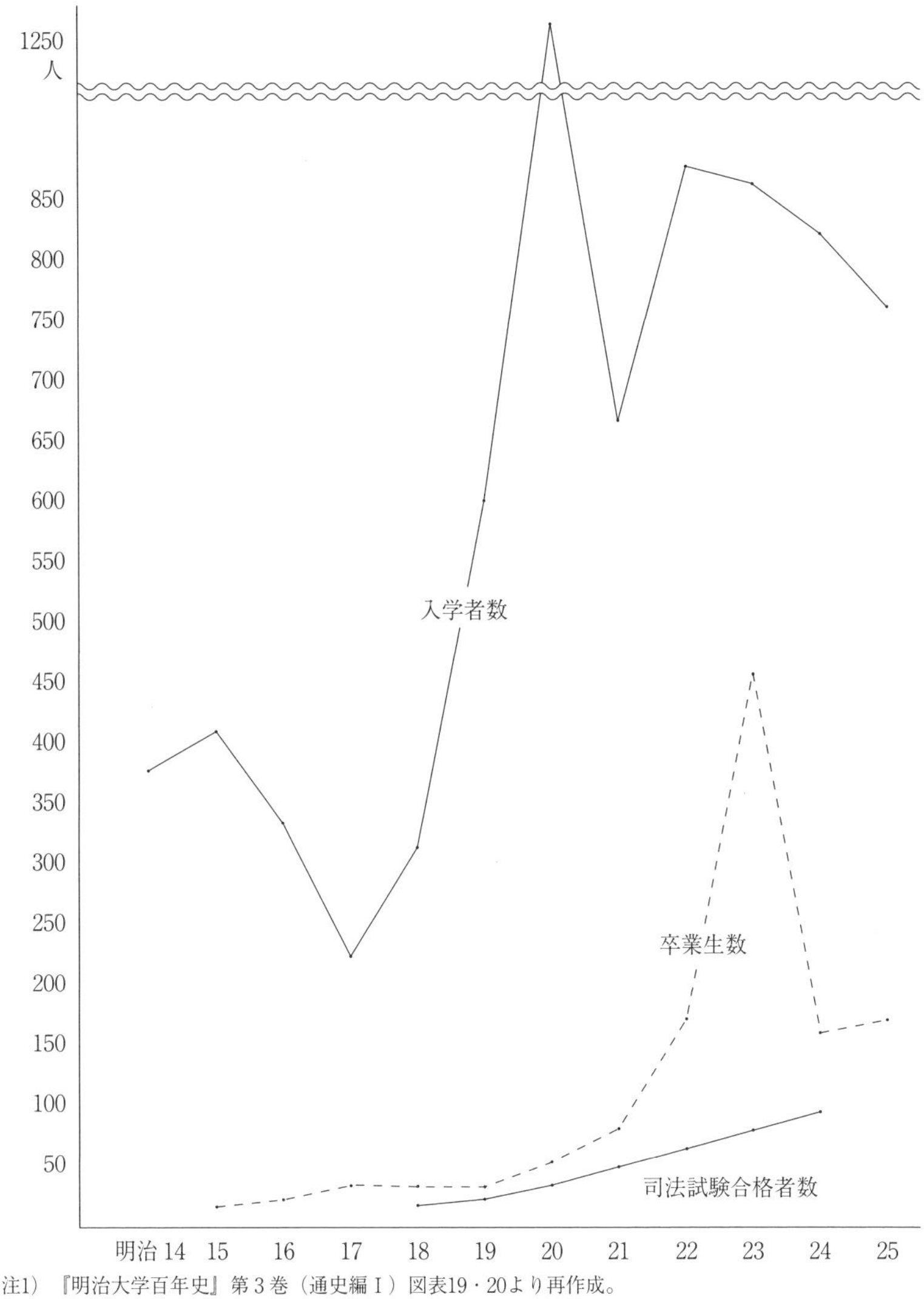

注1）『明治大学百年史』第3巻（通史編Ⅰ）図表19・20より再作成。
　2）司法試験（判検事弁護士試験）合格者は在学生と卒業生の数。明治25年はデータが不充分。

表1　府県別学齢者数（明治21年、小学校）

順位	府　県	人　数	順位	府　県	人　数
1	兵　庫	118,043	25	滋　賀	63,846
2	広　島	117,097	26	茨　城	62,811
3	愛　知	116,789	27	鳥　取	59,940
4	長　野	108,221	28	山　形	59,315
5	岡　山	107,099	29	大　分	58,741
6	富　山	104,711	30	栃　木	57,164
7	新　潟	103,677	31	鹿児島	56,431
8	東　京	102,967	32	香　川	51,038
9	大　阪	101,808	33	岩　手	49,463
10	石　川	101,118	34	福　井	47,752
11	静　岡	98,824	35	奈　良	47,581
12	岐　阜	93,855	36	高　知	46,125
13	三　重	93,817	37	長　崎	46,395
14	千　葉	92,145	38	秋　田	45,360
15	福　岡	85,037	39	和歌山	44,243
16	福　島	84,598	40	佐　賀	42,017
17	宮　城	81,823	41	徳　島	41,975
18	山　口	80,983	42	山　梨	39,665
19	神奈川	79,726	43	青　森	35,879
20	京　都	77,422	44	宮　崎	29,692
21	埼　玉	75,949	45	鳥　取	23,997
22	群　馬	75,035	46	北海道	23,913
23	熊　本	71,762	47	沖　縄	5,523
24	愛　媛	66,115			

注）『文部省第十六年報』（明治21年）より作成。

四%で顕著であるが山形県も高い。校内生の卒業率も同県は第一一位である。さらに校内生と校外生の卒業（修業）率の平均では同県は四二・四%、第二位である。『宮城県教育雑誌』第五四号（明治三二年六月一一日）は『教育公論』を引用しつつ、「東北人の特色」として山形県人の長所を「沈重」・「学才」としている。完璧に言い当てているといえるかどうかは分からないが、前掲の数字を見る限り、全くの的はずれの評価とはいいがたい。だが、まったく山形県のみが突出しているとも思えない。結局、これらの数字からは地方の人々がいかに学問、とくに中央のそれに飢え、しかも修得する者が多かったかが分かる。佐々木忠蔵もこうした好学心旺盛な青年の一人であった。

ところで同じ頃の教育雑誌『教育報知』第五五七号（明治三〇年八月七日）は論説欄で「東北の子弟に告ぐ」という記事を載せている。すなわち「東北は政治上に失敗」したため九州の「武」=政治に対し、挫折した感覚で「文」=文学にかくれ、甘んじている。もっと「汝の長を撰べ」と叱咤したものである。東北人士の心情を言い当てている。こうした状況の中で何とか東北を政治面のみならず、全体として振起させようとした人々もいた。『帝国議会議員候補者列伝』（高橋忠治郎編、明治二三年）の「宮城浩蔵君伝」が記すところによれば、宮城は「常ニ奥羽士人剛健質朴ニシテ事ニ耐フルノ能アルニモ拘ラズ毎ニ世人ノ嗤笑スル所トナルヲ痛感シ」、これを挽回する策を教育に求めたという。筆者が「初期明治法律学校と地域および学生」（前出）で取り上げた宮城県出身の佐藤琢治はジャーナリストを業としつつ、政治活動により東北振興策を唱導した。彼らの立場や方法論は異なりながらも、各々、いわゆる「東北主義」を広め、高めるために上京し、修学した。そして佐藤琢治において証明したように、「東北主義」を質的に向上・発展させて帰郷した。当然、佐々木忠蔵もそうした「東北主義」の精神を内に秘めて上京してきたことはまちがいない。このことは次節で扱う村山会のところでふれる。そしてここでは別の角度から忠蔵上京の精神的な理由・内実をさぐってみたい。

もっとも彼は天童の教員時代、自由民権運動には直接、関与していない。それは彼が県師範学校に入学した明治一三年の四月五日、政府より「集会条例」が出され、教員や生徒が政治結社や集会に参加したり、加入することが禁止されたからである。また、その翌年の八月一八日には「小学校教員心得」により教員は教授法はもとより品行まで統制されたのである。さらに、この年一二月二八日にはそれまでの教育令に代り管理・統制色の濃い法令の「改正教育令」が発せられた。こうした制度面の教育の仕上げは、かの明治一九年三月二日の帝国大学令にはじまる学校令の公布である。そして次の段階、つまり教育における思想・精神面の統制は教育勅語の渙発に向けて強く押し進められていた。そうしたことは宮城浩蔵が明治一八年に『日本刑法講義』に表明した「公候ノ尊、将相ノ貴トイヘドモ、道ニ小学教員ニ会ハバ、宜シク必ズ脱帽ノ礼ヲ行フベシ。ケダシ、我国、国運将来ノ消長ヲ致ス者ハ、我小学ノ児童ニシテ、此ノ児童ノ精神霊魂ヲ支配シ、其ノ将来取ル所ノ主義ト、其ノ才幹智能ノ基本トヲ培養スル者ハ、実ニ小学教員其ノ人ナレバナリ」という教育観とは異なる方向であった。忠蔵らはそうした、国家主義に基づく教育ではなく「権利・自由」を趣旨とする学校、薩長一色に染まっていない教育者たちに自然に気持ちが接近していったのではなかろうか。

佐々木忠蔵を中心として幕末明治期の教育事情を追ってきた結果、次のようなことが分かった。まず第一、二節について大まかに記す。

⑴必ずしも大藩・富裕な藩だからというだけで、教育が発達したり、人材が育成されるとは限らない。内面からの教育改革が藩校などを中心にどの程度なされているか、による。

⑵藩学は明治初期にも地域の学校・教育に大きな影響を与える。

⑶この動乱期、「立身出世」の時代においても人生の選択には親族あるいは近隣の者といった「身の周り」の存在はかなりの目安となっている。

⑷地域における士族にとって教員職は自己を表現できる職業であった。もっともそうした士族による教員の世界でもすぐに変化が起こった（師範学校出身者中心へ）。

そして、本節では以下のようなことが分かった。

⑴幕末維新期に地域における若き士族は藩命・県命により上京する。藩外を知った彼らはそのままその地にとどまったり、郷里の町場に住んで活躍した（第一次上京組）。

⑵それに触発された地域の人士も上京する（第二次上京組）。それを迎える条件（学校など）も中央では整ってきた。なお、第一、二次と第三次（産業革命が契機）の上京組とは質的にかなり異なる。

⑶こうして続々上京する背景には思想・精神的な事情もかなりある（東北主義など）。とくに第一、二次上京組はそうである。

上京した佐々木忠蔵は宮城浩蔵宅に身を寄せた。前述したように宮城は忠蔵の父・綱領の教え子であり、部下であった。また彼は綱領と親しく、かつ忠蔵が尊敬していたところの吉田大八の旗下にかつてあった。このころの宮城はまだ司法官僚の「卵」的存在であったが、上級役人が住む麹町区上二番町三九番地に居住していた。そして「郷里ノ書生ヲ管轄教養スルヲ以テ自ラ任ト(39)」していた。そのため彼は郷里の多くの者を寄宿させる。事例をあげる。明治二〇年一〇月に明治法律学校を卒業し、約半年、母校の「部長」として学生の面倒をみたあと山形に帰り銀行員や県属となった武田原蔵は浩蔵の実兄・義昌（前出）の子であるから、下宿するのは当然であるかもしれない。東村山郡高擶村（現天童市）の出身で同二一年六月に同校を卒業し、一時、京橋区鎗屋町の宮城代言事務所に勤務したのち、山形市で代言人となった佐藤治三郎も宮城家で学生時代を過した(40)。

忠蔵が明治二〇年一〇月一日付で明治法律学校に入学した時の保証人は宮城浩蔵であった。そのことは明治法律学校『認可生原簿』（前出、明治二三年八月）にある各生徒ごとの保証人欄から分かる。さらに追ってみると、宮城浩蔵（山形県の佐々木忠蔵と芹沢友吉に）の他に斎藤孝治（佐賀県の飯盛鶴一郎に）、光妙寺三郎（山口県の二宮忠作・村上恒輔・野村市太郎・合田竹二郎・貞森新太郎に）、矢代操（福井県の松本修三に）、町井銕之介（三重県の小沢己太郎に）、井本常治（熊本県の河野易男に）などと、明治法律学校の教職員などの名が保証人として記されている。しかも保証人と生徒は主として同郷のよしみと思われる。つまり宮城以外にも郷里との関係を重視する明治法律学校教職員らがいたことが分かる。

四　明治法律学校の学生生活

さて、入学後の佐々木忠蔵に話題をもどし、彼の学生生活について、学内のことと学外のことに分けて、それぞれ出来事を二件ずつ紹介したい。まず前者については勉学のことと校誌編集のことを取り上げる。後者については村山会・責善会のことと衆議院議員選挙のことを扱う。

忠蔵が入学した頃、明治法律学校は入学希望者が増加し、校舎の移転・増築をするほどであったことはすでに述べた。そのわけは法律学を教授する専門学校としての明治法律学校自らがのこした法曹試験の実績にある。また自由民権運動の風潮、さらには地方制度の準備といった動きはいわば「追い風」的存在となった。また特別監督条規や特別認可学校規則の公布により明治法律学校にも官吏登用への途が開かれようとしたこともあげられる。そのために徐々に政治・行政学の修得を目的として入学する者も増加してきた(41)。一方、学校当局も明治一九年一月に行政学部を増設することはすでに述べた。

しかし、その入学生数に比べて卒業者数はかなり少なかった。そのことは表2の入学者数と卒業者数のグラフの較差をみればよく分かる。こうした厳しい学習評価は司法試験・官吏登用試験合格が学校の第一の目標ゆえである。前出『駿台』の「第一回卒業生回顧座談会(42)」において、同じ明治二〇年ながら忠蔵より早く一月に入学した播磨辰次郎は講義の席取り合戦のようすや校内討論会の盛況ぶりを語っている。ましてやエリート教師の職を擲って入学した忠蔵はなおさら向学心に燃えていたと思われる。卒業する明治二五（一八九二）年七月の法学部第三年科定期試験の結果からもそのことが分かる。なお、彼は行政学部ではなく法学部に在籍した。しかし、司法試験をめざしたのか、どうかは分からない。いずれにしても首尾よく同月二五日、卒業証書を受け取っている。

ところで忠蔵は自己の勉学だけではなく、学校のために（それはひいては自分の法律学習にもなったが）も尽力した。その最たるものは校誌編集への関わりである。すなわち彼は明治二四（一八九一）年四月二八日発兌の学術雑誌『法政誌叢』から編集を担当するようになった。そもそも同誌は明治法律学校と校友、あるいは校友同士の情報交換等を目的として同一八（一八八五）年二月七日『明法雑誌』と題して、明法堂より発行した校誌である。同誌および同社は雑誌発行のたびに拡充の一途をたどった。第五〇号（明治二〇年一二月二〇日）を繙いてみる。それによれば社内に「校友倶楽部」が結成され、上京する校友の拠り所、あるいは在京校友の会合（毎月一七日）の場になったという。また、それまでの仮綴でページ数の少ないものに変る。本格的な雑誌であった。しかし、その後、マスコミ・ブームとも相俟ってさまざまな法律雑誌が刊行されだした。たしかに『明法志林』第一一二号（同一九年三月二五日）も「諸法律雑誌の発兌」と題し、その簇生ぶりを報じている。『明法雑誌』第七四号（同二一年三月二日）は法律雑誌を「一所に積ミなば充棟も啻ならざるの有様」と驚嘆している。また同じ頃、校友の中には、例えば塩入太輔のように判事試補を辞し、法律雑誌（『憲法新誌』）の発行に関わる者も出てきた。こうした法律誌百花繚乱、競争激化の中、『明法雑誌』は第一八号（同一九年八月一〇日）と次号（同年九月五日）に「本誌改良広告」を掲載し、法律学だけではなく政治学・経済学も分野に入れることを知らしめた。つまり法学研究誌から幅を広げようとしたのである。そのため、スタイルも小冊子から大冊子へと、かつ刊行も月一回から二回とし、さらに校友だけではなく世間一般にも頒布することとした。またスタッフに印刷人としてさきの塩入を加えた。そして第九九号（同二三年一月一〇日）からは誌名を『法政誌叢』と改題した。同誌論説「本誌改題ノ趣旨」はその理由として、法律学、そして政治学の原理研究と応用につとめていくことを記している。そのことは憲法発布に伴い開設される帝国議会における政争・紛争の中で断固とした姿勢をとっていくためである。いわば法典論争、そのことからする政治的対決に備えるためである。明治法律学校の意思決定機関である校員会でも、この頃、頻繁に『明法雑誌』・『法政誌叢』について討議している。その『決議録』第一号(43)により、このことに関する決議項目を抽出してみる。補助金支給のこと（明治二二年一月一九日）、雑誌委員設置（同年四月二〇）、雑誌改良案（同年五月二五日）、明法雑誌共有者規約制定（同年七月二七日）、主任員委嘱（同年一二月一八日）、補助金支給のこと（二三年一月八日）、維持方法と改良について（同年一〇月二二日）、発行所からの雑誌引受（同年一一月二二日）、まさに同誌、ひいては明治法律学校の画期に佐々木忠蔵は校誌編集のスタッフとして委任されたといえる。『法政誌叢』第一二六号（明治二四年四月二八日）の奥付には編集者として斎藤孝治とともに忠蔵の名がある。しかし斎藤は明治法律学校の経営実務および代言業務に多忙であり、同誌の実質上の編集はほとんど彼によっていた。そのため、奥付に記載された彼らの住所は斎藤が自宅であるのに対し、忠蔵は発行所の明法堂と同じ神田区裏神保町七番地である。恐らく忠蔵は同社に詰めたり、寝泊りすることが少なくなかったのであろう。彼が担当した第一冊目の同号巻頭論文は師宮城浩蔵口述「勧業義済会告発事件ヲ論ス」である。さきの芹沢友吉、塩入太輔も一文を寄せている。忠蔵はよほど感激したのか、同誌を従兄の相川勝蔵（前出）に寄贈し、批評を乞うている。また勝蔵も朱筆で添削をした(44)。さらに忠蔵自らも「第三十二号民事問題答按」（第一二七号、明治二四年五月一五日）、「民事問題第三十二号答按」（第一二八号、同年六月一五日）に筆を執った。そして第一三三号（同年一一月二〇日）に「皇室ニ対スル罪ニ時効アル所以ヲ弁ス」という論文を掲げている。

その後、明治二五年三月二〇日より同誌は法典論争下、巻き返しを図るため、校内外のフランス法勢力により組織された明法会の雑誌に改編され、誌名も『明法誌叢』と改められた。この時も忠蔵は同誌の編集を担当した。また問答欄には「第六号問題　保證ニ関スル件」を出題して解説をしている。しかし第一七号になると奥付欄にある編集者としての名前が二番目に下がり、住所も社内ではなく麹町区山元町一丁目七番地に移った。さらに第三二号（明治二七年一一月二五日）からは同欄の彼の名は消えた。

次に忠蔵の学外における活動のうち、責善会と村山会について一瞥する。責善会についてはすでに天童市の阿部安佐氏が同家所蔵文書によって「明治啓蒙期における天童の『責善会』活動について」（同氏『天童織田藩史餘話』所収）と題した部分でその概要を紹介し、まとめておられる。筆者もそのことについて、同氏の御教示により、『明治大学百年史』第三巻（通史編Ⅰ）等で若干、ふれた。したがってここでは責善会そのものに対する論考は避ける。いずれにしても啓蒙・学術研究・親睦のための民間団体である。明治一三年に山形県天童に結成され、一時衰退したが再び同一九年に再興され、やがて二四年にはもう一つの「天童会」と合併し、「天童責善会」となる。同会に関する史料が阿部家にのこるのは庫司という人が会活動に熱心であったからである。同人についても筆者は前出百年史等で紹介してあるので、極力省略するが、佐々木忠蔵と同様、天童に生まれ、天童学校等の補助教員をしていた。しかも忠蔵と同じく、明治二〇年上京し、明治法律学校に入学した。庫司や忠蔵は出郷の身であったため、常時参加の第一類会員ではなく、時折参加の第二類会員、もしくは事業を援助する補助員であった。したがって普段は会活動に関われないが、帰省の折には同会会合で演説などをした。例えば忠蔵は明治二二年九月三日、天童・佐野亭において「出京の三感」と題して、東都遊学の見聞と体験をもとに、次の点を主張している。

(1)年長気分によって奮発心を失ってはいけない。
(2)奥羽地方の言語については教育に当たる者がとくに改良せよ。
(3)奥羽人の猜疑心をなくせ。

ここには「東北主義」の精神がこめられているとともに、また上京し東京の専門学校で学んだ成果の一端をも現わしている。

また同年一一月九日の第七例会では庫司も一席ぶっている（演題不明）。またこの年、忠蔵は「西野文太郎肖像」を一枚、会に寄贈した[45]。忠蔵と庫司は親しく、前者による『夢香風雅集』（作成時期不明）では「退院の前月　目のいたみくしくも去り我友の　厚き祈りのしるしとぞ知る」と庫司を思い詠んでいる。そして彼ら上京組は東京に「支舎」を結成し、郷里の本部に雑誌を郵送するなどしている。

一方、天童会も責善会と類似した性格であり、正規会員として庫司の名が見うけられる。それどころか彼は同会幹事であった。また賛成員には忠蔵、佐藤治三郎、武田原蔵、さらには宮城浩蔵の名もみとめられる[46]。

明治一四年四月、司法省法学校板垣不二男（北村山郡西郷出身）ら山形県村山郡出身の在京者は東京呉服橋外桝屋

に集合し、宮城浩蔵、大滝富蔵（外国語学校教諭）を招き、演説会を開催した。その席で会名を村山会とし、親睦・知識交換を定期的に行うこととした。以後、毎月（時には隔月か三ヶ月に一回）、三・四〇名の会員が集合し、東京・神田今川小路玉川等で弁論・演説がなされた。のちに板垣は『村山同郷会々報』第一四号（一九三七年一〇月、村山同郷会）所収の「むかしを語る」において「村山会は天童藩士の宮城浩蔵の激励によつて成立し」たと述懐している。またその懐古録にて衆議院議員佐藤啓（西村山郡海味村）は忠蔵を同会肝煎りの三人のうちの一人に数えている。宮城の書生・忠蔵は上京した二〇年暮に入会している。そして板垣が静岡治安裁判所詰となる二一年に会の運営・事務を引き継ぎ、第二代目の幹事となった。ゆえに彼は当時のことに詳しく、その懐古録には保存する資料に基づいて、会合の内容をも載せている。とくに明治二二年二月一一日（紀元節）に催された甲会（定期演説会、乙会は運動会等）については詳しい。すなわち当日、会合の途中、屋外で撒かれたばかりの新聞号外、森有礼暗殺の記事が読みあげられたとたん、万歳の声が一同よりあがったという。いうまでもなく森は薩摩出身の官僚であり、この一幕は正しく「東北主義」を如実に表現している。なお、同会のその他のメンバーとして、安達峰一郎（後述）、柳沢重固（前出）らも重きをなしていた。むろん、阿部庫司、佐藤治三郎、武田原蔵、芹沢友吉らもいた。

こうして明治法律学校生の佐々木忠蔵は郷里の学習結社に加わり、在京中は雑誌を郵送するなど情報連絡を、帰省時は演説をするなどした。また上京中は宮城のもと、郡人会の世話に当たり、知識交換や親睦に務めた。

忠蔵は後の昭和三（一九二八）年四月二二日の『日刊山形』（新聞）に「創刊当時の思出」と題した記事を寄せている。そこでは自分は本紙（当時は『山形日報』）創刊時の編集長であったこと、その職を恩師・宮城浩蔵に与えられたことなどを綴っている。ではなぜ、何のために新聞社の編集長になったのか、ということである。それはきわめて明解である。師の宮城浩蔵が帝国議会の開設に当たり、衆議院議員の総選挙に出馬することになった。そのために後援・支持新聞の編集を切り盛りする人が必要になったからである。そして『明法雑誌』（のち『法政誌叢』）の編集に当たっている忠蔵に白羽の矢が立ったわけである。

宮城の出馬を強く要請したのは山辺の垂石太郎吉・多田理助ら地域の有力者であった。[47] この多田理助とは明治六（一八七三）年八月一一日、東村山郡中村大蕨に生まれた同家第一一代目の理助（幼名恒太郎）のことである。彼の生涯については佐々木忠蔵監修の『多田理助翁』（後藤嘉一著、昭和一一年六月一一日）に詳しいので、ここでは以下、本章に関する最小限のことを綴る。彼は大蕨尋常小学校を卒業したのち、郡内唯一の高等小学校である天童高等小学校に入学した。その時の担任が忠蔵である。しかし忠蔵は退職・上京し、宮城浩蔵宅に下宿、明治法律学校に入学した。その後、明治二一年、理助が東京・杏雲堂病院に入院した際、彼は父に伴なわれて宮城宅を訪問した。そこで劇的にも忠蔵と理助の師弟は再会した。理助は病気が全快したのち、忠蔵の監督指導の下、明治法律学校に入学することとなった。その後、帰郷、周囲より「大蕨の旦那」と称され、中村長・山形県会議員などを歴任する。

これらの地域有力者に支えられた宮城は本来的には自由党に近い考え方と思われる。それは彼が革命を経たフランスに学び、天賦人権論的自然法に基づく理論を展開していったことからも分かる。その著『刑法正義』（明治二六年）に「自然の法理を研究するは学なり。立法者が自然法を正しく編纂するは術なり。裁判官の如き之を実際に適用するは実用なり」とあるのは、その好例である。したがって『帝国議会議員候補者列伝』（前出）が所属を大同倶楽部として紹介したのも無理はない。にもかかわらず彼は立憲改進党の系列で山形県第一区（山形市と東西南村山郡、定員二名）から出馬した。それは天童藩時代からのライバルである前出・重野謙次郎が自由党系の山形義会から立候補したからである。しかも宮城は同区の強力な存在である立憲改進党系羽陽正義会の佐藤里治（同人も立候補、西村山郡海味村、県会議長など歴任）の支援も得られた。この間の宮城・重野の政争については『天童の生い立ち』（天童市教育委員会、昭和五四年九月）や『山形県史』第四巻（山形県、昭和五九年三月）に述べられているので、それに譲る。ともかく、こうした強力な支援と巧妙な選挙戦術、地元名望家の奔走により明治二三（一八九〇）年七月一日と同二五年二月一五日と二期、衆議院議員選挙に第一位で当選した。援助し、連帯した佐藤里治は第一位で当選した。この選挙勝利に当たっては、宮城自身の力量によるものも、当然あった。そのひとつは彼のもつ学者（「東洋のオルトラン」・「日本近代刑法学の祖」）、教育者（明治法律学校教頭）、行政官（司法省勤務）としての知名度である。もうひとつは彼自身が進んで地域との交流に務めていたことである。例えば郷里天童にはいく度か帰省することもあった。選挙の一年前、つまり明治二二年八月に帰省した折りには校友の根本行任・武田原蔵・熊井戸政徳、生徒の佐々木忠蔵・佐久間省三・世井野又太郎らが山形市千歳館に集まり、同窓会を催した。その際、山形に法律学校を設立することが決議された(48)。

当選後は政治家の立場で、例えば『山形日報』によれば楯岡の有志懇親会（明治二三年七月二七日、会主寒河江季三、同紙二九日付）、天童の慰労会（同年同月二八日、同紙三〇日付）と選挙区内を歩いている。一〇月八日付（明治二二〜二六年の間）の宮城より阿部庫司への礼状に「帰県之際ハ遠路之処御来訪被下緩ニ御清話ニ接シ公私之交誼上浩蔵之大幸ニシテ深感佩スル所ニ御座候……相共ニ、我県下之福祉増進之策ヲ御講究有之候様致度希望之至リニ候(49)」とあるのはこうした交流・活動の一端を示すものである。また彼は時には政治家というよりもむしろ法律家の立場で行脚することもあったが、そのことも結果としては地域交流・政治活動に役立った。例えば明治二四年八月一七日、会主高沢佐徳（前出の代言人、重野謙次郎政澄は甥）による学術演説会が山形市丸萬座で開催されている。宮城は安達峰一郎らと演説をした。安達は天童にほど近い山辺出身の国際法学者であり、明治法律学校講師である。その師は高沢佐徳であり、夫人はその娘・鏡子であった。宮城はその足で仙台に赴き、二二日、吾妻座で明治法律学校々友・藤沢幾之進らの主催する学術演説会に加わっている。この山形・仙台行における宮城の肩書きは法治協会（民・商法典断行派）幹事長であった。そして、これらの活動により地域およびその校友らと親交が深まった。

やや話は忠蔵の師・宮城浩蔵の方にかたよりがちであったが、いずれにしても忠蔵は宮城の選挙および議員活動に尽力した。

このようにしてみてくると、忠蔵は⑴学業を首尾よく全うし、⑵学校業務にも協力をし、⑶地域（郷里）との連絡や交流に努め、⑷時には恩師の選挙運動にも尽力した。正しく全力で、あらゆる可能性を求め、学生生活を送った。明治法律学校（ひいては私立専門学校）の「隆盛」時の学生を象徴している。

五　その後の進路

ところで宮城浩蔵は明治二三年三月をもって司法省および明治法律学校を退職した。そして代言人になった。そのわけは前記した衆議院議員に立候補するためであった。この一件は忠蔵にとっても大きな出来事であったが、それ以上の衝撃は宮城の死であった。衆議院議員のかたわら、同二四年からは東京新組合会長もしていた宮城は同二六年二月一四日、腸チフスで死去した。わずか四四歳の若さであった(50)。忠蔵はこの時期はすでに明治法律学校を卒業していたが、同校が中心となった学術雑誌『明法誌叢』の編集を担当していた（翌年一〇月まで）。だが、彼はこれを契機に母校を去り、別に進路を求めるようになった。ひるがえってみれば、忠蔵の拠り所であった明治法律学校もすでに明治二四年四月二日には創立者の一人・矢代操を失い、またこの二六年三月には岸本辰雄は官界を下りた。明治法律学校の、さらに日本教育史の、ひいては時代の転換期であった。のちに創立一一〇周年を記念して刊行した『明治大学史』（田能邨梅士著、明治大学出版部発行）はこの頃からの同校を「敗戦」の時代と位置付けている。

忠蔵は同年二月二一日に記した「先師宮城浩蔵先生略伝」を『明法誌叢』（第一二号、同年同月二四日）に掲載して、追悼した。そしてさっそく、これまでの編集経験を生かして宮城の講義録等、遺作の整理にかかった。そして同年『刑法正義』（前出）を上梓した。彼はこの書と『法政誌叢』の編集の傍ら、自らの今後のあり方を模索した。そうして『法政誌叢』の引き継ぎを終えるかのように再び社会に飛び立った。彼の人生はこのあと、官庁勤務の時代、小学校・実科高等女学校勤務の時代、そして郷土史研究の時代と続く。

明治二七（一八九四）年九月二〇日、陸軍省より録事に任命され、第一師団法官部に出任した。このことからすれば、彼にとっては明治法律学校で学んだことが生かされたことになる。そして翌年八月一三日付で、すでに日本領土になっていた台湾の総督府に勤務を命じられた。職務は陸軍法官付であった。以後、彼はしばらくの間、同府の法官書記・民刑課詰と法律関係の部署に配属された。よってここでも学生時代の修学経験が直接・間接に生かされた。その後、林野・土木等、おもに民政を担当した。

役人時代の彼には特筆すべきことが四点ある。以下、箇条書にしてみる。

(1)すでに述べたように、就職の当初より明治法律学校で修得した知識を職務に生かすことができた。とくに明治二九（一八九六）年五月一日からの台湾総督府法院条例制定では力を発揮した。

(2)職務勉励につき、しばしば表彰をうけている。とくに民政担当以降にそのことが目立つ。例えば明治三九（一九〇六）年には三回受賞した。また大正五（一九一六）年九月二五日には台中市民より金製メダルを贈呈された。

(3)編集の面でも実力を発揮した。明治四一（一九〇八）年一一月二〇日には臨時台湾工事部の部報編纂主任を任命された。また同四三（一九一〇）年八月一二日には嘉義庁々誌編纂委員会幹事に就任した。

つきつめていうと、忠蔵は法律関係の職業、それと民政の仕事、さらに編集業務と、それこそ明治法律学校学生時代のように全力で事に当たり、また修学の経験を十分、職務に生かした。

この役人時代、私的な面でも有意義なことがあった。そのひとつは明治四二（一九〇九）年九月一六日、『台湾行政法論』を鹿児島地方裁判所判事高橋武一郎と刊行したことである。同書は現地の旧慣や習俗を斟酌し、かつ研究者にも実務家にも役立つように著したものであり、四編、約四〇〇頁にわたる大冊である。本書は好評であったらしく、大正一四（一九二五）年二月一日には増補再版が発行されている。[51]

さらにもうひとつ彼にとって喜ぶべきことは明治四四（一九一一）年九月二六日、明治大学より法学士の称号が贈られたことである。[52] 彼の在学中および卒業後の活動が母校から認められたことになる。おそらく彼にとって公私の活力源となったであろう。

忠蔵は大正元（一九一二）年八月二〇日に任命された台中庁総務課長、同三（一九一四）年三月三一日に叙任された高等官五等を最高に、同四（一九一五）年九月二五日付で退職した。

退職後、郷里・天童に帰着した忠蔵は町民より「懇願されて」[53] 同八（一九一九）年二月二四日、かつて在職した天童尋常小学校長に着任した。[54]

現在、天童中部小学校（天童尋常高等小学校の後身）に残る当時の学校『沿革誌』には忠蔵在任中の多くの活動内容が記録されている。そのなかで、とりわけ次の二点が目立つ。

(1)忠蔵自ら、あるいは招聘した講師によって、さかんに講話会を催した。

(2)授業方法の研究会を多く開いた。

また天童実科高等女学校の開設に尽力し、大正九（一九二〇）年九月二七日に初代の校長（小学校と兼務）に就任した。しかし、何といってもこの頃の佐々木忠蔵という人物を言い当てているのは『教育民報』（前出）の見出し「山形県下の校長中の変り種　山形県では元老株」である。この「変り種」とはいわゆる「師範タイプ」ではなく重厚かつ学究型という褒めことばである。おそらく、そつのない模範的な教員養成の師範学校卒業のままであったら、このような評価にはならなかったであろう。

校長退任（昭和五年三月三一日）後、忠蔵は東村山郡や山形県の教育会の会務に当たることもあったが、多くは郷土史等の研究に時間を費やした。多くの著述の中で、次の二冊について紹介する。一冊は昭和八（一九三三）年一〇月一五日刊行の『勤王家吉田大八先生』である。彼がつねづね気にかけていたのはいつも心の支えとなった吉田大八のこと、そしてその顕彰である。また官軍ではなく「討荘軍・討会軍」、賊軍ではなく「荘軍・会軍」と主唱する教育的配慮である。やはり、彼の心の中から「東北主義」が消え去ることはなかったといえよう。もう一冊は昭和一四（一九三九）年八月三〇日に刊行した『長谷部先生』である。かつて若き時に天童学校で同僚であり、爾来二五年間、教壇に立ち、地道に生涯を送った長谷部広吉に忠蔵は同書で「ペスタロッチの再現」と最大の賛辞を贈っている。地域に生きた人々、地道に営んできた人達への観察・評価は忠蔵の生き方をよく体現している。なお、故宮城浩蔵に対しては帰省早々、建碑除幕式の発起人となった。そして式当日の大正八年六月二二日、明治大学校友会を代表して演説をするとともに、同二四日付『山形日報』には「故宮城浩蔵先生小伝」を載せるなど、顕彰に努めた。

『痴遊雑誌』などに投稿して、(55)健在ぶりを表明していた忠蔵もついに昭和一六（一九四一）年二月三日、七八歳で没した。今日、天童市舞鶴公園には、忠蔵生前の昭和一二（一九三七）年一一月二八日に建立された「佐々木先生酬恩碑」が偉容を誇っている。

むすび

大学史研究はまだまだ新しい分野である。それだけに開拓の余地が十分にあるといえる。筆者はそのような大学史を次のような観点と方法で調査・分析をしようとした。

(1)草創期の大学（とくに専門学校）を「歴史的」に扱う。とくに地方史（地域史）研究の成果をとり入れる。そのために、ひとつの地域を対象とする。

(2)ひとりの人物、それも学生を中心に追う。単に「昔、わが校にはこんなすごい人がいた」とか、「この地域から偉い人が出た」ということだけでは終わらないようにする。

(3)可能な限り、その地域・その人物を徹底して資料調査する。そして極力、事実に即して分析をする。

そうしたことにより、中心として取り上げる佐々木忠蔵について、次のようなことを明らかにしようとした。

(1)地域の中にあって、どのような少年および青年時代であったのか。まず幕末維新期を中心とした天童藩の状況、その藩校のようす、続いて佐々木家の先祖や忠蔵をとりまく家族について、素描する。

(2)忠蔵について、明治初年における天童校の助教員ぶり、師範学校在学のこと、再び母校教員として赴任した状況を追う。この場合も忠蔵だけにスポットを当てるのではなく、先代（父）や身のまわりの者のようすも視野に入れる。

(3)なぜ彼は小学校教員を辞めたのか、そしてなぜ上京したのか、さらになぜ法律の専門学校に入学したのか、ということを扱う。天童における同僚や親族（とくに同世代のもの）の動きを追う。さらに、もう少し範囲を広げて大きな町場（県都山形市）を中心とした新しい時代の動きをさぐる。あるいは地域の先駆者（とくに宮城浩蔵）の影響力についてもみつめる。さらに意識とか思想の側面（とりわけ「東北主義」の認識ぶり、現場教師への管理化のようす）から解明する。

(4)彼はどのような学生々活を送ったのか、ということにも興味がある。そこで学内的な面は法律学の学習と校誌（学術雑誌）の編集、学外的な面は学習・啓蒙結社との関わりと衆議院議員選挙応援のことを取り上げる。

(5)最後に卒業後はどのような道を歩んだのか、ということにふれる。ここでは台湾における役人時代、帰郷後の教員時代、退職後の郷土史研究時代に分ける。

そのまとめはすでに各節末などで行ってきた。したがってここでは本章と対になるような「初期明治法律学校と地域および学生」（前出）で取り上げた佐藤琢治のことをも思いおこしつつ、ごく大まかに総括する。

(1)幕末維新期の人材輩出は単に大藩・小藩あるいは富裕藩・貧窮藩だけに限られない。とくに藩校における教育内容の改革が重要な意味をもつ。したがって今後は幕末藩校について、さらに内容上の検討を進めるべきである。なお、以上のことは上士・下士という地位にも限定されないことも付記しておく。

(2)明治初年の藩学は意外なほど地域の教育に大きな影響を与えた。だが、明治期藩校の役割については従来、軽視されてきた。見直しをする必要がある。

(3)たとえ勉強好きであり、稀には才覚を有しているとはいえ、それだけではとても人物を語れない。人材の輩出・育成には先祖・家族、さらには同僚・親族（いとこ等）といった身近な者の影響力はかなり大きい。

(4)その人物（人間）は前記したような身近な事情に加え、さらに地域（地方）的な要請によって成長する。それにより、一層、本人にとって夢が膨らむ。

(5)明治期の上京の動きは三期に区分できる。とりわけ第一次（一〇年前後）が・第二次（二〇年前後）に与えた影響は大きい。

(6)草創期の学生は単に学業だけではなく、さまざまな活動の方法や分野があり、またそれに挑んだ。それがこの時期、急速に高等教育（とくに私立学校）の隆盛を招く、大きな要因であった。つまり創立期の高等教育機関はかなり学生によって支えられていた。

(7)卒業後、修学成果を直接に生かすこともあれば、間接にということもある。しかし総体的には、この時期、学生時代に培ったもの、あるいは母校（高等教育機関）より受けた学風・校風等はその後の進路に影響を与えた。

すでに述べたように、本章では直接活字になろうと、なかろうと佐藤琢治（前出）のことをも含めたつもりである。佐藤は忠蔵の生まれた山形とは隣県同士の宮城に生まれた。仙台で中等教育をうけたのち、上京、明治法律学校に入学した。そして在学中は政治運動に関わったり、編集活動をした。そのために獄舎につながれることもあった。仙台に帰郷後は新聞記者として健筆を奮ったり、議員（県会・衆議院）として活躍をした。琢治は忠蔵より一歳上であるが、明治法律学校入学は四年早い。当時、修業年限は三ヶ年であるので在学中、面識はなかった可能性のほうが強い。しかし、一見、対照的な二人ではある。琢治は大藩の支藩的な下士の家に生まれた。明治法律学校生とはいえ、おもに学外の者と交流し、卒業証書を得ないまま、修学内容とは直接関係のない道を進んだ。その後、著名になった時に推薦校友として母校より認められた。そしてわずか四〇歳で病死した。一方、忠蔵は小藩の上士の家に生まれた。明治法律学校に依拠して学生々活を送り、首尾よく卒業したのちは修学内容を生かして就職した。さらに卒業後、母校より学位を授与された。そして七八歳で老死した。

このように二人の、表面的な目に見える事柄は相反している。しかし、彼らのもつ「東北主義」（東北振起論）、地域や生活といった身のまわりのものに育まれ、成長し、やがて上京してくるありさま、政治行政への関心、あるいは母校からの影響といった目に見えにくいことは共通する点が多い。

最後に、地方（地域）との交流・関係、学生との共生、学生らが卒業後も持ちこたえられるアイデンティティの醸成はこれからの大学のあり方にひとつのヒントを与えているように思われることを付記しておきたい。

注

本章において本文や注釈欄でことわりのない引用資料は主として山形県天童市佐々木基子家所蔵のものである。

（1）同論文ではその他に次の二点も分析の方法として提示した。⑴地域（地方）の事情を重視する。つまり佐藤琢治がどのような地域に生まれ、育ち、そして学んだのか、ということを明らかにする。つまり彼が上京するまでの経緯について、その環境や周囲に目を凝らす。⑵筆者の原体験を反映させる。つまり私が被教育者・教育者として現実にその場で思考したり、行動したことを、今日の教育の原型となる時期の教育分析に生かす。

（2）『天童市史編集資料』第一四号、天童市史編さん委員会、昭和五四年。

(3) 『天童市史編集資料』第二七号、天童市史編さん委員会、昭和五七年。
(4) 同右。
(5) 同右。
(6) 同右。
(7) 同右。
(8) 同右。
(9) 以下、佐々木忠蔵の経歴については主に『履歴書』、『夢香乃半面』所収の年譜による。
(10) 『勤王の志士　吉田大八』山形県連合青年団、昭和八年。
(11) 同右。
(12) 『天童の生い立ち』天童町史編纂委員会、昭和二七年。
(13) 高柳光寿・竹内理三編『日本史辞典』（第二版、角川書店、昭和五六年）の「安積艮斎」の項。
(14) 前掲注（10）。
(15) 同右。
(16) 佐々木忠蔵『勤王家吉田大八』昭和八年。吉田大八は江戸にいる親しい綱領に、貴兄が帰国するまでは都督にふみとどまる、という旨の書翰を送っている。
(17) 近世、とくに後期の藩校は大藩にして大規模な施設、大藩にして小規模なもの、あるいは小藩にして小規模なもの、あるいは小藩にして比較的大規模なものとさまざまであった。しかし、必ずしも大藩から人材が輩出されるわけではない。俊秀な人物が育成されるか、どうかはその藩学の教育内容にもよる。教育の内実にまで踏み込んで分析しなければならない。このようにしてみると、筆者はかつて調査・分析した寺子屋のことを思い起す。それは必ずしも大藩の領内に多く存在するとはいえないし、活気を帯びているともいえないと結論付けたことである（木村礎編著『大原幽学とその周辺』）。
(18) 佐々木忠蔵『天童古事録』所収の「天童藩学養生館ノ沿革概要」。
(19) 明治七年時における生徒数は七七名（男子五〇名、女子二七名）である（『天童の明治期の学校』天童市立旧東村山郡役所資料館、平成三年など）。

(20)『明治十一年分　全十二年分　天童学校日誌』(天童中部小学校所蔵)によれば、佐々木綱領は明治一二年三月七日は授業生、同月一一日は四等准訓導になっている。そして『明治十三年分　全十四年分　天童学校　日誌』(同)によれば一四年五月五日に訓導になっている。そして綱領が校長となったのは明治一五年一月二六日である。
(21)『明治十五年分〜十八年分　日誌』(天童中部小学校所蔵)によれば一六年一月一一日には教員名として「校長佐々木綱領」とあるが、一七年一月八日現在ではない。また前掲注(12)『天童の生い立ち』には明治一五〜一七年度まで天童学校長とされている。しかし、『先考北溟先生遺稿』には、明治一八年二月に病気のために辞職した、とあるので、これをとった。
(22)佐々木忠蔵『天童古事録』所収の「翠園詩集序」、大木彬『資料で見る近代産業の発展――天童・旧東村山地域の生活と教育を中心に』共同出版、平成六年。
(23)前掲注(22)『資料で見る近代産業の発展』。
(24)佐々木忠蔵『明治天皇行幸五十周年記念講演会に於る講演筆記』昭和六年。
(25)『履歴書』(前出)。
(26)『教育民報』収載の「その風格　その二」。
(27)前掲注(25)。
(28)同右。
(29)『文部省第八年報』文部省、明治一三年。
(30)以上の柳沢重固については本文引用資料のほか、前掲注(19)『天童の明治期の学校』や『法曹会雑誌』第一二巻第一号所収の「温故知新(一)」(柳沢重固、昭和九年一月)、『法曹記事』第二四巻第一号所収の「懐旧録」(大正三年一月)、手塚豊『明治法学教育史の研究』(昭和六三年)も参照した。
(31)『天童市史編集資料』(第四四号、天童市史編さん委員会、昭和六三年)や奥平昌洪『日本弁護士史』(巌南堂書店、昭和四六年(原本は大正三年))や『法曹記事』第二三巻第一一号所収の「懐旧録」(法曹会、大正二年一一月)。
(32)この理左衛門は明治二年七月八日の藩制改革では「判任三等官　小参事事務弁事」となった。
(33)『校友規則並表』、明治法律学校、明治一八年一二月・同二八年一二月、明治大学所蔵や熊井戸政徳の『履歴書』同一八年五月四日・『試験願書』同一八年五月、旧天童市史編さん室所蔵。
(34)『山形県史』第四巻、近現代編上、山形県、昭和五九年。
(35)『法曹会雑誌』第一二巻第一号所収の「温故知新（一）」（前掲注（30））。
(36)「一札之事」、明治三年一〇月、国会図書館所蔵。
(37) 忠蔵の父・綱領も天童藩江戸藩邸勤務の経験がある。また宮城も父・武田玄々が大坂適塾入門の経験をもつ。
(38)『朝野新聞』明治一九年一二月一二日付「私立学校の課税」、『国会』同二四年八月一日付「私立学校撲滅策」。
(39)『帝国議会議員候補者列伝』（前出）。
(40) 治三郎はのちに山形県弁護士会長や同県議会議員を歴任する。現在、同人および宮城浩蔵の資料は天童市長岡の子孫・佐藤善三郎氏が所蔵する。
(41)『駿台』創刊号所収の「第一回卒業生回顧座談会」、豊島稲城、昭和一四年一二月。
(42) 同右。
(43) 明治大学所蔵。
(44) 佐々木基子家所蔵の『法政誌叢』添付文書。
(45) 以上は『責善舎報告書』明治二二年一～一二月、阿部安佐家所蔵。
(46)『会費受納　会員出席　経費支払簿』明治二三年一月、阿部安佐家所蔵。
(47)『有活会雑誌』（『夢香乃半面』収録、号数不明、昭和三年五月）所収の「宮城先生と垂石君」。また垂石について、『郷土史読本』（山辺町）も参考になる。
(48)『明法雑誌』第九〇号、明治二二年九月。
(49) 天童市三日町、阿部安佐家所蔵。
(50)『刑法正義』（前出）の「先師宮城浩蔵先生小伝」。
(51)『夢香乃半面』所収の『増訂台湾行政法論』に関する広告ビラ・案内状など。
(52)『（学位授与証書）』。
(53)『教育民報』第二巻第九号、昭和四年七月五日付。

(54) 前任校長・常葉作太郎が大正七年一一月二五日に死去したためである。

(55) 同誌の第一巻第四号「佐々木忠蔵より」（昭和一〇年八月一五日）や第二巻第一号「佐々木夢香氏より」（昭和一一年二月一八日）。両方とも三沢鴎への書翰の形式をとった記事である。前者では「老生は本年は、一度、是非上京致度希望に候」と、後者では「老生も本年は七十三齢なれど未だ隠栖の気になれず」と記している。

第4章　明治期地方法律学校の消長

はじめに

「地方史と大学史」という大きなテーマを掲げて挑んでいる。明治の世になると全国青少年は、なぜ上京し、勉強しようとしたのか、また学んだことを地域でどのように生かそうとしたのかという問題を解明することが当面の目的である。

こういえば簡単なことに思えるかもしれないが、実はそうではない。そのことは研究史が証明してくれる。研究史は全くないとはいえないが、皆無に近いのである。近いとしたのは、後述するような調査報告や資料紹介があること、また論考としては学歴主義、立身出世という切り口による類似の研究があるためである。しかも、その研究は資料から語るというよりも、研究目的に当てはめるというか、つまり、あらかじめ理論的なストーリーや図式が用意されているのである。また、例えば地方の人物史を取り上げた場合でも、修学事情は前置き程度のものが実に多いことに気付く。まして、その人物ののちの公私の活動について、修学経験との関わりで論じたものは少ない。やや極論かもしれないが、この原因は地方史研究と大学史研究が乗離していた、あるいは互いにあまり視野になかったところにあるというべきであろう。

こうした研究の必要を強く意識するようになったのは、筆者が、「大学史活動」（大学資料の調査収集、整理保存、利用応用）[1]に関わったためであり、その最初の論考は「伊古立村――ある農家の三代」（木村礎編『村落生活の史的研究』）[2]であった。この茨城県結城郡の伊古立村およびその周辺地域を、私文書を多用しつつ、地域・家・人物に即して描いたのが「地方史と大学史」（『地方史研究』第二九七号）であった。本章では、このうち、中央の学校における修学を、地域にどのように還元したのか、しようとしたのかということを、上記の「地方史と大学史」とは異なる項目や方法で迫ってみたい。異なる項目とは、村社会・地域生活全般というより、教育、とくに学校のことである。異なる方法とは地域全体・全分野から教育へというよりも学校の発見から地域事情へ、いうならば、「面」の調査よりも「点」の調査からはじめていく。

いずれにしても、明治期、法律学校卒業生らによる地方法律学校を対象とする。とくに「近代日本」・「教育」・「青年」をキーワードとしつつ、以上のような目的、方法あるいは意識により、近代における中央と地方の相関関係、さらには近代化と教育の関係の一端をのぞいてみたい。

一　明治期の法律教育と学校

（一）明治初年の法学教育

周知のように、幕藩体制の崩壊から新国家をめざした明治政府の課題は近代化により、一等国をめざすことであった。その近代国家建設のためには、法制・軍事・教育・産業・交通運輸の分野が重要であり、整備は急務とされた。法制面では、さっそく三職七科制による刑法事務科、太政官制による刑法官の設置など体制作りに着手した。そして明治四（一八七一）年七月には司法省、翌年四月には大審院を設置した。一方、法典の整備にもつとめ、「旧刑法」や治罪法を制定、やがては憲法を公布することとなる。前代以来の不平等条約の撤廃も大きな課題であった。また、それまでの公事師は廃止され、明治五（一八七二）年八月公布の司法職務定制により代言人が定められ、これがやがては弁護士に改編される。

このように近代国家にとって法律が重視されるようになると、人材育成の場が必要となった。政府は大学規則により五科のひとつに法科を加えようとしたが、実施段階で見送りとなり、結局は開成所、そしてその後身である開成学校・大学南校で外国法が教授された。また文部省による明治五年八月頒布の、いわゆる学制では、第三八章で大学の学科を五科とし、法学を含めている。だが、それまでの外国学・普通学修得から専門科の大学教育をするのは、明治一〇（一八七七）年四月の東京大学開校を待たねばならなかった。こうして日本最初の同大学に法学部が設置された。もっとも、その余裕のない司法省では、明治五年七月に司法官僚養成のために司法省明法寮（のちの司法省法学校）を開設した。

民間ではどうか。目下のところ、筆者はこの時期の全国的な調査を行ったことはないが、東京については、『東京府開学明細書』により法律を教授する私塾を追ったことがある。(3) 私塾では、当初（おおよそ明治四・五年頃）、和漢学科の中で、例えば律令学が教授されている。前代の私塾教育を引き継ぐ形である。それが、明治七・八年頃より外国法に関するテキストが目立つようになり、その中に外国法関係のものが散見できる。さらに、とりわけ明治一〇年頃からは法律学を学科として設けたり、法学の専門の塾も登場し、やがては規模を拡大するところも登場する。例えば、著名なものでは法律学舎や講法学社などである。これらの学舎は法律私塾とでもいうべきものであり、体系的な指導には乏しく、施設設備は不十分ではありながらも、次の段階の私立法律専門学校の先駆け・源流となったのは確かである。表1は、明治八（一八七五）年より同一七（一八八四）年までの『文部省年報』より法律学校を抽出し、作成

表1　法律私塾・専門学校一覧

学校名	創　立	住　　所	校　主	生　徒　数						
				8年	9年	10年	11年	12年	15年	16年
変則専門学校	明治6	加賀・金沢	岩尾福男	35						
法律学舎	7	東京・神田	元田　直	8	31	34	81	46		
法律学舎	8	羽後・酒田出	栗原進徳					12		
講法学舎	9	有楽町のち愛宕下	北畠道竜・矢代　操			40	31	38		
明法学舎	10	湯島のち神田	大井憲太郎			2	33	40		
法律学舎	11	下野・栃木	山田　勇							
法律私学	11	美濃・大垣	安井括嚢					8		
法律学舎	12	羽前・米沢	白川密蔵					18		
学法館	12	下野・大杉新田	鈴木愍民					23		
講法館	12	安芸・広島	木原章六					10		
明治法律学校	13	東京・麹町	岸本辰雄						512	567
専修学校	13	東京・神田	小川盛重						67	328
東京法学校	15	東京・神田	薩埵正邦						150	200
泰東法律学校	15	東京・京橋	島　正邦						120	70
弘文館	15	東京・麹町	嘉納治五郎						40	
東京専門学校	15	東京・南豊島	大隈英麿						148	313
明治義塾法律研究所	不　明	東京・神田	桂　敬義							50
法律学校	不　明	尾張・名古屋	大谷木備一郎						58	

注1）『文部省年報』（明治9～17年）より作成。
2）『明治大学百年史』第3巻第1編第2章「明治法律学校の誕生」（拙稿）より転載。
3）名称・数字は資料のままとした。例えば明治法律学校の創立年は、明治13年ではなく、14年である。

したものであるが、確かに「学舎」（法律私塾）から「専門学校」へ移り変わっていく様子を一覧できる[4]。その専門学校は、明治六（一八七三）年四月の文部省布達第五七号学制に規定されている。それには外国教師が教授する高尚な学校で、法学校・理学校・諸芸学校等の類とある。結論からいえばさきの法律私塾は生き残れなく、表1に見られたような法律専門学校が新たに登場してくるのである。

（二）明治法律学校について

以上のような専門学校のひとつとして登場したのが明治法律学校（現明治大学）、専修学校（現専修大学）等々である。本章ではこのうち、以下、明治法律学校を中心に論考したい。同校の創立は、表1には明治一三（一八八〇）年とあるが、実際には翌年一月のことである。司法省法学校時代の師・ボワソナードの教えを受けた司法省法学校出身の三人の若き法曹人（岸本辰雄・宮城浩蔵・矢代操）が、元法律私塾生らの強い要請を受けて東京麹町の有楽町・旧島原藩邸の一角に開校した。同校の教育は創立者の修学経緯からフランス法学に基づくものであり、その創立趣旨には「権利自由」が明確に謳われている。第一回生入学者は四四名ということで出発するが、権利自由を教える学校として警戒され、政府からの補助金は皆無、全くの資金難に悩む。

だが、全国青少年の間に湧くようにおこってきた遊学熱は東京の学校があこがれの的となった。極論すれば東京しか専門高等教育を受ける場はなかったのである。とくに全国青少年の間では、前章で述べた法曹事情により、法学熱は高まりをみせた。今までの江戸時代ではできなかったが、これからは東京に行って法律の勉強ができ、自分の夢がかなえられるという強く熱い願望が全国を逆巻いたのである。

明治法律学校の場合、入学生は明治一五年度四〇六名、そして同一九年度には五九九人と増加の傾向にあり、ついに借地ながらも駿河台南甲賀町に自前校舎を建築することとなった。このうち、第一回卒業生は、のちに推薦校友とされた二名を含めると二一名となるが、東京出身者はわずか一名である。その一名も古河藩士族であり、江戸藩邸にあったためであるため、圧倒的に地方出身者が占めている。なお、ごく大雑把な言い方をすれば、「校友」とは教職員・卒業生のことであり、推薦校友とは中退者であるが、出身校や社会に貢献したと認定された者である。やはり、山形天童の小学校教員柳沢重固が「余が郷関を出づる時には、当地方で評判の高かった、明治法律学校に入学する積りであった」(5)というのは、同地域のことだけではなかった。全国の青少年が東京の明治法律学校にあこがれた最大の理由は司法試験突破率である。ちなみに弁護士試験では明治一八（一八八五）年三五％、判検事試験六七％である。このため、校内では激しく、厳しい教育がなされたが、そのことは卒業率からうかがうことができる。例えば、その明治一八年の場合は四％である。中には、修学年限（三年間）を待たずに司法試験に合格する者もいた。しかし、多くは卒業の夢は断たれたわけでもある。

この地方出身学生のことについて、「法科大学以下学校卒業者　府県別人員一覧表」（『九大法律学校大勢一覧』明治三〇年一二月末日調）により東京府出身卒業生を見ると独逸協会学校（現獨協大学）三四％、法科大学（現東京大学）と慶應義塾（現慶應義塾大学）が一六％に対し、最も低いのが明治法律学校四％であり、次いで和仏法律学校（現法政大学）五％、東京法学院（現中央大学）七％である。このデータを逆に見ればいかに明治法律学校では地方出身者の青少年が多かったかが察知できる。

ここでは明治大学の歴史そのことを論ずることが目的ではないにしても、このあと同校は特別監督条規や法典論争、あるいは私学撲滅論など、官からの圧力を受けるのであるが、建学の精神「権利自由」を校訓としつつ、学園の拡充に努め、卒業生は司法界だけではなく、政治行政、マスコミ等々他分野への進出をすることを付記しておく。

二　明治法律学校々友による法律学校

卒業生の中には、東京にとどまり、就職をする者もいたが、郷里に帰ったり、地方に赴任する者も少なくなかった。地方で活動する場合もさまざまであったが、ここでは明治法律学校々友が設立の中心、もしくは重要なメンバーとなった法律学校を中心に述べる。表2は、明治法律学校の校友による法律学校である。この法律学校は多くの校友のうち、卒業生によるものがほとんどであるが、関西法律学校のように教員によるものもある。また浅草法律学校のように地方というよりも、地域とでもいうべきものも含まれている。また学校というよりも講習所の類もあるが、含めた。ただし、法律研究会による講義といった研究会形式のものは除外した。

そもそも筆者が、こうした地方法律学校に注目したのは、明治法律学校の校友名簿中の職業欄に何々法律学校という記載があったことにはじまる。その後はさまざまな資料により発見につとめてきたが、目下のところは表2の通りである。現地調査を含めた結果は「明治大学の校友」と題し、明治大学『歴史編纂事務室報告』の第一九集・第二一集に分けて報告した。この地方法律学校について、参考文献は数少ない。だが、全くないわけではない。調査報告として、外崎光広氏が早くも昭和四二（一九六七）年四月、「高知における法学教育」[6]と題し、明治期の県内法学教育機関のいくつかを紹介している。また平成四（一九九二）年三月、法政大学より発行された『法律学の夜明けと法政大学』には「高崎法律学校――東京法学校の分校」（飯田泰三）という題名で、東京法学校の教員・高崎の有志者らによる法律学校の調査状況が綴られている。その後、筆者の研究を伝聞された中央大学の中川壽之氏から『中央大学百年史編集ニュース』が二冊送られてきた。ひとつは第一六号掲載の「『松江における八雲の私生活』桑原羊次郎著」、もうひとつは第二六号掲載の「『装剣金工談　完』桑原羊次郎」である。[7]二点とも同氏の筆であり、資料紹介の形で、英吉利法律学校卒業生による松江法律学校を取り上げている。同校には明治法律学校卒業生が関わっていることを知り、中央では両校はライバル（天敵）関係にありながら、地方では必ずしもそうではないことを知った。

三　設立の事情

本節では、地方法律学校の設立について、まず時期・理由・場所・中心人物といった、概要を述べる。次に具体的に一校、場合によっては二校を紹介する。

（一）地方法律学校設立の概況

その前に表2を見ると、最初のものは、八王子分校で明治一六年、つまり明治法律学校が開校して二年後のことであり、国内において最後のものは東北法律学校で明治三三（一九〇〇）年、明治大学と改称（専門学校令下）の三年前である。明治時代を前・中・後と三期に区分することができるとすれば、そのすべてを網羅していることになるが、実際は明治二〇年代、中期が最も多い。

表2　明治法律学校々友の創った法律学校

学　校　名	場　所	開　校　時　期	中心・主要人物
八王子分校	八王子町	明治16年	依田銈次郎
浅草法律学校	浅草区	明治18年	谷山　国信
岡山法律英学校	岡山区	明治18年頃	間野　正雄
新潟法律学校	新潟区	明治19年	長野　昌秀
関西法律学校	大阪西区	明治19年	井上　　操
前橋法律講習所	千葉町	明治19年	井上　　操
広島法律学校	広島区	明治20年	百瀬　武策
高知法律学校	高知街	明治20年	油井　守郎
千葉町法律研究所	千葉町	明治20年代	時田治郎蔵
法学予備校	神田区	明治21年	平松福三郎
熊本法律学校	熊本区	明治22年	帖佐　　顕
博進学校	松江市	明治22年	和田重之助
尾道法律学校	尾道町	明治22年	不　　　明
東北法律学校	仙台市	明治33年	三島　駒治
山形法律学校	山形町	設置不明	根本　行任
大同法律学校	韓国（朝鮮）	明治40年頃	森島　　愚
法律学堂	清国	明治40年頃	岡田朝太郎
京城法律学校	韓国（朝鮮）	明治43年頃	岩間　　亮
法政学堂	清国	明治45年頃	葉　　　良

明治期の国内遊学者を三世代に分けてみると、第一次遊学世代は明治初期であり、貢進生らが目立つ存在である。主に士族が多い。第二次遊学世代は明治中期。この世代には平民が多くなってくる。明治法律学校では初期の生徒および卒業生がこの世代である。第三次遊学世代は明治後期である。産業革命時の世代であり、圧倒的に平民、しかもそれまでの上層平民とは限らなくなった。大学昇格（専門学校令）あたりからあとの世代ということもできる。このことからすれば地方法律学校は第二次遊学世代によって担われたといえよう。

問題は開校期間である。関西法律学校、東北法律学校等のように大学へ昇格し、存続している学校はともかく、圧倒的多くは自然廃校のものが多い。広島法律学校のように開閉が明確のものは数少ない。このことからも察せられるように、長期間存在したものより、短期間のものが多いとしてよい。開設理由はさまざまである。今、そのことを無理して記せば、次のようになる。

(1)地域の歴史的経緯……新潟法律学校
(2)自由民権の風潮……高知法律学校、千葉法律研究所
(3)官公立学校不在……関西法律学校、熊本法律学校、東北法律学校
(4)昼間学校の補完……浅草法律学校
(5)分校……八王子分校
(6)司法官として赴任……広島法律学校、松江法律学校
(7)予備校……法学予備校
(8)創立者出身地……山形法律学校

ただし、これらは必ずしも単一理由ではなく、複合しているのがほとんどである。設置場所は、いわゆる地方の中心地である。このことは村落でも見うけられるような研究会や結社による法学教育とは異なっている。中心の人物は、単独・自力によるものもあるが、熊本法律学校のように不振であった私学に出身校より送り込まれた場合、あるいは八王子分校のように地域有力者からの招聘によるものなどのように経営者は別に存在することも少なくない。学校経営ともなれば、必ずしも従来の法律私塾と比べて容易にはできない面もあったのであろう。

（二）新潟法律学校

本項では、新潟法律学校について、開設の事情・理由を中心に述べる。しかし、その詳細はすでに紹介した別稿を参照されたい。

明治法律学校々誌『明法雑誌』第六三号（明治二一年七月）によれば、「北越は有名なる訴訟国なるを以って裁判事務は昨年の統計に依るも東京大阪を除き件数の多さ新潟を以て第一と為す」とされている。実際、江戸時代以降の一揆・騒動では新潟明和騒動、村松藩領一揆、生田万の乱、長岡・栃尾打ちこわし等々、そして明治期に入っても、悌輔騒動などが発生、やがては大正・昭和の農民運動へと続く。こうした地域の騒擾と法律との関係は軽々には論ぜられないが、皆無とは思われない。一方、新潟は日本海側の中心地である。西廻航路の寄港地であるとともに、開国に伴う開港場でもあった。こうした経緯もあり、政治行政上の中心地であった。幕府は、遠国奉行として、新潟奉行、そして明治政府は越後府（のちに新潟府）を設置した。これらのことにより現在の新潟市が成り立った。この新潟市を県都とした新潟県は明治二〇（一八八七）年現在、地租納税額が全国第四位である(8)。

ところで、すでに紹介した「法科大学以下各学校卒業者　府県別人員一覧表」（明治三〇年一二月末日調）によれば、九校の卒業者数は、次のようである。

第一位　東京府　五九一名　　第二位　長野県　三三四名　　第三位　新潟県　二六二名

このうち、明治法律学校生および卒業者を府県別に見れば、第四位五七名である。以上のことを念頭に、地域の法曹界を追ってみる。明治一六（一八八三）年一月七日発行の『新潟新聞』を見ると、「法律温習会」の名が登場する。同会は、要するに法律関係者の学習会である。のちの新聞の記事や広告によれば、あらかじめ、討論題を提示しておき、月々、小学校などで集会・討議をしている。さらに翌一七（一八八四）年一月一〇日の会より、中心的存在の長野昌秀と桑田房吉（ともに明治法律学校々友）が法律に関する講義をすることとなった。会の規約について、最初のものは不明ながら一八（一八八五）年一〇月二〇日の同紙には幹事長桑田と幹事八尾新輔名で改正が告示されている。同年一二月一五日付の『絵入新潟新聞』によれば、蒲原郡五泉町（現五泉市）に支会を設置、桑田らを毎月一回派遣、講義を行おうとしている。いずれにしても、同会は桑田・長野を中心に高橋新平ら明治法律学校々友により運営されていた。明治二〇年五月現在の会員数は五六名である。(9)

明治二〇年五月一八日、法律温習会は尚志会と合併、第一総集会を開いた。新会名は新潟法学協会と称し、全三一条の規約を制定した。長野・高橋・石高俊三（ともに明治法律学校々友）はその役員となった。(10) なお、新潟区には布好同盟会という法律団体があったが、明治二一（一八八八）年五月二七日総会において、北越法律学会と改称した。新潟法学協会も北越法律学会もともに会員は七〇余名である。(11) 違いは前者が代言人や民間有志が多いのに対し、後者は判事・警察官・行政官が中心である。後者の中心は土屋為次郎、渡辺八郎（ともに明治法律学校々友）であった。とはいえ、双方は対立関係ではなく、土屋・渡辺らは新潟法学協会の名誉会員とされている。以上は、新潟法律学校開校の前段階である。地域法曹のふだんの活動実績、会員層の厚さ、私立法律学校出身者の奮闘ぶりをかいまみたのである。

新潟法律学校の開校は明治一九（一八八六）年四月、場所は新潟区下旭町三番地（当時は官庁街）、目的は法律講義であった。(12) もっとも、正確にいえば同年二月一日より夜学法律講習所を開設していたのであり、改称したわけである。と同時に英学の一課を設けている。同校の教員は七名であるが、長野、桑田、石高、広江幸治、小林鉄之輔ら五名が明治法律学校の校友である。そのため仏国売買法、仏国契約法などフランス法学の教科が目に付く。(13) こうした法律学校を開設したのは地域法曹であり、長野・桑田・石高は代言人、それ以外の者も法曹関係をめざしていた。

彼らはまた、本務や教育活動以外、さらに政治の分野に関心をもつ者が少なくなかった。例えば明治一八年三月八日に行われた区内古町通湊座劇場の政談演説会には長野・桑田・石高・高橋らの名が見え、法律論や平和論を演説している。[14] とくに長野は明治二一年一月、第六回県会議員選挙に出馬、補欠であったが、一〇月に繰り上げ当選となった。さらに第七回にも立候補、当選を果した。彼は大同派、つまり自由党の立場で、本業の法律を武器に県会で発言をするのであるが、中でも教育問題が多いのは、法律学校経営と全く無関係とは思われない。

長野らは、母校明治法律学校同様、壮士の養成を目的に法律学校を開設したわけではないが、法律を手段として権利自由社会を生きていく人々の養成をめざしたのである。また、そのことに当時の自由民権運動の風潮が法律学校開設をうながしたともいえよう。

さらに彼らに新潟法律学校開校の後押しをした存在がある。それはすでに察せられるように母校明治法律学校である。明治一九年一〇月のノルマントン号事件の際、母校および校友らが一大キャンペーンをはった時、彼らも新潟で声を大にしている。さらに長野は二度にわたり、地元『新潟新聞』に、明治法律学校について、「會て生等が薫陶の育恩を受ける明治法律学校」として大々的に広告を掲載している。[15] また、小林は新潟区では代言紹介業を営んだが、その代言人は明治法律学校講師らを選任した。[16] また、彼は長岡に北越講法館を開校した際は明治法律学校と提携したり、同校卒業生を採用している。[17] 一方、明治法律学校では、明治二〇年六月一一日、校内事務・学生指導を担当した齋藤孝治（のち弁護士、東京府会議長）が長岡や新潟区に赴き、小林・長野・石高らと面談した。[18] 同年八月一四日は同校講師の宇川盛三郎が新潟区で懇談をしている。[19] こうした類のことは数が多いので、以下省略するが、いずれにしても母校と地方校友の連携・交流が新潟法律学校の開校に力を貸したのである。

以上、本項では、新潟法律学校を通して、地方法律学校開校の契機・理由を追ってきた。同校のそれは、複合的である。すなわち地域の歴史的経緯、普段の司法活動実績によるためであるが、それを後押ししたのが、当時の政治社会文化の風潮と母校であったといえる。

（三）高知法律学校について

前項では新潟法律学校の開設理由について述べる中で、自由民権運動のことにも若干ふれた。ここでは全国的に展開されたこの運動にあって一大拠点の高知を対象とする。そして自由民権運動と地方法律学校の直接的な関係について、述べたい。自由民権運動と法曹界が深い関係にあることは、改めていうまでもない。地方でも同様である。例えば明治前中期の新聞を見ると、各地の結社や研究会において法律の研究や教育をしていることが分かる。高知でも同様であり、最も有名なものは立志社による法律研究所である。

その高知青少年は上京し、法律を学ぶ者が少なくなかった。明治一四（一八八一）年から一六年の明治法律学校入学者を見ると、高知県出身者は上位五位以内に入るほどである[20]。その理由はすでに述べたように同校の司法試験合格率の高さとともに設立趣意「権利自由」に基づく自由民権色の強い学校だからである。つまり全国の政治に関心のある青少年が集まったのであるが、高知出身者の場合はその度合いが強かったと思われる[21]。また卒業後も母校明治法律学校と連絡・交流をする校友が少なくなかった。ノルマントン事件が発生した際、同校は高知県出身の死者に対して、代言業務に当たってほしい旨、同県校友に打電した[22]。刑法改正問題が起こった時も高知校友代言人らは母校の校友評議員会に連絡、反対運動を行っている。

そうした中、校友代言人の中には、法学教育に関わる者も現われてきた。福留鉄蔵である。彼は自由党の法律研究所や立志学舎の系統である後楽館内に、明治一九年一〇月一日に設置された法学館の理事として活動している。同館は法学の討究と教育に当たったのであり、福留は日本民法草案人事篇を担当した[23]。一方、校友代言人の弘末義路・大野清茂・岩村伊太郎・蓼原好規・光森徳治・志賀凱幾らは高知法律学会を設立し、同一八年一月一〇日より法学講究を行っている。そのようすについて、法学を希望する者は多いが、書生風の者が多く成し遂げる者が少なく、三〇余名の生徒が一〇余名に減少したことを母校明治法律学校に報告している[24]。彼らは明治二〇年四月六日、高知講法館を設立、法学教育に当たった。[25]同館は高知法律学会における法学教育が発展したものとしてよい。しかし、彼らはこれだけでは満足しなかった。というのも、実は彼らは明治一七年時に、本格的な「高知法律学校」設立を企画したことがあった。その設立趣意には「権利義務ヲ明ニスル」、「同心協力」等、母校の設立趣意書に類似した表現が見うけられる。そして以下、全五〇条による学則が連ねられている。[26]ところが、同校は認可されず、彼らはやむなく前記の高知法律学会、そして高知講法館を開設したわけである。あきらめきれない彼らは、その後も紆余曲折を経てついに明治二一年八月一九日、認可をとりつけた。校主には校友代言人の油井守郎がなった。[27]もっとも同校は、民権をベースとしつつも、民権国権合同の形をとった。そのわけは単に認可のためだけではなく、学問的な専門教育（すでに述べたように明治法律学校も壮士養成所ではなかった）の場であること、仏法・英法の域を越えた司法試験という目標があること、さらには自由民権運動の変容等々が原因していると思われる。このことは、かって、前記福留鉄蔵（自由党系）が法学館経営に当たり、官民別なきことを主張したことと通ずるものがあろう。だが、いずれにせよ、こうした自由民権の風潮の中、法学意識が高まり、その中から本格的な法律学校が誕生したことは間違いない。なお、同校は開校の翌年には消滅、彼らは同二四年（一八九二）九月一八日高知法学院を開設した。[28]

本項の最後に高知法律学校々主油井守郎について、いささかふれておきたい。油井は高知県出身ではない。仙台藩の武家の家に生まれ、育った。同地方は対薩長意識が強く、そのため自由民権運動がさかんとなる。[29]彼は若くして自由党に入党した。やがて上京、中江兆民の仏学塾、さらに司法省法学校に入学した。しかし、最も居心地がよかったのは明治法律学校のようであり、卒業後も同校に寄宿し、部長（学生指導係）を務めるかたわら、校誌『明法雑誌』でさかんに法律論を展開した。また仙台出身在京学生団体仙台義会では、創刊号から編集人として活動した。さらに、自由民権運動が盛んな多摩地方、とくに中心となった深沢家と交流、時には同家の援助を受けている。その油井が代言人として高知に移り住んだ。その理由として、在京中に、土佐山内家で書生をしていたことが考えられる。[30]彼は高知代言人組合に加入、業務を開始した。また明治法律学校関係者と交流を深め、そのリーダーとして活躍するとともに、持ち前の政治意識の高さから明治二五年選挙干渉事件訴訟に立ち上ったり、政談演説会では壇上に立った。こうした状況の中、油井は地域代言人に推されて高知法律学校々主となったのである。彼の人生は自由民権運動、そして自由党によって貫かれているが、北の仙台から中央の多摩、西の高知と正しく運動の拠点を歩いたことになる。そして、そのための手段は東京の学校で学んだ法律であった。さらに彼に追い風を送ったのが明治法律学校であった。ただし、自由民権の風潮の中から誕生した同地の法律学校はその運動と命運をともにすることにもなったのである。

四　経営・運営の実態

(一) 明治法律学校八王子分校・広島法律学校について

地方法律学校を追うと、開校期間が長くないものが見うけられる。またその多くは閉校時期を確定できないことが多い。しかも開校期間が短いと、実態を究明することは容易ではない。一般に、これら地方法律学校は明治中期で姿を消すものが多い。そして、その後の開設は留学生らにより中国・韓国朝鮮に舞台が移る。

明治法律学校の八王子分校の場合はどうか。設立されたのは早い時期、すなわち明治一六年九月である。それは明治法律学校に対する、八王子町有志者の要望によるものである。結局、卒業生の依田銈次郎を校長、小野崎勇平を講師として送った。町内寺院を借用して開校、一時は生徒一〇〇名にのぼり、近くの民家に移るほどであった。しかし生徒数は減少、明治一八年にはわずか一二、三人となり、やむをえず依田は自らの借家で講義をするはめになった。衰退の理由は、依田によれば講義内容をそのまま裁判所に持っていこうという意識の生徒が多いためという。結局同年四月に廃校。開校期間は約一年半である。[31]

卒業生百瀬武策が関わった広島区の広島法律学校は明治二〇年三月に開校式を行っている[32]。その後、同校は明治二二年に教師増聘、二五年に移転式、二六（一八九三）年には教室狭隘のため大講堂を計画した[33]。しかしながら、明治二九（一八九六）年八月一日をもって廃校とした。地元紙『中国』（明治二九年九月一日、中国新聞社）は、その理由を三点ほどあげている。

(1)司法省が指定学校に認可しなかったこと。

(2)広島は学生生活を送るのに不適なことこと。

(3)従来の官私立法律学校・各地高等学校・大学等で法律を教え、需要を満たしていること。

このうち、一点目と三点目は国策に関連していることが注目される。それでも約一〇年間存続したことは注目すべきことである。その理由について、『芸備日報』、『中国』、『芸備日日新聞』等の新聞記事、講義ノート（明治大学史資料センター所蔵）などから、五点ほどあげられる。

(1)常議員制などによる経営組織をもっていたこと。

(2)講義内容が充実していたこと。

(3)英学校を増設したこと。

(4)地域法曹人の拠り所・会合場所となったこと。

(5)校舎貸出をしたこと。

広島法律学校より長く続いた学校は今日まで歴史をつなぐことのできた学校である。すなわち関西法律学校と東北法律学校である。後者は次節で取り上げるので、ここでは関西法律学校について、簡単にふれる。大阪の関西大学の前身である。実は同校は明治法律学校教員であった井上操らによって、明治一九年一一月四日、大阪西区に開校された仏法系の学校である。関西大学編集『関西法律学校の創立とその精神』は「井上が創立者グループの真の意味の中心人物であった」としている。同人は明治法律学校教員の頃、同校卒業生らと明法学館という学校の設立を企画したことがあった。さらに関西法律学校では、明治法律学校の時の講義内容を生かしている。こうしたためであろう、明治法律学校は関西法律学校と締約を結んでいる。その後、明治三三年に関西法律学校は社団法人、三七年には専門学校として認可される。

(二) 熊本法律学校について

明治一四年から一六年の明治法律学校入学者を見ると、上位一三府県中、九州は五県(鹿児島・福岡・熊本・大分・長崎)が含まれている[34]。そして、その後も、その傾向は続く。

明治一九年五月、明治法律学校を卒業した、現在の鹿児島県宮之城町(現さつま町)山崎の郷士家に生まれた帖佐顕は明治法律学校に入学、卒業後は寄宿舎に住み、部長(生徒指導係)をしながら、司法試験をめざしていた[35]。その帖佐に就職の声がかかった。校長岸本辰雄らのすすめにより決まったのは熊本の法律学校である。自らの出身地九州に「屈強の法律学校を創立なさん[36]」という一大決意で臨んだ。熊本法律学校の前身は東肥法学会といい、城下の呉服町に、地元有力者により設立された。明治法律学校に教員招聘の話が持ち込まれたのは、熊本法律学校として認可された明治二二(一八八九)年二月の二ヶ月後に、両校が提携をしたからである。つまり、明治法律学校々友による管理・教育や同校への生徒編入のことが盛り込まれていたのである[37]。

帖佐が講師兼幹事として赴任したのは五月一一日のことであった。彼は、同校の景況を母校明治法律学校へ時折、報告をしている。こうして経営・運営に参画しつつ、講義(治罪法)を担当したわけであるが、さらに『熊本法律学校講義録[38]』の編輯人をつとめている。同誌には、同校専任講師として糸永昊の名が見える。彼は熊本出身で、帖佐とは明治法律学校同期生の代言人であった。また糸永以外にも二名ほど校友教員が属していた。同校は二度の移転をしつつ、教員・生徒も増加、帖佐の言うように「九州随一」[39]の法律学校となった。

その後、県による政策上の斡旋により、市内の他校と大合併をすることとなった。すなわち済々黌が普通学部、春雨黌は医学部、文学館は文学部、そして法律学校は法学部となり、明治二四年一〇月一〇日、生徒数一一五〇名の一大総合学園が九州学院として誕生したのである。そして帖佐は同校の理事を兼ねるようになった[40]。この九州学院は旧師範学校の校舎を借用することにより、同一キャンパスが実現、施設設備の拡充につとめた。例えば、交通事情を考慮し、寄宿舎を用意するなどしている。

だが、周囲より最も注目され、県当局も力を入れはじめた普通中等教育だけが経営上、成り立ち、他は赤字となった。しかもその普通学部は一県一中学策により、再び済々黌として独立。結局、多大な負債をかかえ込んだ九州学院は明治二八（一八九五）年に法学部を廃止、やがて残った学部も独立・廃止となった。この間、帖佐は熊本県庁警察部警部に転じ、九州学院の理事をつとめていたが、やがて台南県の警部・警察部長となり、そのかたわら弁護士資格を取得、専業となった。

熊本法律学校は法律私塾的なものから出発し、東京の明治法律学校と締約を結び、教師兼運営者を送られることにより、九州では有力な法律専門学校となった。さらに他部門の学校と合併し、一大総合学園となった。しかしその急激な学校拡大に対し、実態が追いつかなかった。しかも総合学園とはいえ、あくまでも県肝入りの寄せ集めにしかすぎなかった。したがって県の教育策の方針変更により、もろくも廃止となった。その意味では、このころから中央の専門学校が大学昇格へと動き出していくような体力は、同校にはなかったといえよう。

五　その後のこと

（一）地方法律学校の周辺

すでに述べたように、明治期地方法律学校は明治一〇年代後半から二〇年代のものが多い。三〇年代に入るとごく稀となり、その場は海外となる。多くの研究者によって指摘されているように、この明治三〇年前後は、近代日本の嶺とされている。そのことは明治憲法、資本主義、植民地等々のテーマで研究が進められている。教育面では何としても学校令など制度の確立と教科書・授業など、内容面の拡充が目立つ。そのことはおもに小学校教育のことであるが、それ以外の学校でもその動きが顕著となってきた。また中等高等学校が重視されるとともに、高等小学校・実業学校との間に、区別が明確化されるようになった。高等教育においては、明治一九年三月公布の帝国大学令による東京帝国大学以来、久しぶり二校目の帝国大学が誕生した。明治三〇（一八九七）年六月の勅令による京都帝国大学設置である（同法科大学設置は同三二年）。

そうした中、当時中学校は尋常中学校と高等中学校の二校であり、双方とも年々、上級学校への進学機関の色彩が濃厚になった。それとともに尋常中学校の学校数が増加、また高等中学校（のち旧制高校）への編入もスムーズとなった。参考までに、次項でとりあげる仙台市には第二高等中学校が明治二〇年四月に設置され、同二七（一八九四）年六月には第二高等学校と改称された。

以上のことからすれば流れは明白である。世の教育は高等教育、学歴社会へと向いつつあった。その高等教育とは帝国大学と専門学校である。その専門学校は専門学校令によるもの、しかもそれは民より官によるものが優先され、世間もそれに流されようかという時期であった。

（二）東北法律学校について

東北法律学校は明治三三年一〇月、仙台市東三番丁（現同市中央二丁目）に開校した。創立者は三島駒治という。同人は明治三（一八七〇）年九月一〇日に、岩手県江刺郡人首村（現奥州市江刺区米里）に生まれた。家は地主であるとともに仲買運輸を業としており、経済的に恵まれていた。小学校・私塾で学んだあと、仙台に出て、儒家の門に入った。その後上京、明治法律学校に入学したのは明治二六年一一月のことである。明治法律学校は仙台の青少年に人気が高く、東京各私立学校在学生徒数（明治一七年一〇月現在）は一九名と他の法律学校よりはるかに多い(41)。卒業後、明治三一（一八九八）年四月には『九大法律学校一覧』を編集・刊行した。その後、彼は明治三三年七月、仙台市に移住した。

このころ仙台には法律専門学校はなかった。開設を望む動きは、雑誌『仙台』第四号（明治三一年六月）の「新設大学の位置」にある医法工三科の大学設置論からもうかがえる。ただし、全く東北に法律学校がなかったわけではなく、明治三一年、東京法学院卒業生らにより、会津若松市に専科六ヶ月・別科三ヶ月制で設置されていた。だが、それは本格的な法律学校とはいえなかった。

既述したように、三島は明治三三年、東北の中枢仙台の中心街に、法律学校を開校した。今日、残る同校の設立趣意書、学則、カリキュラムを見ると、かなり本格的な法律学校であることが分かる。彼の学校設立や運営には、かつて九大法律学校を調査研究した成果が十分に生かされている(42)。校長には川目亨一宮城控訴院検事長が就任した。この川目は明治法律学校講師でもあった。この他にも明治法律学校の地域校友は同校講師として協力した。また、三島は校誌『明治法学』に「東北法律学校の創立」と題して同校のことを紹介した(43)。一方、彼は母校明治法律学校々長岸本辰雄らを訪問し、書籍の寄贈を受けるとともに特約校の指定を受けた(44)。同校の経営は大正一一（一九二二）年八月の東北帝国大学法文学部設置まで続けられた。その後は、妻よしが明治三六年一〇月以来主宰してきた東北女子職業学校、つまり家政関係の学校経営に専念する。これが、のちの三島学園であり、今日まで続けられている。三島駒治・よし夫妻の頌徳碑は昭和五二（一九七七）年五月、郷里江刺の館山公園に建立され、偉容を誇っている。

東北法律学校は東北地方の法学教育を、同類の学校としては比較的長期に担った。しかし、帝国大学による法学教育開始により、学校を閉鎖、別学科の教育に専心することとなった。すなわち地方帝国大学に法学教育のバトンを渡したといえるが、逆にいえばその威力に後退したことにもなる。競争には打ち勝てないと判断したからでもある。時代は確実に高等教育の国家的な管理と体系化、中央への再集中化が確実に進んでいたといえよう。

六　夢やぶれて

(一)　幻の山形法律学校

地方に法律学校を設立しよう。設立した学校を維持し、発展させよう。法学の啓発と普及に向けて関係者の夢は大きく膨らんだ。関西法律学校のように継続・発展したところもあったが、望み通りにはいかないところも少なくなかった。前記した八王子分校は典型的な例である。高知法律学校もそうであった。こうしてみれば、ほとんどの学校が該当するかもしれない。明治二二（一八八九）年八月、山形町で郷里出身の明治法律学校創立者・宮城浩蔵の帰省にともない校友による同窓会が開かれた。そして、その席で山形法律学校の創立が決議され、募金活動が開始された(45)。ところがその後、宮城は同二六年二月に没してしまう。目下のところ、同校が開設されたという形跡はない。なお同三五年二月になると校友の間で法律の談論講話と普及が校友支部事業として復活している(46)。

次項では、岡山法律英学校について実態をかいまみる。

（二）岡山法律英学校について

岡山市の郊外というよりも吉備路に広がる田園の真只中に新庄上という集落がある。その一角に、井戸を残し、更地となっている所がある。ここには、かつて間野家があった。同家の先祖は和田と称し、主君花房氏の家臣として同地一帯を治めていた。やがて、帰農、新庄上村の庄屋となり、その後、戸長となった。間野照雄『樗堂遺稿』(47)によれば、「新庄の間野か、間野の新庄」といわれるほど家宅は「仲々の宏壮なる構えであった」という。

この家に、元治元（一八六四）年一月一五日、次男として生まれたのが、正雄である。同人の学歴を簡略に紹介する。幼少時、郷校や藩校に学んだあと、近隣では著名な三余塾の犬養松窓（犬養毅の師）に、さらに省塾の山田古矜に漢学の指南を受けた。その後、岡山城西丸にあった岡山中学校（現岡山朝日高等学校）を卒業し、明治一三年に大阪専門学校に入学し、英語を習得しようとした。だが、中退して同年末には上京、備中窪屋郡中島村（現倉敷市中島西町）出身の三島毅の二松学舎に入学した。しかし同一四（一八八一）年一月、開校したばかりの明治法律学校に入学した。さらに同校卒業後は慶応義塾普通部別科に入学した(48)。以上が大まかな学歴紹介であるが、当時の青年にとっては大変恵まれた修学状況であった。

東京の学生生活を終えた正雄は実家に帰った。それは明治六年五月に、長兄隆太郎がわずか一四歳で早世していたためである。明治一七年度の『明治法律学校校友規則並表』によれば、住所は岡山県都宇郡新庄上村（実家）とある。その翌年度の同資料には「岡山法律英学校長　岡山区野田町」となっている。彼は岡山区（現岡山市）の中心街で法律と英語の学校を開設したのである。ところが同二一年度の『明治法律学校校友並表』職業欄には記載はなく、住所は、「新庄上村一一七番地」となっている。結論からいえば同地は旧屋敷地ではなく、村内の変形した小区画である。さきの『樗堂遺稿』には、明治二〇年頃、同家は大いに衰えたとある。

ところで、なぜ、間野は法律英学校を閉じたのであろうか。その直接資料は見出せないが、当時の『山陽新聞』

（明治一六年）記事は手がかりとなる。すなわち、同じ町内には代言人の資格をもつ者が「法律研究会」を開催している。間野には代言人の資格がなかった。また同じ区内には「仏法律研究会」を主宰する代言人もいた。さらに同区内には英語の教授をするところが他に二ヶ所ほどあったのである。教育研究をめざす同類の存在により、結局、彼の法律と英語の学校は一年八ヶ月であきらめざるをえなかったのである。と同時にまだ法律学校を受け入れる地域環境ではなく、研究会レベルで満たされていたのである。また代言人資格を有していなかったことも学校の評価に影響したと思われる。いずれにしても、こうしたことにより、彼は自宅をも放棄せねばならなくなった。

この間、明治一九年一〇月二二日から中等教育機関の閑谷学校に英語教師として職を得た(49)。しかし、二四年九月には退職する。その理由は定かではないが、伝統的な漢学中心に対し、予科的な扱いの英語に不満であったのかもしれない。だが、その後も明治法律学校には「閑谷教授」として報告している。二八年五月には、帯江鉱山（現倉敷市中庄一帯）の事務長に就任したが、三〇年八月に退職した。そして同三六（一九〇三）年になると、語学研修のためとして、妻子を日本に置いてアメリカに渡った。着いた先はカリフォルニア州バークレイである。今日、渡航関係資料や記念写真は残されているが、語学研修の実態を示す資料は見当たらない。菩提寺住職の「悟道要文」（大正一五年一〇月一七日死去の際）や履歴書には「実業」に従事していたとある。その履歴書には大正二（一九一三）年一月より同五（一九一六）年三月には神戸石綿盤会社で「英文通信」に従事したとある。それは同社採用辞令によれば、専門職というよりも、「事務員」となっている。翌年には再び私立中学閑谷黌の「教師兼書記」として就職した。ところが、同一〇（一九二一）年四月より岡山県より書記に命ぜられ、翌月二八日には同校を依願退職した(50)。

間野の創設した岡山法律英学校は育たなかった。そのわけは地域にそくしていえば成長する土壌ではなく、まだまだ研究会の段階で、学校として定着する状況ではなかった。間野自身にそくしていえば、名家、学歴が災いした。彼の教養や名誉への欲望と周囲の社会生活が合致しなかったのである。中央で高等教育を首尾よく終えたとしても、必ずしも理想の通りにはいかなかったのである。ただし、正雄の文化的、学問的欲求は、その後の子孫には確実に受け継がれ、社会的に活躍したり、貢献している者が多いことを付言しておきたい。

むすび

本章では日本が近代を歩みはじめた時、とくに明治二〇年代前後を中心に、地方における法律学校のことを論じた。そこでは、筆者が発見・発掘につとめてきた明治法律学校およびその校友によるものを中心とした。それでも、すべての学校は取り上げられなかったし、紹介した学校もすべての内容を示すことはできなかった。しかし、一応本章で知り得たことをまとめてみたい。

(1)第二次遊学世代を中心とした人達によって創設された。彼らは維新政府による法学高等教育を第一次遊学世代の中央（東京）の法律学校をおえた人達である。
(2)それはおもに明治二〇年代、あるいはその前後に開設された。
(3)その学校はまぎれもなく地方に法律知識を広めるとともに後進を育成するためであった。
(4)その具体的な理由は、地域の歴史的経緯・実情、当時の政治社会風潮等々、さまざまである。またいくつかのそれが複合していることもある。
(5)彼らは、おもに出身地方の中心地、とくに官庁街を学校設置場所に選んだ。
(6)本格的な法学教育をめざしたが、その経営や運営には苦慮した。
(7)彼らは出身校（あるいは元勤務校）に援助を願ったり、あるいは両者で提携することも少なくなかった。
(8)多くの学校は閉鎖をしたり、他分野や学科変更をせざるをえなくなった。明治期の最後に創設された東北法律学校を除いて明治三〇年が近づくほど、そのようになった。そして同校も大正期には法律の学校としての看板を降ろさねばならなくなった。地方には帝国大学が新設されたのである。また大都市上級学校進学のための中学校・高等学校が整備され、地方青少年の目はそのほうに向くようになった。また政府はおもに中央の法律学校を重視するようになった。つまり国家主導による教育体系の整備がより顕著になったのである。

(9)なかには、創設したものの自らの高い学歴が地域事情と噛み合わなかったり、リーダーの死去により企画・募金段階で終わってしまうところもあった。急激な文明化による破産であろう。

(10)一部には大学に昇格するところもあった。

しかし、こうした学校は消滅したところが多いとはいえ近代の初期に地方の関係者により、地方に新しい知識を広めようとしたことは注目に値しよう。ただし、地方の法律学校がその後、再生したのか、あるいはしなかったのかといったことの検討は今後の課題である。

注

（1）大学史研究は、この「大学史活動」の中の利用応用の部分に属する。拙稿「大学史活動と地方」『日本の大学アーカイヴズ』京都大学学術出版会、平成一七年。
（2）八木書店、平成六年。
（3）『明治大学百年史』第三巻、通史編Ⅰ、明治大学、平成四年一〇月。
（4）同右。
（5）「温故知新（一）」『法曹会雑誌』第一二巻第一号、昭和九年一月。
（6）『法律時報』第三九巻第四号、昭和四二年四月。
（7）第一六号は平成三年六月、第二六号は平成八年七月発行。

(8)『大日本帝国統計年鑑』第六回、内閣統計局、明治二〇年。
(9)『新潟新聞』明治二〇年五月一四日付。
(10)『新潟法学協会雑誌』第壱号、明治二一年六月。
(11)以上、「広告」(豈好同盟会、北越法律学会と改称)『新潟新聞』明治二一年六月二日「北越法律社会の景況」『明法雑誌』第六三号、明治二一年七月。
(12)「広告（新潟法律学校）」『新潟新聞』明治一九年二月一七日。
(13)「校友通信」『明法雑誌』第一四号、明治一九年三月。
(14)「広告（政談演説会）」『新潟新聞』明治一八年三月七日等。
(15)前同紙、明治二〇年一月五日、同年八月一六日。
(16)「広告（代言代理業務案内）」『新潟新聞』明治一八年一〇月三〇日等。
(17)「広告（北越講法館主幹）」『絵入新潟新聞』「広告（北越講法館）」『新潟新聞』明治二〇年五月二一日。
(18)「佐渡紀行」『明法雑誌』第四〇号、明治二〇年七月。
(19)「宇川先生通信」『明法雑誌』第四四号、明治二〇年九月。
(20)『七十年の歩み』史料集、第一集、明治大学、昭和五一年三月。
(21)在京土佐出身法曹学生らは土佐法曹会を結成しているが、明治法律学校学生の存在が目立つ。
(22)『高知日報』明治一九年一一月一八日。
(23)『土陽新聞』明治一八年一月八日、同一九年一〇月二日、同年同月八日、『高知日報』明治一九年九月二八日、同年一〇月二日。
(24)『明法雑誌』第一三号、明治法律学校、明治一九年二月。
(25)『土陽新聞』明治二〇年三月三一日。
(26)『弥生新聞』明治一七年一一月二七日、同年一二月一一日、同月一二日、同月一三日、同月一四日。
(27)『土陽新聞』明治二一年八月一二日、同月二八日、九月一一日、同月二五日、『高知日報』明治二一年九月六日。
(28)『土陽新聞』明治二四年九月一五日、同月二〇日、同月二三日。

(29) 拙稿「初期明治法律学校と地域および学生——佐藤琢治を中心に」『明治大学教職課程年報』No.16、明治大学、平成六年三月。
(30) 守郎の甥克郎氏より筆者への書簡。
(31) 「八王子に分校設立」『明治大学史』明治三四年六月、「故齋藤孝治君追想談（其一）」『明治学報』第一五七号。
(32) 『芸備日報』明治二〇年三月二六日。
(33) 『芸備日日新聞』明治二三年一月三〇日等。
(34) 『七十年の歩み』史料編、第一集、明治大学、昭和五一年三月。
(35) 『校友規則並表』明治二一年一二月〜、明治法律学校校友会。
(36) 『明法雑誌』第八四号、明治二二年五月。
(37) 「決議録」明治法律学校、明治二一年一二月〜。
(38) 熊本県立図書館所蔵。
(39) 『法政誌叢』第一一三号、明治二三年八月。
(40) 『高原』第一号、明治二六年六月、済々黌高校所蔵。
(41) 『仙台義会雑誌』第一号、明治一七年一〇月、もっとも三島ははじめは東京法学院に入学し、卒業した。明治法律学校卒業ののち、東京法学院に編入している。
(42) 宮城県立図書館所蔵。
(43) 第一四号、明治三三年一一月。
(44) 『東北新聞』明治三四年二月、『三島学園創立六十年史』三島学園、昭和三八年一〇月。
(45) 『明法雑誌』第九二号、明治二二年九月。
(46) 『明治法学』第三一号、明治三五年三月。
(47) 乾巻、昭和三七年一一月、岡山市浅沼璋也家所蔵。
(48) 間野家墓碑（本隆寺）、「履歴書（扣）」明治三六年、「履歴書扣」大正一五年一月。
(49) 中野寿吉『閑谷黌史』明治二四年、小坂清作『閑谷黌及門録』明治二七年。

(50)　以上の資料のほとんどは倉敷市間野忠衛家所蔵。

あとがき

歴史に興味を持つようになったのは、高校に在学していた頃である。当時の勉学のことはあまり想い起こさないが、所属した社会科関係の部活動の仲間と城址を探しに行ったり、古墳を見に行ったことは今でも鮮明に覚えている。幸いなことに部顧問であり、担任であった浅岡力先生は日本史が専門であった。同先生から、一読に価すると示された本が、当時明治大学文学部教授圭室諦成先生（故人）の岩波新書『西郷隆盛』であり、それまで自分なりに思っていた西郷像とは違うことに驚いた。縁あって同大学入学後、圭室先生の研究に一層関心を持ち、『葬式仏教』（法蔵館書店）を求め、ひもといてみたものである。同書に影響された筆者は学部の研究テーマを仏教史にしようと思った。しかし残念なことに同先生は亡くなられ、一度も授業を受けることがなかった。郷里が僧侶・日蓮の出身地であったため、研究文献に目を通したり、故地を歩くうちに、日蓮の幼少年時代の研究があまりなされていないことに気付いた。また在家の日蓮を受け入れて教育した寺院の存在にも興味を持った。こうして人物の幼少年時代、あるいは世俗教育に関心を持つようになったのであるが、その背景には、やがて教職につくかもしれない（というよりそれ以外に職はないだろう）という、おぼろげな目標があったことが、影響していたと思われる。

ところで、学部時代のある日、ある農村の墓地で撮影した写真が自分の研究テーマをはっきり決めることとなった。何げなく撮影したその写真の台座にはくっきりと「筆子中」とあった。一番下の台座には小さな名前らしき字が見えた。つまり江戸時代、村の子供たちは読書算によって自己の向上を願った。そして村の知識人に教えを願った。請けた者は村の子供たちのためならと、生業の傍ら教えた。そして師匠が亡くなったので、教え子（筆子）が墓を建てたのである。このころ、こうした筆子中は全国にたくさん建立された。ただし別に寺子屋で学んだといって武士になれるわけでもない。村の子に教えたって収入になるわけではない。しかしこの関係に大変魅力を感じた。学びたい者が学び、教えたい者が教える、これこそ本来の教育の姿だと確信した。

この寺子屋は、明治の世を迎えると小学校にとって代えられる。筆子は生徒に、師匠は教員と名称は変った。それにより教育はどのように変ったのだろうか、学部を卒業したあともこのことについて、しばらく勉強を続けたくなった。

そして、はっきりとフィールドは東総地域とした。学部時代、大原幽学や宮負定雄のことを知りたくて、千葉県香取郡干潟町（現旭市）にリックを背負って行った際、社会教育に力を入れていた同町教育委員会の方々は、わけのわからない一学生を親切に受け入れてくれた。そして遂には、信じられないと思われるかもしれないが、教育委員会の入っている中央公民館に宿泊、しかも管理人の方（「干潟のおばさん」＝故今田まさ子さん）も館内生活の面倒を見てくれた。町内およびその周辺について、歩かない道はないくらい、しばしば「干潟通い」をした。とくに多量の教育資料を所蔵する町内の林充（故人）家には月に何度もおじゃまし、遂には新築した納屋の二階で古文書をめくり、家人の方からはおやつ、食事までいただくようになった。さらには町内の多くの知り合いの方々からは「町会議員選挙に出たら」などと冗談をいわれるまでになった。

この調査結果を、大学内で時々発表していたのであるが、ある時、師の木村礎先生から「君のやっている所は面白そうだね」（発表内容が面白いというのではない）という言葉をいただき、ついには先生が一〇年を単位としてされているOB・OGによる一大共同研究のフィールドとなり、主力メンバーとして組み込まれることとなった。

今思うと、筆者が研究者を多少なりとも意識するのは、この大原幽学共同研究の時からである。本研究の中心は当然、木村礎先生である。その資料調査、研究会（夜、先生の研究室にて）における激しさ・厳しさはつとに有名であり、後年、そのことについて、筆者も二・三度、小論で綴ったことがある。こうしたことをここでまた綴ると、紙数が足りなくなるので止める。筆者はこの研究のチーフ・マネージャーであり、リーダー（調査担当のグループ長）であった。そして一一年後の刊行書では多くの頁をいただくこととなった。この研究で歴史の調査研究のやりがいを知った筆者は木村先生に延長を提案、先生や有志とともに五年間継続、そして研究誌に特集を組んだ。こうして筆者の二〇代後半から三〇代前半は終った。ただし、先生のチーフ・マネージャーとしては、その後のいくつかの共同研究でも続いた。というよりも亡くなられる直前までそうであった。

その間の、茨城県西をフィールドとした「村落生活の史的研究」も徹底した調査研究であった。すでに大原幽学共同研究のころから埼玉県の高校に勤務していたが、このころになると、昼は職場で教育、夜はこの生活史研究（授業の教材研究があるため、ごく短時間）と明治大学講義、土曜日午後・日祝日は資料調査・研究会・自治体史編纂とリズムをつくれるようになった（それでも、勤務する学校はいずれも毎日、生徒の生活指導にあけくれることが多かった）。とにかく、こうして筆者の三〇代後半から四〇代前半は終わった。この茨城県西の生活史研究はやがて、千代川村史編纂事業に引き継がれ、木村先生の下、編纂の専門委員長として任に当たった。この事業は同村の高い見識と理解の下、自治体史編纂というより、共同研究同然であり、ついに『村史　千代川村生活史』（全五巻）として完結した。こうして筆者の四〇代後半から五〇代前半は終わった。

筆者にとって木村先生の存在はあまりに大きいが、長い年月、研究面だけではなく人生や社会に対する考えなど、学ぶことがあまりにも多かった。このことも綴ると長くなるから止める。さらに、これらの共同研究では、村歩きの重要さを改めて知るとともに、各研究メンバーから多くのことを学びとった。

また渡辺隆喜明治大学名誉教授には同氏が文学部助手時代から、木村門下の大先輩として、ご指導をいただいた、大原幽学共同研究では、「オジサン」役として我々若手を指導・援助してくれた。あの鋭い論理で論文の書き方を、時には筆者の調査に自費かつ泊り込みで古文書の扱い方の指導もしてくれた。越谷市史編纂に誘ってくれたのも同氏であり、以後、各自治体史編纂を通して、調査研究の指導を受けた。また同氏は明治大学百年史編纂、その後の明治大学史資料センター業務でも尽力されるが、のちに同所に関わることとなった筆者はここでも調査研究上、しばしば指導を受けた。また同氏の主宰した埼玉近代史研究会では、近世史的調査方法により、日本型近代を究明する手法や理論を学んだ。

国立歴史民俗博物館基幹研究（基層文化研究）では、当時は教授であられた高橋敏氏（のち名誉教授）から、あの気迫あふれる姿勢で、次々と提起される教育史・文化史研究に大いに刺激を受けるとともに、具体的な指導もいただいた。同氏とは近世学問史研究会（尾藤正英先生代表）以来の関係であるが、テーマが最も近いだけに範とすることが多かった。この基層文化共同研究には年齢も立場も職業も研究テーマも異なる人達が参加したが、勉強になることが実に多かった。

また全国文書館運動の牽引者というべき吉本富男先生（元埼玉県立文書館長・同県立浦和図書館長）には、その広い視野と抜群のリーダー性に敬服し、公私ともどもお世話になった。とくに埼玉県史、川口市史、新座市史の編纂では調査研究のみならず編纂論、資料保存論等を学び、のちの大学史資料センターや全国大学史資料協議会の大学史活動に大いに役立つこととなった。また先生を慕って集まったメンバーからも、多くのことを教えていただいた。このほか、明治大学文学部教授萩原龍夫先生（故人）、明治高校教諭伊藤好一先生（故人）、東京大学教育学部助教授中野実氏（故人）、京都大学大学文書館助教授西山伸氏、宮内庁書陵部主任研究官福井淳氏等々、紙数の関係で名前をあげ切れないのが残念である。そして、何といっても資料所蔵者、博物館・編纂室の関係者等々、実に多くの方々にお世話になった。感謝してもしつくせないくらいであるが、ここでもお名前を省略させていただくことをお詫びいたします。

このように多くの指導者・研究仲間・同僚・地域の方々に恵まれ、非力かつ不十分ながらも本研究をまとめることができたことをありがたく思う。これからも「足」、時には「頭」も使いながら前向きにいきたい。

また、本書の刊行に当たっては日本経済評論社の代表取締役の栗原哲也氏、出版部の吉田真也氏にはとりわけお世話になった。末筆ながら謝意を表したい。

[著者紹介]

鈴木秀幸（すずき・ひでゆき）

千葉県鴨川市に生まれ、育つ。明治大学（学部・大学院）で学んだのち、埼玉県の公立高校の教員となる。その傍ら、恩師・木村礎先生の指導を受けつつ、幕末維新期の地方庶民文化史を研究する。明治大学入職後は、百年史の編纂、大学史資料センターの設立・運営あるいは歴史学・教育学の授業に当る。2008年に学位（史学博士）を取得する。この間、同大学調査役、千代川村史編さん専門委員長、全国大学史資料協議会々長等を務める。

幕末維新期地域教育文化研究

2010年10月15日　第1刷発行

定価（本体6500円＋税）

著　者　鈴　木　秀　幸

発行者　栗　原　哲　也

発行所　株式会社日本経済評論社

〒101-0051 東京都千代田区神田神保町3-2
電話03-3230-1661／FAX 03-3265-2993
振替00130-3-157198

装幀＊渡辺美知子　　太平印刷社

落丁本・乱丁はお取替いたします　Printed in Japan

ISBN978-4-8188-2112-5